Wenn die Seele auf große Fahrt geht ...

FOTOS: privat (1), C. Oldendorf (1), U. Bahn (1); TITEL: PhotoDisc (1), Hapag-Lloyd Kreuzfahrten (1), MSC Crociere (1), Majestic America Line (1); ILLUSTRATION: G. Zbinden

**Kreuzfahrer aus Leidenschaft:
Uwe Bahn, Johannes Bohmann**

Willkommen an Bord!

Sie haben uns, liebe Leser, reich belohnt: Gleich mit seiner ersten Ausgabe hat sich der Kreuzfahrt-Guide zu einem Standardwerk entwickelt. Deshalb halten Sie jetzt, nach der Ausgabe 2007, Ihren Kreuzfahrt-Guide für das Jahr 2008 in Händen: mit jeder Menge neuer Reportagen, neuer Schiffe und entsprechend größerem Umfang. Kreuzfahrtneulingen ebenso wie Stammgästen möchten wir damit Orientierung bieten, unter anderem mit unseren Porträts von insgesamt über 90 Kreuzfahrtschiffen auf den Meeren und Flüssen der Welt.

**Ein Fan: SeaDream-Kapitän
Terje Willassen**

Unser wichtigstes Ziel dabei: Wir möchten Ihnen Antwort geben auf die Frage „Welches Schiff passt zu mir?" Deshalb haben wir auch in diesem Jahr alle Schiffe nach fünf Kriterien bewertet – dieses Mal noch etwas differenzierter, indem auch halbe Punkte („Anker") vergeben wurden.

Eine weitere Neuerung haben wir nicht hier, sondern im Netz vorgenommen: Auf unserer Internetseite **www.kreuzfahrtguide.com** finden Sie ab sofort viele weitere Schiffe, Reportagen, News und Hafenporträts, die hier keinen Platz finden konnten. Und mit dem „Routenfinder" eine ideale neue Planungshilfe für Ihren perfekten Urlaub auf dem Wasser.

Herzlich, Ihre

Inhalt

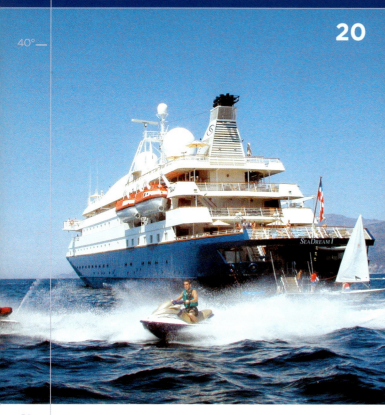

20

58

52

66

28

Inhalt

FOTOS: J. Bohmann (1), Belgisches Fremdenverkehrsamt (1), C.-P. Haller (1)

40°—

0°—

40°—

Seereisen

Der Weg ist das Ziel: Wo gilt das mehr als in der Welt der Kreuzfahrt?
Unsere Reportagen laden Sie ein, diese faszinierende Reiseart zu
entdecken. Unsere Schiffsporträts helfen ihnen bei der Wahl des Schif
Ihrer Träume. Und unsere Reviertipps bei der Eroberung der Ferne

Reportagen   Seite 20

Seeschiffe   Seite 82

Reviere   Seite 188

Unser schönstes Ziel
auf allen Routen:
Ihre Urlaubsträume
zu erfüllen.

Taufpatin Camilla

In der Werft in Venedig

Camilla tauft die neue Queen

Camilla Parker Bowles, Herzogin von Cornwall, wird Taufpatin der **Queen Victoria**. Die Taufe des neuen Cunard-Luxusliners findet am 8. Dezember in Southampton statt. Begleitet wird die Herzogin von Prinz Charles. Die Taufe durch britische Royals hat bei Cunard Tradition; die **Queen Mary 2** etwa wurde 2006 von Queen Elizabeth getauft. Nach der Zeremonie begibt sich die neue „Königin" auf Jungfernfahrt. Sie führt das Schiff am 18. Dezember auch nach Hamburg.

Silversea auf Expansionskurs

Gleich doppelten Zuwachs erhält die Nobel-flotte von Silversea Cruises: Im September 2007 stieß die einst als First-Class-Expeditionsschiff legendäre **World Discoverer** hinzu; Anfang 2009 soll sie, nach gründlicher Renovierung, starten. Zudem wird in Genua ein neues Schiff für 540 Passagiere gebaut.

Musicalstar Deutschland

„Ich war noch niemals in New York" heißt ein neues Musical rund um die Songs von Udo Jürgens, das in Hamburg aufgeführt wird. Eine Hauptrolle spielt das Deilmann-Schiff **Deutschland**: Als Bühne dient unter anderem ein Nachbau des Schiffsdecks.

SCHIFFE IM BAU

Mehr als 20 neue Kreuzfahrtschiffe kommen 2008/2009 auf den Markt. Die wichtigsten Neubauten im Überblick:

Schiffsname	BRZ	Passagiere
2008		
AIDA Bella	68.500	2.050
Independence of the Seas	158.000	3.600
MSC Poesia	90.000	2.550
MSC Fantasia	133.500	3.900
Carnival Splendor	112.000	3.600
Celebrity Solstice	118.000	2.850
Eurodam	86.000	2.100
Ruby Princess	113.000	3.080
2009		
AIDA N. N.	68.500	2.050
Costa Luminosa	92.700	2.260
Costa Pacifica	112.000	3.000
Delphin Dynasty	32.000	848
MSC Splendida	133.500	3.900
Starclippers N. N.	7.000	300
Seabourn Odyssey	32.000	400
Celebrity Equinox	118.000	2.850
Silversea N. N.	36.000	540
Carnival Dream	110.000	3.600
Norwegian N. N.	150.000	4.200
Sea Cloud Hussar	4.200	136

FASZINATION HURTIGRUTEN

HURTIGRUTEN – Ihr Seereisen-Spezialist für die schönsten Erlebnisse in Skandinavien und in polaren Regionen – lädt Sie ein in eine Welt fantastischer Naturschauspiele.

HURTIGRUTEN
Postschiffreisen

NORWEGEN
Erlebnistouren

HURTIGRUTEN
Expeditions-Seereisen

Sie gilt als die schönste Seereise der Welt, die malerische Rundreise mit einem Postschiff entlang der norwegischen Küste.

Erkunden Sie die nordischen Länder per PKW und Motorrad in Kombination mit HURTIGRUTEN Teilstrecken. Ganz individuell nach Ihren Wünschen.

Reisen Sie auf den Spuren großer Polarentdecker – von der Arktis bis tief in die Antarktis! Wild, ursprünglich und unvergesslich.

Verwöhnung pur: Spa-Suite auf der Europa und auf der Costa Serena (rechts)

Wellness auf Wellen

Der Trend ist kein neuer mehr – doch die Nachfrage nach professionellen Wellnesskonzepten an Bord scheint weiter zu wachsen. Neuester Höhepunkt ist die Einrichtung privater Spa-Suiten auf bereits vorhandenen Schiffen wie auch auf Neubauten. So entstanden zum Beispiel auf der **Europa** vier neue Spa-Suiten, die für die private Nutzung gebucht werden können. Dort entspannt man sich dann unter anderem in einer beleuchteten Whirlpoolwanne mit Blick aufs Meer. Exklusiv auch das Verwöhnangebot auf der neuen **Costa Serena**: Die Spa-Suiten sind Teil eines 2.100 Quadratmeter großen, über zwei Decks reichenden Wellnesstempels.

Unter deutscher Flagge

Sie soll in Bremerhaven gebaut werden, ihr Heimathafen soll Hamburg sein – und sie soll unter deutscher Flagge fahren. Mit seiner **Delphin Dynasty** stellt sich der Hamburger Reeder Heinz-Herbert Hey eindeutig gegen den Trend: Auch deutsche Unternehmen flaggen ihre Schiffe in aller Regel aus. Hey jedoch ist davon überzeugt, dass ein Premiumprodukt, wie es dieses Schiff werden soll (32.000 BRZ,

848 Passagiere), auch ein deutsches Management braucht, wenn es am heimischen Markt erfolgreich sein will. Die Ablieferung des neuen Traumschiffs von der Elbe soll im Jahr 2009 erfolgen.

Soccer Camp bei AIDA

Eine Idee, typisch AIDA: Zu einem „Soccer Camp" für Kinder holten die Rostocker im Juli 2007 vierzig junge Fußballfans im Alter von acht bis zwölf Jahren auf die **AIDAdiva**. Das Training leitete kein Geringerer als Ex-Profi Andreas Brehme; auch Besuche der Profischule von Inter Mailand und des Stadions Camp Nou in Barcelona gehörten zum Programm. Die Idee hatte Erfolg: Das nächste Soccer Camp findet auf einer Sieben-Tages-Reise (Kanaren und Madeira) ab dem 15. März 2008 statt – ebenfalls auf der AIDAdiva. Der Teilnahmepreis beträgt 155 Euro.

Training zur See – mit Andi Brehme

FOTOS: Hapag-Lloyd (1), Costa Kreuzfahrten (1), Delphin Kreuzfahrten (1), J. Bohmann (1), AIDA Cruises (1)

Seit über 30 Jahren
Ferien mit Phoenix

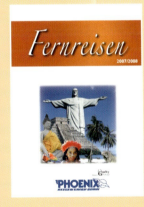
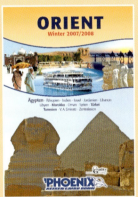
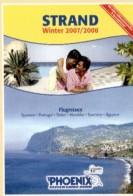
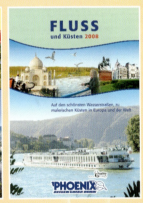

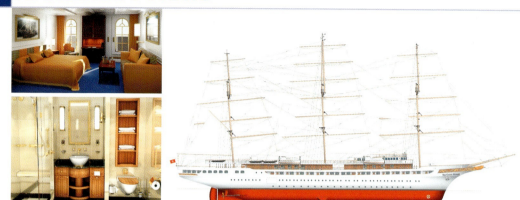

Segelkreuzfahrten auf höchstem Niveau: die ersten Skizzen für die Sea Cloud Hussar

Der Legende dritter Teil

Seit Herbst 2007 ist es offiziell: Die Hamburger Sea Cloud Cruises GmbH baut ein neues Segelkreuzfahrtschiff. In Vigo in Nordspanien (wo auch Starclipper Cruises einen neuen Segler baut; siehe Seite 70/71) soll es Ende 2009 vom Stapel laufen: ein Dreimastvollschiff mit Platz für 136 Gäste. Von den 69 Kabinen haben sechs eine eigene Veranda. Der Name des neuen Luxusseglers, **Sea Cloud Hussar**, führt in die Geschichte zurück: „Hussar" war der erste Name, den die „alte", mittlerweile seit 76 Jahren fahrende **Sea Cloud** trug.

Majesty en miniature

Eine Begegnung der besonderen Art können „Shiplover" im französischen Metz erleben. Dort liegt ein Nachbau der **Majesty of the Seas** auf dem Fluss – im Maßstab 1:8. François Zanella heißt der Erbauer. 120.000 Euro ließ er sich den extravaganten Spaß kosten.

Der nächste easyCruiser

Mit Kreuzfahrten zu Niedrigstpreisen ist die britische easyGroup erfolgreich. Dass das Konzept funktioniert, beweist eine Neubau-ankündigung: Im Frühjahr 2008 startet ein neuer easyCruiser, die **easyCruise Life**.

HAMBURG CRUISE DAYS

Die Tage vom 30. Juli bis zum 3. August 2008 sollten Kreuzfahrtfans sich freihalten. Fünf große Kreuzfahrtschiffe werden dann im Rahmen eines „Hamburg Cruise Days" getauften Events an der Elbe zu bestaunen sein: die **Astor**, die **Deutschland**, die **AIDAaura**, die **Columbus** und, last but not least, die **Queen Mary 2**. Letztere hat bei ihren bisherigen Besuchen in der Hansestadt regelmäßig für Volksfeststimmung und für Besucherrekorde gesorgt. Vielleicht mit ein Grund dafür, dass die Hanseaten für einen weiteren Ausbau der Kreuzfahrtkapazitäten an der Elbe sorgen: Bis 2009 soll Hamburg ein zweites Cruise Terminal erhalten.

Großer Bahnhof: die QM2 in Hamburg

MSC Kreuzfahrten

Auf zu neuen Ufern mit MSC Poesia★★★★+

MSC Poesia ist das neue Flaggschiff unserer Flotte. Es wurde ganz im Stil von MSC Keuzfahrten konzipiert und gebaut. Die exklusive Einrichtung kombiniert hervorragend Eleganz und Innovation mit traditionellen Elementen. Das majestätische Schiff bietet seinen Gästen auf einer Grundfläche von 22.000 m² vielfältige Unterhaltungsmöglichkeiten, Freizeitaktivitäten und stilvolle Ruhezonen. Die im italienischen Design eingerichteten Kabinen runden das harmonische Bild des Schiffes ab. MSC Poesia ist Garant für einen angenehmen Urlaub in bester italienischer Tradition, mit hervorragendem Bordservice und ausgewählten Reiserouten, die den Aufenthalt an Bord zu einem schönen Erlebnis machen.

Jungfernfahrt vom 06. April bis 19. April 2008

IRLAND – PORTUGAL – SPANIEN – ITALIEN – KROATIEN

2-Bett-Innenkabine p.P. schon ab

€ 1.219,-

(Frühbucherpreis, gültig bei Buchung bis 31.01.2008)

Darum MSC Kreuzfahrten

✓ italienisches Ambiente, europäische Gastronomie

✓ moderne 4★+ Flotte

✓ attraktive Frühbucherpreise

✓ bis zu 2 Kinder bis 17 Jahre reisen in der Kabine mit 2 Erwachsenen FREI!

✓ ab April 2008 neues Flaggschiff MSC Poesia★★★★+

✓ im Sommer 2008 mit 3 Schiffen im Nordland

✓ deutschsprachige Bordreiseleitung, Bordinformationen, Menükarten und Landausflüge in deutscher Sprache

Beratung und Buchung im Reisebüro Ihres Vertrauens!

Luxus
locker und leger

Die Alternative zu den Giganten der Meere sind Luxusyachten.
Individueller Urlaub auf dem Wasser mit hundert statt zweitausend
Passagieren – mit den SeaDream-Yachten wird der Traum wahr

VON UWE BAHN

FOTO: SeaDream Yacht Club

**Mehr geht nicht:
SeaDream-Service auf dem
Sonnendeck**

Captain und Clubchef
beim Landausflug

Schöner schlafen:
die balinesischen Betten

Ich schlief in einem balinesischen Bett unter freiem Himmel. Ich aß eine große Dose Kaviar ganz allein. Ich trug einen Schlafanzug, auf den mein Vorname gestickt war. Nun bin ich für die Kreuzfahrt verdorben. Für alle Zeit. Und schuld ist die SeaDream II. Denn mehr Service geht nicht. Gern murre ich ja, wenn eine Erbse nicht al dente ist. Aber das fällt mir diesmal sehr schwer.

Es ist Samstag, 16 Uhr. Ich sitze im Main Salon auf Deck 3. „Hello, SeaDreamers!", empfängt uns Richard, der Club and Activities Director. Eine Woche wollen wir Neuankömmlinge gemeinsam vor der Küste Italiens kreuzen. Und hier in Civitavecchia, 70 Kilometer westlich von Rom, soll die Reise beginnen. „It's yachting, not cruising", titelt die Bordbroschüre. Soll heißen: Die SeaDream II ist eine Luxusyacht,

Spektakuläre Küste: die
SeaDream II vor Amalfi

kein Kreuzfahrtschiff. Zwischen Back- und Steuerbord passen gerade mal hundert Hochseereisende, von denen ich vermutlich einer der wenigen Nichtmillionäre bin. Erlesene Gäste auf einem erlesenen Schiff.

Zum Beispiel die Lady aus Australien, die 13 ihrer besten Freunde den Trip spendiert hat. Oder der zweitreichste Mexikaner mit seinem achtköpfigen Familienclan. Ich bin der einzige Deutsche, was durchaus Vorteile hat: Herr und Frau Neureich sind nicht da, es klimpert keiner mit Klunkern. Der Dresscode an Bord ist *yacht casual* – Luxus kann auch locker sein.

Unter blaubeerblauem Himmel und dem Ploppen der Champagnerkorken verlässt die SeaDream II gegen Abend den Hafen von Civitavecchia. Wir nehmen Kurs auf Korsika. Bis dorthin sind es 133 nautische Mei-

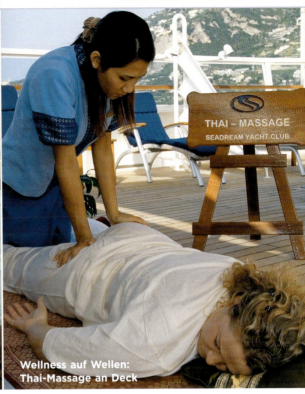

**Wellness auf Wellen:
Thai-Massage an Deck**

len, verrät über Bordlautsprecher Kapitän Terje Willassen, ein Norweger. Zeit für erste Entdeckungen. Ganz oben auf Deck 6 thront die Top of the Yacht Bar. Der Ort, an dem die SeaDreamers ihren Sundowner nehmen. Nicht nur einen. Denn exklusiv heißt auf diesem Schiff „inklusive". Und so kostet jeder die fürstliche Flatrate bis zum letzten Tropfen Tequila aus. Barkeeper Andy mixt sich so manchen Muskelkater und mir eine kreative Kombination aus frisch gepresster Ananas und Veuve Clicquot. Nach der dritten Schale legt sich ein Lächeln in mein Gesicht. Also vorsichtig die Treppe hinunter zum halboffenen Topside Restaurant. Die surrenden Ventilatoren an der Decke verraten: Die SeaDream II ist ein Schönwetterschiff. Sie fährt nur dort, wo es warm ist – im Winter in der Karibik und im Sommer im Mittelmeer.

Die Sonne blinzelt gerade über dem Horizont, als wir am nächsten Morgen die felsige Südküste Korsikas erreichen. Wo, bitte schön, ist hier ein Hafen? Und dann ent- ▶

FOTOS: U. Bahn (3), SeaDream Yacht Club (1)

DER SEADREAM YACHT CLUB

Der SeaDream Yacht Club wurde im September 2001 von **Atle Brynestad** gegründet. Erfahrung mit Luxusyachten hatte der Norweger genug: 1987 hatte er die Seabourn Cruise Line geschaffen, die er später an Cunard verkaufte. Neben reichlich Know-how brachte er auch zwei Schiffe in sein neues Sea-Dream-Projekt ein: die beiden **Seabourn Goddess**-Yachten (Baujahr 1984/85). Und diese beiden Luxusschiffe heißen seit ihrer Neugestaltung und einem Neuanstrich 2002 SeaDream I und II.

Als Partner holte Brynestad seinen ehemaligen Seabourn-Präsidenten **Larry Pimental** mit ins Boot. Mit ihm leitet er seither die Geschicke des in Coconut Grove, einem feinen Stadtteil Miamis, beheimateten SeaDream Yacht Club. Außer für die Standardrouten durch die Karibik und das Mittelmeer sind die beiden Großyachten auch als Vollcharter buchbar – bei entsprechendem Budget. Das Publikum an Bord ist international und mit einem Durchschnittsalter von 49 Jahren deutlich jünger als auf klassischen Kreuzfahrten. Siehe auch das Porträt auf Seite 172-173.

Vor Ponza, auf Capri, in Bonfacio:
Captain Terje weiß, wo's langgeht

decken wir sie, die Lücke zwischen den Klippen. Es ist die Einfahrt in einen fast unwirklichen Fjord. Vorbei an Höhlen, Grotten und kleinen Buchten manövriert Kapitän Terje das Schiff rückwärts. Wie Schwalbennester kleben die Häuser von Bonifacio oben an der Felswand. Zwei Stunden später schlendern hundert SeaDreamers da oben durch die Gässchen. Abgeholt von einer Bimmelbahn, die unter Glockengeläut die Straße hinaufkraxelt. Der Touristenzug ist eine der wenigen Peinlichkeiten in dieser Woche.

Der nächste Tag. „Have a nice day, Mister Bahn", begrüßt mich Kellner Albert mit dem freundlichsten Lächeln seit der Erfindung der Kreuzfahrt. Jeder Gast wird hier namentlich angesprochen. Captain Terje hat gerade vor Amalfi den Anker geworfen und die Heckklappe heruntergelassen. Die fungiert nun als Marina: Zodiac, Kajak, Segelboot, Banana-Boot oder Jetski – wir SeaDreamers haben hier die freie Wassersportwahl.

Wer nicht auf einer Banane reiten will, nimmt für den Landgang das Tenderboot, das nonstop shuttelt. Wartezeiten gibt es kaum. Ich summe ein verdientes „Love Me Tender" für die Besatzung. Wieder an Bord, gibt es das tägliche Ritual zur Rückkehr: Einer aus der Crew wartet mit der Spritzflasche. Wir strecken brav die Hände aus, ein kalter Klecks Desinfektionsgel, alles verreiben, fertig. Wir lagen vor Madagaskar und hatten die Pest an Bord – das soll hier nicht passieren.

Unterdessen wird im Main Salon die nächste Dose Kaviar aufgeschraubt. Ja, Luxus lässt sich löffeln. Dabei erfahre ich: Club and Activities Director Richard ist von Beginn an dabei, also seit 2001, dem Gründungsjahr des SeaDream Yacht Club. Die amerikanischen Gäste mögen Richard vor allem wegen der ersten Silbe seines Vornamens.

Am nächsten Abend kommt mein neuer Schlafanzug (ich erwähnte ihn anfangs) erstmals zum Einsatz: Ich habe das balinesische Bett Nummer zwei gebucht. Es ist ideal ▶

FOTOS: U. Bahn (4), SeaDream Yacht Club (1)

CUNARD

DIE GROSSEN OCEAN LINER DES 21. JAHRHUNDERTS

QUEEN MARY 2

FASZINATION TRANSATLANTIK
2008

20 TERMINE ZWISCHEN SOUTHAMPTON UND NEW YORK, 6 NÄCHTE

Leistungsumfang: • Linienflüge ab/bis Deutschland • Atlantiküberquerung in der gebuchten Kabinenkategorie inkl. Mahlzeiten • deutschsprachige Betreuung an Bord

Zweibettkabine innen pro Person schon ab € 1.590,-

4 TERMINE ZWISCHEN HAMBURG UND NEW YORK, 8 NÄCHTE

NEW YORK – HAMBURG	HAMBURG – NEW YORK
22. – 30. Juli 2008	30. Juli – 7. August 2008
19. – 27. August 2008	27. August – 4. September 2008

Leistungsumfang: • Linienflug ab/bis Deutschland • Atlantiküberquerung in der gebuchten Kabinenkategorie inkl. Mahlzeiten • deutschsprachige Betreuung an Bord • An-/Abreise nach/von Hamburg in Eigenregie

Zweibettkabine innen pro Person schon ab € 1.990,-

BERATUNG & BUCHUNG IN JEDEM GUTEN REISEBÜRO

Krönender Abschluss: ein Dinner unter freiem Himmel im Topside Restaurant

für das „Dreaming under the stars". Weit genug weg vom qualmenden Schornstein und nicht zu dicht an der Bar, wo die Mexikaner heute Abend Mau-Mau spielen. Um zwei Uhr schlafe ich unter dem Sternenhimmel und vor der funkelnden Silhouette von Positano ein. Die SeaDream – ein wirklicher Traum!

Die nächste Nacht das Kontrastprogramm: Wir ankern vor Sorrento mit Blick auf den Vesuv. Rund um den Pool hat sich die SeaDreamers-Gemeinde versammelt. Den Cocktail in der Hand, starren sie alle in

Die SeaDream II ankert vor Sorrento

eine Richtung: Auf der großen Leinwand flimmern „Die letzten Tage von Pompeji", wie passend. Schließlich sind am Tag die meisten Passagiere zur verschütteten Stadt am Fuße des Vulkans gepilgert. Ich habe den Kapitän und Richard beim „Chef's Walk" durch Sorrento begleitet und mich durch die Altstadt genascht. Den besten Mozzarella meines Lebens verspeist, Zitronenlikör geschlürft und in der Gelateria Bougainvillea ein Jahrhunderteis geschleckt.

Und nun bleibt nur noch: Capri. Nicht das Eis, sondern die Insel – sie ist unser letztes Ziel. Richard gibt mir den entscheidenden Tipp: Mit dem Sessellift hinauf zum Monte Solaro, dem höchsten Punkt der Insel. Als ich oben ankomme, verschlägt es mir die Sprache. Was für ein Blick! Neapel, der Vesuv, die Amalfiküste. Und irgendwo da unten ankert die SeaDream II, das grandiose Schiff, das jeden Wunsch erfüllt. Ach, da wäre noch einer: Ich hätte hier oben gern mein balinesisches Bett. Und eine Dose Kaviar. Danke. ∎

&Entdecken Sie unsere Welt.

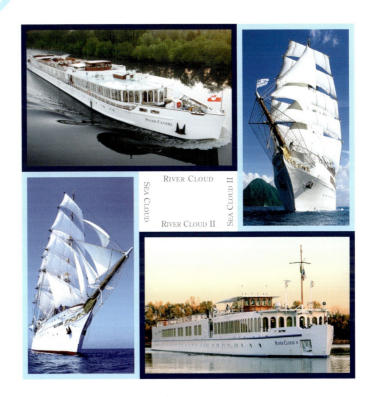

RIVER CLOUD

SEA CLOUD

SEA CLOUD II

RIVER CLOUD II

SEA CLOUD CRUISES

Nähere Informationen finden Sie in unseren aktuellen Hauptkatalogen:

'Segelträume 2008' - Hier wird das komplette Programm der beiden 5-Sterne-Windjammer SEA CLOUD und SEA CLOUD II vom Dezember 2007 bis zum April 2009 vorgestellt. Dabei gibt es auf 92 Seiten die schönsten Reise-Träume auf bewährten und auf neuen Routen zu entdecken: **Kleine Antillen, Mittelamerika und Kuba, Transatlantik, Kroatien's und Italien's Adriaküste, Östliches und Westliches Mittelmeer sowie die Ostsee.**

'Flusserlebnisse 2008' - Von Mitte April bis Anfang November 2008 bereisen die RIVER CLOUD und die RIVER CLOUD II Europas schönste Wasserstraßen zwischen **Rhein, Main, Mosel und Donau bis zum Schwarzen Meer.** Freuen Sie sich auch auf ausgewählte Themenreisen.

SEA CLOUD
C R U I S E S

Katalog-Bestellung, Beratung und Buchung bei:
SEA CLOUD CRUISES GMBH · Ballindamm 17 · 20095 Hamburg
Telefon: 040 - 30 95 92-50 · Fax: 040 - 30 95 92-22 · www.seacloud.com · Info@seacloud.com

Lots of
Weather

Wer vor den Britischen Inseln kreuzt, braucht vor allem eines:
Glück mit dem Wetter. Wir versuchten es auf der neuen Delphin
Voyager – und Petrus war gnädig. Die meiste Zeit jedenfalls

VON JOHANNES BOHMANN (TEXT & FOTOS)

Einparken im Nadelöhr: die Delphin Voyager im Hafen von Fowey

Kleine Dame, großes Schiff: die jüngste Passagierin an der Pier in Edinburgh

R oman Stadler hat's nicht leicht. Für 550 Gäste muss der Maître im Restaurant omnipräsent sein – und nun auch noch für Adele und Johanna. Johanna: zweieinhalb, die jüngste Passagierin, meine Tochter. Adele: ihr rosaroter Stoffhase, fast größer als sie – und wie Johanna ab sofort Kreuzfahrtfan. Die Tatsache, dass Roman seine Aufgabe mit Herz und Hingabe erfüllt, ist dafür mitverantwortlich. Schon die Art, wie er die Spaghettilandschaft zu Füßen ihres hellblauen Kinderstuhls bewundert, beeindruckt gleich am ersten Abend schwer. Und als er dann auch noch für Adele einen eigenen Stuhl heranschiebt und dem Hasen eine eigene Stoffserviette umlegt, ist es um die jüngste Passagierin geschehen. „Wo ist der Oman?" (ein „R" brauchen Zweijährige noch nicht) lautet jedenfalls eine der Fragen, die sie uns während der kommenden zwei Wochen am häufigsten stellen wird.

Womit ein Fazit schon verraten ist: Auch auf Schiffen, die keinen eigenen Kinderbereich haben, fühlt der Nachwuchs sich pudelwohl, wenn gute Geister wie Roman und dessen fabelhafte Crew für ihn da sind. Und ►

Höhepunkte: die Gärten von Dunrobin Castle (links) und die Fahrt durch die Hebriden (rechts). Bei der Einfahrt nach Portsmouth begegnet uns eine Hovercraft-Fähre (Mitte)

ein zweites Fazit gleich hinterher: Wenn das Schiff zu den Britischen Inseln fährt, sollte man es auch wie die Briten halten. „Lots of weather", das wissen sie, gibt es bei ihnen nun mal auch im Sommer: Regen, Sonne, Sturm, oft genug an einem einzigen Tag. Ein Weichling, wer sich davon die Laune trüben lässt. Er fahre besser in die Karibik.

Schon Tag eins auf der Nordsee, die wir von Bremerhaven aus erobern, hält das Versprechen: sieben Windstärken, erste Bleichgesichter, ein leer bleibender Pool und allemal zögerlicher Barverzehr. Doch schon Tag zwei

Ein magischer Morgen: Einfahrt nach Skye

versöhnt: Über Portsmouth am Ärmelkanal, von wo aus London besucht wird, außerdem Winchester und Salisbury mit ihren prachtvollen Kathedralen und natürlich Stonehenge mit seinen magischen Steinen, strahlt die Sonne. Wir haben Winchester gebucht und begehen die Kathedrale im Schnelldurchgang: Dummerweise hat Johanna schon beim Ausstieg aus dem Bus einen Spielplatz entdeckt – den ersten von so vielen im Verlauf dieser Reise, dass ich darüber vielleicht mal einen eigenen Reiseführer schreiben sollte.

Auch die romantischen Häfen der Grafschaften Devon und Cornwall in Englands Südwesten würden sich dafür anbieten: Sie sind der Inbegriff der britischen „Countryside" und ein Höhepunkt jeder Kreuzfahrt zu den Inseln. Als solcher wird uns auch Fowey in Erinnerung bleiben: ein von pastellfarbenen Häuschen und sattgrünen Hügeln gesäumter Hafen, wie Rosamunde Pilcher ihn nicht besser hätte erfinden können. Zentimeter um Zentimeter bugsieren die Schlepper die gut 20.000 Tonnen der Delphin Voyager mitten in diese Postkarte hinein. Nach einer Tour durch die grünen Tunnel, in die sich Süd-

englands Landstraßen im Sommer verwandeln, und einem Besuch der glasüberdachten Dschungelbiotope des berühmten Eden-Projekts sitzen wir am Nachmittag bei „Cream Tea with Scones" an der Pier und fühlen uns wie im Lande Liliput: Der weiße Riese dort auf dem Fluss muss das Schiff Gullivers sein.

Dann, spätabends, geht es rund um Land's End hinauf in die Irische See – und hinein ins nächste Tief. Dublin erleben wir tags darauf deshalb nicht, wie geplant, in seinen Parks und Cafés, sondern in seinen Pubs und Kaufhauspassagen. Und als wir, vom Schnürregen durchweicht und vom Guinness getröstet, zum Schiff zurückkehren, erfahren wir, dass es sogar noch dicker kommen wird: Barrow in Furness, der für morgen geplante Hafen und das Tor zu Englands Lake District, fällt aus. Neun Windstärken werden dort erwartet – zu viel für das Ausbooten per Tender. Alternativen? Belfast sei ausgebucht, Glasgow zu weit, alle anderen Häfen zu klein – wir bleiben morgen auf See. Doch zu der schlechten hat der Käpt'n auch eine gute Nachricht parat: Dort, wo wir hinfahren, ausgerechnet in Schottland, soll das Wetter besser sein.

Außerdem gibt es Freibier vom Fass: Der außerfahrplanmäßige Seetag wird für einen außerfahrplanmäßigen Frühschoppen genutzt. Und weil es statt der neun Beaufort drüben in Barrow bei schlappen sechs bleibt, wird die Polonaise um den Pool ein Erfolg. Tontechniker Rüdiger, der sonst das Steuerpult in der Showlounge bedient, entpuppt sich dabei mit seinem Akkordeon als kompletter Finkwarder-Speeldeel-Ersatz. Auch Johanna und Adele schunkeln hingebungsvoll mit.

Wie still ist es dagegen am nächsten Morgen: Es wird der schönste der Reise. Schon kurz nach fünf stehen die ersten Frühaufsteher an Deck und staunen. Tatsächlich hat es über ▶

In Schottlands schönster Stadt: Edinburgh

Pluspunkte: Die Küche der Delphin Voyager ist exzellent, das Restaurant behaglich, die neuen Kabinen haben einen Balkon. Und beim Frühschoppen gibt's Freibier vom Fass

Nacht aufgeklart. In magischem Licht kreuzen wir zwischen den Hebriden und steuern auf die Insel Skye zu, deren Hügel wie Walbuckel am Horizont liegen. Die Sonne steigt auf, die grünen Flanken der Insel beginnen zu leuchten, und vor uns taucht Portree auf: eine Häuserzeile in Pink, Hellblau und Weiß, davor bunte Fischerboote, darüber ein Kirchlein. Und drumherum Grüntöne, wie nur diese Weltgegend sie kennt, wenn die Sonne über ihr scheint. Petrus, du meinst es gut mit uns!

Und bleibst dabei sogar für den ganzen Rest dieser Reise. Bläst auf Skye noch ein eisiger Wind, so werden wir in Invergordon, dem nächsten, schon an der schottischen Ostküste gelegenen Hafen, von wahrem Kaiserwetter begrüßt. Dort stehen Touren zum Whisky-Tasting in Glengarioch sowie zum Nessie-Watching am Loch Ness auf dem Programm. Und ein Kleinod namens Dunrobin: das schottische Versailles. Eine Stunde nördlich von Invergordon liegt es am Meer, unweit des Schlosses, in dem

Nachwuchs für die Kreuzfahrt

Madonna Guy Ritchie heiratete – und präsentiert sich an diesem sonnendurchfluteten Nachmittag wie ein Château an der Loire. Nur dort jedenfalls kann man ähnlich schöne Gärten zu Füßen von Schlossmauern sehen. Einziger Unterschied: So perfekte Rasen wie hier (die man dazu noch betreten darf!) kriegt ihr, Pardon, selbst in Frankreich nicht hin.

In Peterhead, dem nächsten Hafen, liegen die schottischen Highlands bereits hinter uns: Die Region Grampian, deren granitfarbene Hauptstadt Aberdeen von Peterhead aus besucht wird, ist landwirtschaftlich geprägt. Das butterzarte Aberdeen-Angus-Steak, das am Abend auf unseren Tellern liegt, beweist, dass die Schotten auch davon viel verstehen.

So wie Edinburgh, unser letzter Hafen, vorführt, was gelebte Kultur für sie ist: Es ist Festivalzeit in Schottlands Hauptstadt, die deshalb förmlich vor Leben explodiert. Straßentheater, Clowns, Akrobaten überall – und Musikgruppen, die aus allen Winkeln der Welt ►

KURS BRITISCHE INSELN

Fowey von Bord der Delphin Voyager

Kreuzfahrten rund um England, Irland und Schottland werden traditionell im Sommer von Anfang Juni bis Mitte September angeboten. Auf fast allen Routen dabei sind Stopps in Dublin und Edinburgh; London wird oft von Dover, Southampton oder Portsmouth aus besucht. Das Salz in der Suppe sind aber häufig die kleinen Häfen – Fowey in Cornwall oder Portree auf Skye, wie hier beschrieben, sind Beispiele.

Ausgewählte Reisen deutscher Reedereien 2008:

- mit der **Hanseatic** vom 5.6. bis zum 18.6. von Cuxhaven nach Kiel, u. a. mit Kanalinseln und Orkneys
- mit der **Astoria** vom 10.7. bis zum 20.7. ab/bis Bremerhaven, u. a. mit Lewis in den Äußeren Hebriden
- mit der **Albatros** vom 10.8. bis zum 20.8. ab/bis Bremerhaven über Amsterdam, u. a. mit einem Besuch der winzigen Hebriden-Insel Iona
- mit der **Delphin Voyager** vom 14.8. bis zum 26.8. von Bremerhaven nach Kiel, ebenfalls mit Lewis in den Äußeren Hebriden
- mit der **Astor** vom 18.8. bis zum 28.8. ab/bis Bremerhaven, u. a. mit Falmouth/Cornwall und Lewis
- mit der **Deutschland** vom 18.8. bis zum 28.8. ab/bis Hamburg, u. a. mit den Kanalinseln und einem Abstecher nach St.-Malo in der Bretagne

Auch einige internationale Schiffe kreuzen in dem Revier, darunter die **Grand Princess** (ab/bis London), die **Prinsendam** (ab Amsterdam), die **Norwegian Jade** (ab/bis Southampton), die **Crystal Symphony** (ab/bis London), die **Azamara Journey** (ab/bis Kopenhagen) und die **Silver Wind** (ab/bis London).

Bald wieder daheim: der letzte Tag auf See

angereist zu sein scheinen. Zwei Tage bleiben wir hier, erleben Dudelsäcke in Bataillonsstärke beim Military Tattoo, besuchen Maria Stuarts düstere Gemächer und Queen Elizabeths noble Yacht Britannia. Und wir wären, als das Schiff dann doch aufbricht zur Rückreise nach Kiel, am liebsten dageblieben in der wohl schönsten Stadt ganz Großbritanniens.

Der letzte Tag also, wieder auf der Nordsee. Abschiedsstimmung – und allgemeines Bilanzieren. Hat die Reise die Erwartungen erfüllt? Einige äußern leise Kritik: Das Schiff hat nicht alle gleichermaßen überzeugt. Einig ist man sich im Lob für die Service-Crew, die exzellente Küche, das gute Entertainment. Von ihren Kabinen aber sind diejenigen enttäuscht, die vorn oder in der Schiffsmitte logierten: Hier hat die Werft in Piräus den Umbau der vormaligen Orient Venus nach dem neuen Standard nicht vollständig geschafft. Doch das Schiff geht ja – siehe Seite 121 – nach seiner ersten Saison gleich noch einmal einen Monat in die Werft, diesmal in Bremerhaven. Freuen wir uns also auf den nächsten Sommer, auf eine Delphin Voyager, die keine Kinderkrankheiten mehr kennt. Zu gern käme auch die jüngste Passagierin dann wieder mit. Am liebsten mit „Oman" zu den Britischen Inseln. ■

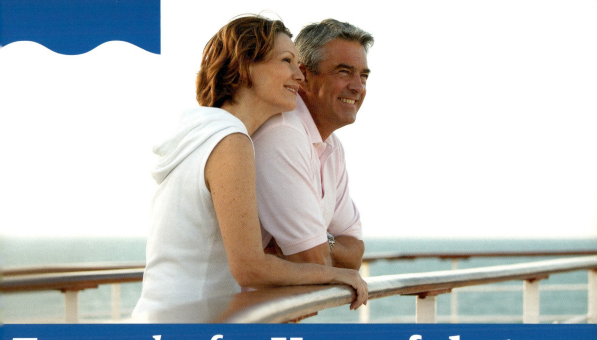

11. Januar 2008:
Ihr nächstes Abenteuer –
Expedition Antarktis

www.hlkf.de

Am **Rande**
der Welt

Pinguine an Steuerbord, Wale an Backbord – und vor dem
Bug ewiges Eis. Eine Kreuzfahrt zum Sechsten Kontinent
bringt Erlebnisse, wie keine andere Reise sie bieten kann

VON KURT ULRICH

Zwischen Herbst und Frühling fährt sie in der Antarktis: die Grigoriy Mikheev im Eis

Der Wind bläst mit hundert Stundenkilometern, die Wellen sind zehn Meter hoch. Wie ein Korken torkelt die Grigoriy Mikheev durch die berüchtigten „Furious Fifties" (die rasenden Fünfziger) der Drake-Passage – tausend Kilometer offenes, sturmgepeitschtes Meer zwischen Kap Hoorn und der Antarktis. Doch Kapitän Alexey Zakalashnyuk meint unbeeindruckt: „Das letzte Mal war's schlimmer."

Nach zwei Tagen übler Schaukelei ankert das Expeditionsschiff vor King George Island an der antarktischen Westküste. Schneebedeckte Berge. Gletscher, die bis ins Meer vorstoßen. Am Ufer stehen Pinguine würdevoll wie befrackte Oberkellner. Dahinter ducken sich die Containerhütten einer Forschungsstation. Das Abenteuer Antarktis beginnt.

Am Fuß der Gangway warten Zodiacs, robuste Schlauchboote mit dicken Gummiwülsten, auf die Passagiere, die sich einheitlich gekleidet zur Anlandung bereit machen: rote Parkas, blaue Schwimmwesten, wasserdichte Stiefel. Die 40-PS-Außenbordmotoren heulen auf, die Boote flitzen zur Insel. Während der Fahrt kommt Spritzwasser ▶

Besuch in der argentinischen Forschungsstation Esperanza. Zodiacs bringen die Reisenden an Land

über, die letzten Meter bis zum Ufer waten die Rotjacken durch knietiefes Wasser.

In unmittelbarer Nachbarschaft stehen die Forschungscamps von acht Nationen. Das chilenische ist eine Kleinstadt mit Wohncontainern, Post, Bank, Supermarkt, Schule und Flugpiste. Das polnische besitzt ein Treibhaus, in dem Gemüse und Blumen wachsen, das russische eine orthodoxe Kirche mit Zwiebelturm. Ein Wegweiser gibt die Entfernung zu verschiedenen Metropolen an: Brasilia 5.225 Kilometer, Kairo 12.932 Kilometer, Berlin 14.230 Kilometer.

Deception Island: Reste einer Walfangbasis

Die Kreuzfahrer stapfen durch Schnee und Matsch, hören bei Kaffee und Kuchen aufmerksam zu, wenn ihnen Bewohner der Stationen über ihre Arbeit erzählen, und kehren durchfroren an Bord zurück. Die lediglich 66 Meter lange, auf einer finnischen Werft für das renommierte Arktis- und Antarktisinstitut in St. Petersburg gebaute Grigoriy Mikheev unternahm zunächst ozeanographische Forschungsreisen. Seit die Wissenschaftler nach dem Kollaps der Sowjetunion finanziell kurz gehalten werden, ist sie mit zahlenden Passagieren in entlegenen Gewässern unterwegs. Die 23 Kabinen sind schlicht, das Platzangebot ist beschränkt, das Promenadendeck befindet sich knapp drei Meter über dem Meer.

Damit garantiert das robuste Schiff einerseits eine familiäre Bordatmosphäre, andererseits einen hautnahen Kontakt zu Eis und Tieren. Die russische Crew sowie der westeuropäische Staff – vorwiegend Holländer, Belgier und Deutsche – sind überaus hilfsbereit. Mitreisende Wissenschaftler halten Vorträge und zeigen Dias und Videos, um die Passagiere auf die Anlandungen einzustimmen und für den fast gänzlich von Eis be-

Chile · Ushuaia
Argentinien
Kap Hoorn

Drake-Passage

Südpol

Antarktis

King George Island
Deception Island
Paradise Harbour
Port Lockroy
Lemaire-Kanal
Galindez Island

200 km

Dank seiner isolierten Lage – 1.000 Kilometer sind es bis Südamerika, 2.250 bis Australien, 3.600 bis Afrika – ist das südliche Ende der Welt nahezu unberührt. Die Region hat ein empfindliches Ökosystem. Sie ist extrem lebensfeindlich, abgesehen von Millionen von Pinguinen und einigen Hundert Mitarbeitern der Forschungsstationen unbewohnt – und gänzlich handyfrei. Der Sechste Kontinent, eine nahezu kreisrunde Eiswüste von 4.500 Kilometern Durchmesser, ist im wahrsten Sinn des Wortes ein weißer Fleck auf der Weltkarte: 98 Prozent liegen unter einer durchschnittlich 1.600 Meter dicken Eisdecke. Hier sind Berge bis zu 5.138 Meter hoch, kalben Gletscher alljährlich 250 Kubikkilometer, wüten Winde mit 300 Stundenkilometern – und es wurden Rekordtemperaturen von minus 89,6 Grad gemessen.

Völkerrechtlich gilt die Antarktis zwar als Niemandsland; dennoch ist sie wie eine Torte in sieben nationale Segmente aufgeteilt, die am Südpol zusammentreffen. Die Gebietsansprüche, unter anderem von Australien, Frankreich, Argentinien, Chile und Norwegen, sind jedoch umstritten; sie überlappen sich sogar teilweise. Deutschland, Russland und die Vereinigten Staaten begnügen sich mit Forschungsstationen.

Der Antarktisvertrag von 1961, den inzwischen 42 Staaten ratifiziert haben, schreibt unter anderem vor: Die Gebiete südlich des 60. Breitengrades dienen ausschließlich der friedlichen Nutzung. Militärische Stützpunkte, Atomtests und die Lagerung von nuklearem Material sind verboten.

deckten „Weißen Kontinent" zu sensibilisieren. Wer am südlichen Ende der Welt kreuzt, absolviert denn auch teils einen Volkshochschulkurs auf See, teils eine Vergnügungsreise mit abenteuerlicher Note.

Jeder Antarktistag – ob bitter kalt und wolkenverhangen oder mit milden 15 Grad, stahlblauem Himmel und verschneiten Bergen, die sich im Meer spiegeln – bringt neue und aufregende Erlebnisse: Buckelwale tauchen neben der Bordwand auf und blasen ihre verbrauchte Atemluft aus. Robben dösen auf vorbeigleitenden Eisschollen. Blau und weiß schimmernde Eisberge erinnern an mittelalterliche Kathedralen, venezianische Gondeln, moderne Skulpturen oder, wenn sie vom Salzwasser durchlöchert sind, an Emmentalerkäse.

Im Schritttempo navigiert Kapitän Zakalashnyuk durch eine nur 230 Meter breite, von 60 Meter senkrecht hochragenden Felsen flankierte Öffnung in den Kratersee von Deception Island. Bis in die dreißiger Jahre des letzten Jahrhunderts diente die Insel einer Walfangflotte, die im antarktischen Sommer Tausende von Walen erlegte, als Basis. Die Fettschicht der Meeresgiganten wurde zu ▶

FOTOS: Kurt Ulrich (3); KARTE: www.AxelKock.de

Wunder der antarktischen Natur: See-Elefanten, Pinguine – und Eisberge in allen Farben

Tran verarbeitet, die Kadaver ließ man im Meer verrotten. Später errichteten Engländer und Chilenen Forschungsstationen, die von wiederholten Vulkanausbrüchen verwüstet wurden. Noch immer ragen Überreste von Wohnbaracken und Lagerhäusern aus der Asche und dem Sand, rosten Maschinen und Öltanks vor sich hin, liegen ausgebleichte Walknochen am Strand. Sich hier bei Temperaturen um den Gefrierpunkt im vulkanisch heißen Wasser zu aalen bereitet nicht wenigen Antarktistouristen einen Riesenspaß.

Später fährt die Grigoriy Mikheev durch den schluchtartigen, links und rechts von Felswänden, Gletschern und bis zu tausend Meter hohen Schneebergen gesäumten Lemaire-Kanal zwischen dem antarktischen Festland und einer vorgelagerten Insel. Danach steuert sie die Vernadsky-Forschungsstation auf Galindez Island an, wo britische Wissenschaftler schon im Jahr 1958 das Ozonloch entdeckt und vor der Ausdünnung der Ozonschicht durch Fluorchlorkohlenwasserstoffe gewarnt haben. Heute arbeiten hier ein Dutzend ukrainische Meteorologen, die sich über Besucher sichtlich freuen, sie durch die Labors führen, ihnen Souvenirs verkaufen und in der Bar selbstgebrannten Wodka einschenken.

Als wir im Paradise Harbour antarktisches Festland betreten, bietet sich uns ein unvergesslicher Anblick: Hunderttausende von Pinguinen! Die einen brüten dicht zusammengedrängt in riesigen Kolonien, andere watscheln tollpatschig umher, rutschen vergnügt Schneehänge hinunter und plumpsen ungeschickt ins Meer. Hier fühlen sie sich in ihrem Element. Sie erreichen schwimmend Geschwindigkeiten von dreißig Stundenkilometern, tauchen bis zu 250 Meter tief und können bis zu zwanzig Minuten unter Wasser bleiben.

Die flugunfähigen Vögel sind denn auch die beliebtesten Fotomotive. Weil die knuddeligen Tiere an Land keine Feinde haben, zeigen sie auch keine Angst vor Menschen. Zuweilen trippeln sie sogar ganz nah heran, halten den Kopf schräg und schauen hoch, wie um zu fragen: „Wo kommst du denn her?" Doch Pinguin ist nicht gleich Pinguin. Vielmehr gibt es 17 Arten, von denen nur sieben in der Antarktis vorkommen. Zu ihnen zählen die Kaiserpinguine, die bis zu 120 Zentimeter groß werden und südlich des Polarkreises leben. Kehlstreifenpinguine, auch Zügelpinguine genannt, sehen mit dem schwarzen Querstreifen in ihrem Gesicht wie verschmitzt lächelnde weiße Clowns aus. Am häufigsten aber trifft man auf die Adéliepin-

Ausnahmewetter: tiefblauer Himmel bei der Einfahrt in den berühmten Lemaire-Kanal

guine mit weißem Bauch, schwarzgelbem Kopf und rotem Schnabel.

Nach einer Woche nimmt die Grigoriy Mikheev bei spiegelglatter See wieder Kurs auf Südamerika. Bei bestem Wetter umrundet sie Kap Hoorn und macht schließlich im argentinischen Ushuaia fest, der südlichsten Stadt der Welt. Für die Passagiere ist eine faszinierende Reise zu Ende: Die Begegnung mit dem „Weißen Kontinent", dem letzten Niemandsland der Welt, wo die Eiszeit seit Jahrmillionen anhält. ∎

FOTOS: Kurt Ulrich (3): Quark Expeditions (1); Hurtigruten (1); Hapag-Lloyd Kreuzfahrten (1)

WEITERE SCHIFFE IN DER ANTARKTIS

Die Bremen im Eis

Die klassische Route führt von Ushuaia durch die Drake-Passage zur antarktischen Halbinsel im Nordwesten des sechsten Kontinents. Hier liegt im Sommer die Durchschnittstemperatur bei null Grad. Am 3.000 Kilometer entfernten Südpol sind es zur selben Zeit minus 14 Grad.

Kreuzfahrer haben die Wahl zwischen vier Schiffstypen:

• Kleine Schiffe, meist in Finnland gebaute ehemalige russische Forschungsschiffe wie die **Grigoriy Mikheev** oder die **Polar Pioneer**, sind einfach ausgestattet und haben Kabinen für weniger als hundert Passagiere, verbreiten aber einen Hauch von Expeditionsflair.

• Mittelgroße Schiffe wie die **Hanseatic** oder die **Bremen** befördern bis zu 300 Passagiere. Sie garantieren den Komfort eines Kreuzfahrtschiffs; dafür gehen die Passagiere zeitlich gestaffelt in Hundertergruppen an Land.

• Eisbrecher wie die **Kapitan Khlebnikov** (112 Passagiere) führen Helikopter mit, wodurch die Ausflugspalette erweitert wird. Baubedingt können sie arg schaukeln.

• Große Schiffe mit über 1.000 Passagieren machen nur antarktisches Sightseeing ohne Anlandungen.

Zum Schutz des empfindlichen Ökosystems hat sich die International Association of Antarctic Tour Operators (IAATO) Richtlinien für einen umweltfreundlichen Tourismus auferlegt: Mindestens fünf Meter Abstand zu Tieren halten! Keine Abfälle zurücklassen! Rauchen an Land verboten! Maximal hundert Passagiere dürfen gleichzeitig an Land gehen, begleitet von mindestens fünf Mitgliedern der Expeditionsequipe.

Der Norden holt Sie jetzt

Zuhause ab!

Die hurtige
Route

Schon seit über hundert Jahren fahren Postschiffe die Küste
Norwegens hinauf. Unter dem Namen „Hurtigruten" wurde daraus
eine einzigartige Kreuzfahrtidee. Auf der Nordlys fuhren wir mit

VON UWE BAHN

FOTO: Hurtigruten GmbH

Es ist zwanzig Uhr. Zweimal bläst die Nordlys ins Hurtigruten-Horn, dann verlässt sie den Hafen von Bergen. Zwölf Tage wollen wir durch Norwegens Fjorde und Sunde fahren. Einmal Bergen–Kirkenes und zurück. „Die schönste Seereise der Welt", wie es die Reederei verspricht.

Der erste Tag ist jedoch alles andere als schön; er ist verregnet. Kein Wunder, Bergen gilt als die Hauptstadt des Regens. Und so sind wir durch die Pfützen am Fischmarkt gestapft, haben Unterschlupf in den historischen Holzhäusern des Bryggen-Viertels gesucht. Aber jetzt haben meine Frau und ich Kabine 522 bezogen. Ein Hauch von Heimat begleitet uns: Das Schiff wurde 1994 in Stralsund gebaut, und von den 600 Passagieren sind gut die Hälfte Landsleute. Wilma, die Reiseleiterin, kommt aus Holland. In Tromsø hat sie gelernt und Sprachen studiert: Auf Norwegisch, Englisch, Deutsch und Französisch informiert sie uns über Essen, Elche und Exkursionen.

Der zweite Tag: der erste Stopp in Alesund. Kaum haben wir angelegt, schieben Gabelstapler schon ihre Paletten und Pakete durch die Ladeluke. Gäste huschen die Gangway hinunter für den Kurzbesuch auf der Kaimauer: Die Liegezeit beträgt wie in den meisten der 35 Häfen knappe 15 Minuten. Hurtigruten, das ist eben eine hurtige Route. Linienverkehr statt Kreuzfahrt. Das Zugeständnis an diesem Tag heißt „Landausflug Geiranger-Fjord und Trollstigen". Es regnet weiter. So rauschen vor unserem Bus die Wasserfälle mit ungeahnter Wucht die ▶

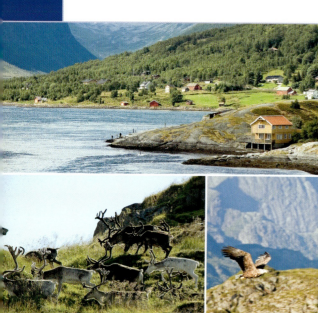

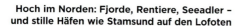

**Hoch im Norden: Fjorde, Rentiere, Seeadler –
und stille Häfen wie Stamsund auf den Lofoten**

Berge hinunter. Am eindrucksvollsten am Trollstigen, der spektakulären Serpentinenstraße, die sich aus 850 Metern Höhe in die Tiefe schlängelt. Der dicke Dunst vernebelt meiner Frau die Höhenangst. Auch gut. Um 21.30 Uhr gehen wir in Molde wieder an Bord der Nordlys und direkt zum Abendessen. Zweite Sitzung, Tisch 18. Alles ist genau geregelt, und das liegt an Grethe. Sie führt das Restaurant-Regiment, mustert am Eingang jede Bordkarte. Wer sich heimlich zum Fischbuffet schleicht, wird sich an dieser Grethe verschlucken.

Immer dabei: unsere fliegenden Begleiter

Der dritte Tag. Komfortable drei Stunden und 45 Minuten bleiben uns für Trondheim. Auf dem Hurtigruten-Ausflug geht man der touristischen Pflicht nach: Nidarosdom und Musikmuseum Ringve. Wir trotten allein durch Trondheim, entdecken das reizende Viertel Møllenberg und finden immer mehr Gefallen an dieser Art des Reisens.

Am vierten Tag strahlt die Sonne. Endlich! Das halbe Schiff hat sich zu früher Stunde auf dem Außendeck versammelt und starrt gebannt aufs Meer. Um 6.59 Uhr ist es so weit: Wir überqueren den nördlichen Polarkreis. Die Foto-Japaner sind tief enttäuscht, dass sie die Linie im Wasser nicht sehen können. Dafür ist der Breitengrad spürbar, trennt er doch die gemäßigte von der Polarzone. Obligatorisch ist die feucht-fröhliche Polartaufe, auch auf der Nordlys. Wilma ist als Wikinger verkleidet, der Meeresgott Neptun und Kapitän Jonassen überreichen feierlich die Taufurkunden. Bedingung: Jeder Gast muss vorher ein Glas Alkoholisches leeren und sich mit einer Schöpfkelle Wasser begießen lassen.

Der fünfte Tag. Zurück in der Zivilisation, laufen wir Tromsø an. Einst zogen von hier

FOTOS: U. Bahn (9)

DIE POSTSCHIFF-FLOTTE

Die Geschichte der Hurtigruten-Postschiffe begann am 2. Juli 1893. An jenem Tag verließ zum ersten Mal ein Liniendampfschiff die Stadt Trondheim in Richtung Hammerfest. 1911 stand dann bereits die bis heute gültige Routenführung von Bergen nach Kirkenes fest.

Gegründet wurde die Gesellschaft von **Richard With**, einem Kaufmann aus Tromsø. Als Kapitän steuerte er auch die Jungfernfahrt. Eines der Schiffe der Flotte, die **MS Richard With**, ist heute nach ihm benannt. Sein Original-Fernglas und viele andere Exponate zur Geschichte der Postschiffe sind im Hurtigruten-Museum in Stokmarknes ausgestellt. Die Ausstellung kann am dritten Tag der südgehenden Route besichtigt werden, danach ist ein einstündiger Aufenthalt in Stokmarknes eingeplant (Infos zum Museum unter: www.hurtigrutemuseet.no).

Insgesamt werden heute 35 Häfen angelaufen, elf Hurtigruten-Schiffe sind im Liniendienst-Einsatz. Die Schiffe legen auf der nordgehenden Route täglich um 20 Uhr in Bergen ab (im Winter um 22.30 Uhr) und auf der südgehenden Route täglich um 12.45 Uhr in Kirkenes. Weitere Infos unter: **www.hurtigruten.de**

Fotos: Mittsommer in Nordnorwegen; die Nordlys im Trollfjord; Rentiere in Honningsvåg

die Polarforscher ins ewige Eis, heute gibt es unter den 60.000 Einwohnern allein 4.000 Studenten. In Tromsø steht nicht nur die nördlichste Universität, sondern auch die nördlichste Brauerei der Welt. Acht Euro kostet ein großes Bier in Norwegen – fast geschenkt. Wir feiern auf der Terrasse des Skarven-Pubs, bis uns das Horn der Nordlys zurück an Bord trötet.

Tag sechs: In Honningsvåg sehen wir die ersten Rentiere. Wie selbstverständlich spazieren sie durch die Gassen der Kleinstadt. In zwei Tagen werden wir von hier aus zum Nordkap fahren, dem nördlichsten Punkt des europäischen Festlands. Und in der Tat, hier scheint Europa zu Ende zu sein. Die Weiterfahrt mit der Nordlys wird trist, die Landschaft karg.

Und so ist am siebten Tag das Epizentrum der Trostlosigkeit erreicht: Kirkenes. Es ist Sonntagmorgen, wir gehen durch graue Gassen. An den Bordsteinkanten liegen leergetrunkene Wodkaflaschen, vor einer verrosteten Haltestelle wartet der Linienbus nach Murmansk. Keine zehn Kilometer sind es nach Russland – Kirkenes ist im doppel- ▶

Die Nordlys zwischen den Lofoten. Alle staunen über die Landschaft – selbst die Harley-Davidson-Staffel aus Oslo

ten Sinne hart an der Grenze. Und es ist der Wendepunkt der Hurtigruten. Alte Gäste verlassen hier das Schiff und fliegen in die Heimat zurück, neue steigen zu. Unter ihnen: die Harley-Davidson-Staffel aus Oslo, die mit röhrenden Motoren auf das Autodeck der Nordlys knattert.

Sechs Uhr morgens am achten Tag. Wieder in Honningsvåg, besteigen wir den Ausflugsbus „Frühstück am Nordkap". Die Morgendämmerung ergibt sich der Sonne, dieser Tag wird ein Traum. Unter wolkenlosem Himmel stehen wir 44 Kilometer später vor einem gusseisernen Globus, der berühmten Nordkap-Skulptur. Eine Exkursion ans Ende Europas – und wir sind die einzigen Besucher. Von solchen Tagen gibt es nicht viele am Nordkap.

Tag neun: Der legendäre Trollfjord ist wirklich ein Wunder. Von schneebedeckten Bergen umgeben, ist er nur zwei Kilometer lang, an seiner engsten Stelle nicht einmal hundert Meter breit. Und mittendrin dümpeln wir an

Reiseleiterin Wilma

Bord eines kleinen Fischerboots und warten. Dann kommt sie, die Nordlys. Vorsichtig schiebt sie sich durch die schmale Öffnung der gewaltigen Felsen. Kameras klicken um die Wette. Das Schiff tuckert weiter, Möwenschwärme begleiten uns. Plötzlich der Aufschrei eines Amerikaners: „The sea eagle!" Unglaublich, über uns kreist mit gewaltiger Flügelspannweite ein Seeadler. Vom Fischkutter fliegt in hohem Bogen ein Lachs ins Wasser. Der Adler schießt im Sturzflug hinunter, greift sich den Fisch und fliegt davon. Sprachlos erreichen wir das idyllische Lofoten-Städtchen Svolvær.

Der zehnte und elfte Tag: Bis auf den Morgen in Trondheim gibt es kaum eine Chance für den Landgang. Die Nordlys fährt ihren normalen Liniendienst, und wir packen unsere Koffer. Denn am zwölften – und letzten – Tag erreichen wir am frühen Nachmittag Bergen, melden uns zurück von einer Fahrt in eine Zauberlandschaft. Und die Sonne scheint. Wie es sich für die schönste Seereise der Welt gehört. ■

FOTOS: U. Bahn (4)

COLOR LINE

„Fantastische Augenblicke und magische Momente!"

Freuen Sie sich auf Ihren Kurzurlaub und genießen Sie bei uns an Bord Künstler, Köstlichkeiten und Komfort. Fantastische Kurzkreuzfahrten buchen Sie am besten gleich bei Color Line!

Color Line Cruises

Kreuzfahrt Kiel-Oslo-Kiel mit M/S Color Fantasy oder M/S Color Magic: 2 Übernachtungen in ***2-Bett-Innenkabine, 2x Frühstücksbuffet. **pro Person ab €** 155,-

Infos und Buchung:
www.colorline.de, Tel.: 0431/7300-300
oder in Ihrem Reisebüro

Color Line.
Fantastisch. Magisch. Cruise!

Vorhang auf!

Die Premiere in Hamburg war ein Spektakel – Millionen verfolgten das Ereignis im Fernsehen. Doch nach der Taufe stand die Feuertaufe an: Wir begleiteten die AIDAdiva auf ihrer Jungfernfahrt

VON UWE BAHN

Zeremonienmeister:
Corny Littmann von
Schmidts Tivoli

Gipfeltreffen in Barcelona: Unter diesen Giganten ist die Diva noch die Kleinste

FOTOS: U. Bahn (2)

Mit Adleraugen mustert Christian Schönrock sein Schiff. „Der Billardtisch auf Deck 11 ist zu groß", zitiert er aus der Mängelliste. Außerdem gehorche der Lichtdimmer im Rossini-Restaurant noch nicht. Und die Soundanlage auf dem Pooldeck sei mit 54.000 Watt deutlich fetter ausgefallen als auf dem Planungspapier.

Christian Schönrock muss es wissen – er ist Neubaudirektor bei AIDA Cruises. Die AIDAdiva ist sein Baby. In diesem Schiff stecken seine Ideen. Und seine Verrücktheiten: die Hängematten auf den Balkonen, die Flatscreen-Fernseher über den Pinkelbecken und natürlich die drehbare „Kuschelmuschel". Auf dieser runden Lederliegewiese ist gerade das nächste Pärchen eingenickt. Mit sich und der Welt zufrieden.

Auf andere trifft das weniger zu: Ganz offensichtlich hat Deutschland seine Nörgelelite auf diese Jungfernreise geschickt. „Ich habe gestern kein Tagesprogramm bekommen", mault einer der Gäste, „das ist ein Skandal!" Momente, in denen wir uns einen Engländer, Italiener oder Japaner am Tisch wünschen. Nur bitte nicht diese deutsche Spezies. „Im

Theatrium ist zu wenig Platz", murrt ein anderer Passagier den Neubaudirektor an. Schönrock hat es längst freundlich notiert, da wird bald nachgepolstert.

Ein Luxusproblem – und eigentlich ein Grund, sich zu freuen. Was hatten sie sich bei der Reederei wegen dieses Theatriums den Kopf zermartert. Werden die AIDA-Gäste diese Innovation annehmen? Dieses neue Herzstück, das sich über volle drei Decks zieht. Diese Mischung aus Marktplatz und Manege, mit den beiden riesigen Fensterfronten, durch die das Tageslicht flutet.

Und nun strömen die Passagiere ins Theatrium, und der Platz scheint nicht auszureichen. Selbst beim Soundcheck sitzt immer ein gutes Dutzend und hört sich das „one, two, one, two" an. Morgens flimmern auf der großen LED-Leinwand die nächsten Ausflugsziele, und der Lektor erzählt von Lissabon. Nachmittags probt das AIDA-Ensemble eine letzte ABBA-Einheit, abends rappen erst drei Comedy-Schweizer namens „Starbugs", dann singt eine Zarah-Leander-Kopie von Motten im Licht. Bühnenteile schieben sich wie von Geisterhand nach vorn, senken ▶

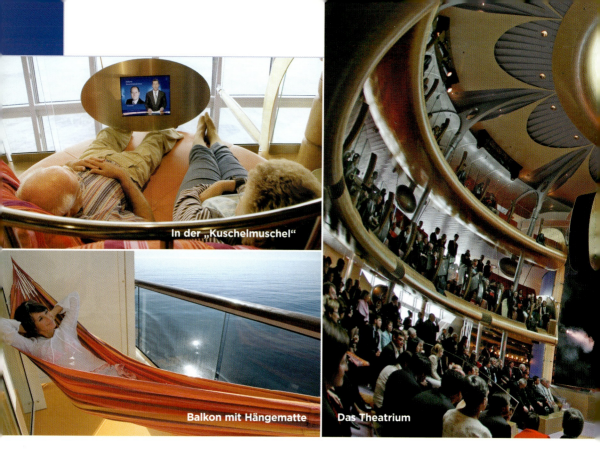

In der „Kuschelmuschel"

Balkon mit Hängematte

Das Theatrium

sich ab, und plötzlich fährt ein Flügel im Fahrstuhl nach unten. Let me entertain you!

Oberster Entertainer ist Corny Littmann, Chef des Schmidt-Theaters auf der Hamburger Reeperbahn und nebenbei auch noch Präsident des FC St. Pauli. Er ist der künstlerische Leiter der gesamten AIDA-Flotte und begleitet die Jungfernreise. Dieses Schiff mit dem Theatrium ist sein Eldorado, hier tobt er sich mit seinen Ensembles und Entertainern richtig aus. Auf einem Niveau, das Bestnoten verdient. Bei so viel Kultur kann der Konsum glatt auf der Strecke bleiben. Leidtragende ist die AIDA-Bar auf Deck 10. Anders als auf den Schwesterschiffen will hier nicht so die richtige Atmosphäre aufkommen. Liegt es am Licht, an der sehr gewagten Farbgebung oder an den kalten Fliesen im Eingangsbereich? Christian Schönrock wird auch das in seinem Hausaufgabenblock notiert haben.

Deutlich mehr kann er auf der Habenseite des Schiffs verbuchen. Zum Beispiel die Vinothek auf demselben Deck. Die rot-rustikale Weinbar ist der individuelle Treffpunkt an

Bord – und eine nörgelfreie Zone. Hier stoßen die Gäste mit dem Barbera aus dem Piemont für 5,60 Euro an. Oder mit dem Châteauneuf du Pape für 7,80 Euro. Ein Prosit der Gemütlichkeit – das geht auch mit Cabernet und Chardonnay. Überhaupt gefällt die neue AIDA durch Kleinteiligkeit: Elf Bars und sieben Restaurants sorgen dafür, dass sich die maximal 2.500 Reisenden nicht in die Hacken treten.

Gleich drei kulinarische Oasen befinden sich an Bord: das Feinschmecker-Restaurant Rossini, das Buffalo Steakhouse und die Sushi Bar. Dort hat sich Kapitän Kurc zum Abendessen verabredet. Und dort zelebriert er auch den Zeitgeist: Captain's Dinner mit Stäbchen – Kreuzfahrt kann so hip sein. Gegen einen Preisaufschlag erfreuen sich die Gäste an der Alternative zu den Buffet-Restaurants. Sushi Special mit Nigiri, Sashimi und Maki für 9,20 Euro. Dazu einen Sake für 3,20 Euro, je nach Außentemperatur warm oder kalt.

Neu ist auch das Buffalo Steakhouse auf Deck 10. Durch die Bordwand bohren sich zwei Köpfe echter Büffel – und das Fleisch

FOTOS: U. Bann (3), J. Bohmann (1), AIDA Cruises (2)

Flatscreens überall

Im Bordstudio

von Büffeln, zubereitet vor den Augen der Gäste in der Showküche, wird im modernen Rancher-Ambiente verzehrt. Beim 750-Gramm-Porterhouse-Steak könnten selbst eingefleischte Vegetarier schwach werden. Von den vier Buffet-Restaurants gefällt uns das Bella Vista am besten. Wir sitzen an hohen Marmortischen unter knorrigen Olivenbäumen, die, wie es scheint, in das darüberliegende Deck hineinwachsen wollen. Mo-

dernes Italo-Interieur, in dem wir uns die tägliche Portion Pasta holen.

Auf der Außenterrasse des Weite-Welt-Restaurants hat sich die Nörgelelite zu einem Meeting getroffen. Wir dürfen ihm beiwohnen. Vorsitzende der Runde ist eine Frau aus Hamburg, die für alle Teilnehmer ihren Tagesbericht verfasst. Entrüstet sei sie, weil im Hafen von Vigo für die AIDA ein Feuerwerk abgebrannt worden sei. Direkt neben dem ▶

Die Panoramasauna

oder auch im Whirlpool, der wie eine heiße Quelle in der Mitte brodelt. Bei sonnigem Wetter lässt sich das Glasdach öffnen. Die Kapazität der Oase ist allerdings auf siebzig Gäste begrenzt. Wem das immer noch nicht intim genug ist, der mietet gegen Aufpreis die Spa-Suite mit eigener Sauna und Balkon.

Trotz der über 2.000 Passagiere finden wir an Bord viele Rückzugsmöglichkeiten. AIDA-Hardliner suchen gerade das nicht, für sie ist das Pooldeck zu animationsarm. „Wann geht denn endlich die Post ab?", fragt ein sichtlich nervöser Stammgast. Er bekommt seine Poolparty auf dem Weg nach València. Aber die AIDAdiva ist nicht gnadenlos happy. Das Duz-Dogma wurde von der Reederei gekippt, die erste Anrede lautet „Sie". Es sei denn, der Gast verlangt nach seinem Vornamen, so wie „der Rainer" aus Bonn, der partout nicht verstehen will, dass sein Clubschiff erwachsen geworden ist.

Der Zeitgeist heißt nicht mehr Polonaise, sondern Flatscreen. Es gibt kaum einen Ort, an dem nicht einer der flachen Fernseher hängt. In den Kabinen natürlich auch; und die TV-Geräte sind sogar interaktiv. Mit einer Minitastatur können wir E-Mails schreiben, wir können Seekarten einsehen, uns wecken lassen oder Ausflüge buchen. Und natürlich fernsehen, sollte uns das Programm des Theatriums wirklich nicht zusagen.

Und dann bleibt ja auch noch der Balkon – ein Stück exklusiver Privatheit, das es in 439 Kabinen gibt. Wir verfolgen von dort aus die Einfahrt nach Barcelona. Und dort wiederum, auf unserer letzten Station vor Palma, erleben wir ein Gipfeltreffen der Kreuzfahrt. Es ist ein Schaulaufen der Schiffe: Queen Mary 2, Carnival Freedom, Voyager of the Seas, Navigator of the Seas, AIDAcara, Crystal Serenity, Asuka II, SeaDream – alle sind sie da. Und mittendrin die AIDAdiva bei ihrem Antrittsbesuch. Mit seinen 68.500 Tonnen wirkt das Schiff fast zierlich.

Die Zukunft der Kreuzfahrt hat begonnen, und Christian Schönrock plant schon die nächsten drei Neubauten: Die AIDAbella wird bereits am 23. April 2008 in Warnemünde getauft. ◾

In der Wellnessoase; der Käpt'n in der Sushi Bar; Neubaudirektor Christian Schönrock

Schiff. Keiner könne ihr sagen, ob es nicht Al-Qaida gewesen sei. Und dann bediene in der AIDA-Bar ein Schläfer, der vermutlich auf seinen heiligen Einsatz warte. Kleine Info für die Dame: Das Bordhospital befindet sich auf Deck 3, auf Anfrage verschreibt der AIDA-Arzt auch Psychopharmaka.

Ruhe vor der Frau finden wir auf den 2.300 Quadratmetern der Wellnessoase. Für 15 Euro am Tag können Passagiere hier in einem Regenwald relaxen. Ja, an Bord grünt tatsächlich ein künstlicher Dschungel. Während das Schiff Kurs auf Gibraltar nimmt, entspannen wir uns hier zwischen Palmen, Farnen und Schlingpflanzen. Entweder auf den Chill-out-Liegen oder in der Hängematte, die zwischen zwei Palmen baumelt,

FOTOS: J. Bohmann (1), U. Bahn (2)

Prinzessin
down under

**Mittags steht die Sonne im Norden, und die Skisaison startet im Juni:
Ist in Down Under, in Neuseeland und Australien, wirklich alles anders?
Auf der Sapphire Princess fanden wir es heraus**

VON FRED FRIEDRICH

**Unser Schiff: die Sapphire Princess,
unsere Aussicht: die Skyline von Auckland**

R und 19.000 Kilometer liegen zwischen Frankfurt und Auckland – das schaffen selbst die modernsten Flugzeuge nicht nonstop. Warum also nicht einen Zwischenstopp einlegen, in Singapur, Bangkok, Hongkong oder Los Angeles? Zumindest aber ein paar Tage eher anreisen. Denn nur zum Einschiffen ist Neuseelands größte Stadt viel zu schade. Mit dem Explorer-Bus („hop on, hop off") lassen sich ihre Sehenswürdigkeiten im Halbstundentakt erkunden.

Allerorten laden Plakate zu den abgefahrensten Sportarten ein: Swooping, Zorbing, Blokarting und dergleichen mehr. Absolutes Highlight ist der Sky Jump von der Aussichtsplattform des Fernsehturms: 192 Meter in elf Sekunden, bei einer Fallgeschwindigkeit von 85 Kilometern pro Stunde. „I did it", strahlt Bruce aus Boston, der, eben erst in Rente gegangen, seine allererste Kreuzfahrt angetreten hat: „Ich bin mir nicht sicher, welches das größere Wagnis ist."

▶

Frühling am Mount Cook, Neuseelands höchstem Berg. Lichtspiel im Milford Sound

Aotearoa also. Das „Land der langen, weißen Wolke", wie Neuseeland in der Sprache der Maori heißt. Ein Land am anderen Ende der Welt. Eines, das viel Raum für Abenteuer bietet. An Stränden wie aus dem Bilderbuch, in Regenwäldern wie aus einer Tolkien-Phantasie, an gewaltigen Fjorden, auf verschneiten Gipfeln – ja sogar tief unter der Erde. Gleich am zweiten Tag erleben wir das: Während sich ein paar Wagemutige (Bruce ist diesmal nicht dabei) durch eine Felsspalte gut hundert Meter tief in die Waitomo Caves abseilen, erkunden wir weniger Risikobereiten das Labyrinth von Gängen und Tunnels per gemütlichem Spaziergang und finden uns bei der abschließenden Bootsfahrt durch die Glowworm Grotto unter ein Himmelszelt mit Millionen funkelnder Sterne versetzt: Staunend und schweigend bewundern wir das Schauspiel. Wen stört es, dass es keine Glühwürmchen sind, die

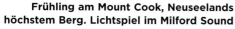

das Spektakel inszenieren, sondern Larven der Fungusmücke, die mit ihrem körpereigenen Leuchtstoff ihre Nahrung anlocken?

Tag drei: Delphine begleiten den Katamaran durch die wie am ersten Schöpfungstag daliegende Bay of Islands. Seemännische Maßarbeit erfordert die Fahrt durch das Hole in the Rock: Die schroffen Wände des durch Wind und Wasser ausgespülten Felsdurchbruchs sind fast mit den Händen zu berühren. Nur wenige Kilometer entfernt wurde Geschichte geschrieben: Mit dem Treaty of Waitangi legten britische Kolonialisten und Ureinwohner den Grundstock für den Staat Neuseeland.

Für unser Vorprogramm haben wir das Hilton gewählt, nicht wegen der gleichnamigen Skandalnudel, sondern wegen der strategisch günstigen Lage auf dem Princess-Wharf-Kai, unmittelbar neben der Einschiffungshalle. So blicken wir am nächsten Morgen vom Balkon aus direkt auf die riesige Front der Sapphire Princess und versuchen, unsere Kabine, das Heim für die nächsten zwölf Tage, zu lokalisieren. Bei einer Schiffslänge von 290 Metern gar nicht so einfach. Doch wenige Stunden später ist es geschafft: Wir (und rund 2.600 weitere Passagiere) sind an Bord. Das Miteinander ist

MS SAPPHIRE PRINCESS

leger, das Publikum bunt gemischt: Amerikaner, Australier, Neuseeländer, Engländer und einige wenige Kontinentaleuropäer. „How do you do?" allerorten, „fine", „great", „pretty well". Mittendrin auch spanische, asiatische, russische und ein paar deutsche Töne. Die Bordsprache allerdings ist Englisch. Auckland verabschiedet sich mit einem phantastischen Sonnenuntergang. Wir machen uns auf, das „Personal Choice Dining" zu testen; die Wahl fällt an diesem Abend auf das Tex Mex Special im Santa Fe.

Von Tauranga aus führt der erste Landausflug zur heißen Quelle Whangatepiro. Das heißt „fürchterlich stinkender Platz" — und würde auch zu der Stadt Rotorua passen, die als Dreh- und Angelpunkt für Fahrten in die Hexenküche Neuseelands gilt: ins Wai-O-Tapu Thermal Wonderland etwa oder ins Waimangu Valley, zum Hell's Gate, dem Devil's Bath oder dem Inferno Crater. Für welches Ziel auch immer man sich entscheidet, überall wabern Schwefelschwaden über saftig grüne Hügel, dampfen heiße Quellen, blubbern Schlammlöcher bedrohlich. Mittendrin riesige Farne und leuchtend bunte Gesteinsablagerungen. Unwirklich, ja gespenstisch und wunder- ▶

Der 2004 in Dienst gestellte Liner unterscheidet sich wohltuend von anderen Neubauten der Konzernmutter Carnival: Helle und dunkle Holztöne harmonieren mit sanften Pastellnuancen. Die meisten der 1.337 Kabinen verfügen über einen Balkon. Allerdings sind viele davon längst nicht so privat wie erwartet. Für das „Personal Choice Dining" (speisen, wann, wo und mit wem man mag) stehen sieben Restaurants zur Verfügung, zwei davon sind zuschlagspflichtig. Oder hätten Sie lieber Ihren festen Tisch? Auch kein Problem, allerdings muss man sich für diese Variante („Traditionell") schon bei der Buchung entscheiden. Zahlreiche Traditionen aus der „Love Boat"-Ära haben übrigens Bestand, etwa der „Champagne Waterfall" oder der „Love Boat Dream", eine bittersüße Mousse mit Lady-Godiva-Likör.

Die beschriebene Reise wird im Winter 2007/2008 mit der Sapphire Princess und im Winter 2008/2009 mit der baugleichen **Diamond Princess** angeboten (Katalogpreis ab 1.249 Euro pro Person). Weitere Informationen: www.princesscruises.de

FOTOS: Tourism New Zealand (2), F. Friedrich (2), Princess Cruises (1)

Höhepunkt und Abschluss: Australiens spannendste Städte, Sydney (links) und Melbourne

schön zugleich wirkt das alles – und mitunter fühlt man sich gar an die preußische Pünktlichkeit erinnert. Nach dem Geysir Lady Knox jedenfalls kann man die Uhr stellen: Exakt um 10.15 Uhr stößt die temperamentvolle Dame einen gut zwanzig Meter hohen Wasserstrahl in die Luft, wenn auch, wie wir später erfahren, unterstützt durch zwei Kilo Seifenpulver.

Die Maoris sind zwar längst keine Kannibalen mehr – trotzdem ist die Begegnung mit ihnen gewöhnungsbedürftig. Sie schneiden Grimassen, verdrehen die Augen, strecken die Zunge weit heraus und geben bedrohliche Laute von sich. Bruce hat sich mit seiner Kamera weit nach vorn gewagt und zuckt erschreckt zurück. Keine Angst: alles nur Show! Tag sechs: ein Seetag. Die Sapphire Princess passiert die Cook Strait. Irgendwo backbord liegt in gut 8.000 Ki-

Alles nur Show: Willkommen auf Maori-Art

lometern Entfernung der sagenumwobene Kontinent Antarctica. Doch wir halten Kurs auf das Hafenstädtchen Lyttelton. Und fragen uns nach der Weiterfahrt ins liebliche, nahe gelegene Christchurch: Kenne ich das nicht? Aber der Guide, der die Frage natürlich geahnt hat, versichert uns: Wir sind nicht in England, trotz des Cricket-Clubs, der Victoria Street, der neugotischen Kathedrale ... Und auch nicht in Italien, so sehr es auf dem Avon River auch von Gondeln wimmelt. Auch Bayern ist dies nicht, so lautstark der „Bratwurst Grill" seinen Leberkäs' und seine Wurstspezialitäten mit Sauerkraut auch anpreist.

Doch zurück zu Mutter Natur: Sie hat es mit den „Kiwis" gut gemeint. Es gibt keinerlei giftige Schlangen, Skorpione oder Spinnen. Dafür wartet die Halbinsel Otago nahe Dunedin mit gleich drei Superlativen auf: mit der weltweit einzigen Festlandskolonie von Königsalbatrossen sowie der seltensten und der kleinsten Pinguinart (Gelbaugenpinguin und Blaupinguin). Seit Prince Charles die Albatroskolonie beehrte, ist sie „königlich". Wir machen's ihm nach und erkunden Taiaroa Head standesgemäß mit Chauffeur im Rolls Royce. ▶

Die Europa vor Sydney

WEITERE SCHIFFE DOWN UNDER

Schiffe deutscher Anbieter tauchen meist während ihrer jährlichen Weltreisen in Neuseeland und Australien auf. Im Winter 2007/2008 tummeln sich dort die **Albatros** (Phoenix Reisen) die **Amadea** (Phoenix Reisen), die **Astoria** (Transocean Tours), die **Delphin Voyager** (Delphin Kreuzfahrten) und die **Europa** (Hapag-Lloyd Kreuzfahrten). Während Letztere nur einen kurzen Stopp in Cairns einlegt, kreuzen die **Albatros** und die **Astoria** auf der „klassischen Route" über Sydney, Brisbane, das Great Barrier Reef, Cairns und Darwin.

Die **Amadea** steuert *eastbound* um den Globus; sie legt in Feemantle, Albany, Adelaide, Melbourne sowie Sydney an, bevor es über Wellington, Picton und Gisborne nach Auckland geht. Genau umgekehrt fährt die **Delphin Voyager** – ohne Adelaide, dafür aber mit Lyttelton und Kangaroo Island. Auch Ihre Königlichen Hoheiten **Queen Elizabeth 2** und **Queen Victoria** (beide Cunard) zeigen in Down Under Flagge – ebenso wie die **Nautica** (Oceania), die **Seven Seas Mariner** (Regent Seven Seas), die **Silver Whisper** (Silversea Cruises) und andere.

Turnuskreuzfahrten (wie im Text beschrieben) nach Australien und Neuseeland absolvieren die **Mercury** (Celebrity Cruises), die **Sapphire Princess** (Princess Cruises) und die **Statendam** (Holland America Line). Mit der **Sun Princess** (Princess Cruises) sind auch vierzehntägige Reisen ab/bis Sydney möglich.

Fotos: Koalas, Kiwis – und der berühmte Milford Sound

Der nächste Morgen: Die Tasmanische See begrüßt uns ausgesprochen stürmisch. Tief hängen die Wolken über dem Fjordland National Park. Nur ab und zu kämpft sich die Sonne durch und taucht die Szenerie aus unberührten Wäldern, steilen Felswänden und herabstürzenden Wasserfällen in ein diffuses, aus unzähligen Grautönen gemischtes Licht. Dusky, Doubtful und Milford Sound werden durchfahren, alles kommentiert von Ross Kerr, einem Parkranger aus Leidenschaft. Wir durchqueren, wie er beharrlich erzählt, eine der „wildesten und urwüchsigsten" Landschaften der Welt. Seltenste Pflanzen und Tiere, manche noch aus den Zeiten des Urkontinents Gondwana, haben hier ein letztes Refugium gefunden. Wie wir das unsrige unter Deck: Auf einmal muss die Sapphire Princess gegen zehn Meter hohe Wellen kämpfen. Was bedeutet: Alle Außendecks werden gesperrt, alle Balkontüren müssen geschlossen bleiben. Und: Aus zwei Seetagen werden dreieinhalb. Der Landgang in Hobart (und mit ihm das Rendezvous mit dem Tasmanischen Teufel) entfällt.

Genießen wir deshalb Australiens Städte umso mehr? In Melbourne jedenfalls – mittlerweile schreiben wir Tag vierzehn dieser Reise – scheint die ganze Welt zu Hause zu sein. Mongolische, tibetische, koreanische, nepalesische, vietnamesische oder jamaikanische Küche? „You naim it", wie der Australier sagt. Ebenso Chinatown, Little Italy oder das griechische Viertel, prächtige viktorianische Bauten und Wolkenkratzer aus Glas und Stahl: Alles da zur Erkundung an einem viel zu kurzen Tag. Zum Glück ist die Innenstadt bequem per City-Circle-Tram oder per Tourist Shuttle zu erkunden – beides kostenlos. Ein netter Zug der Melburnians, die wissen, dass Kreuzfahrer nie lange bleiben, aber vielleicht, einmal süchtig gemacht, bald wiederkommen. Wie Bruce, der, zurück auf dem Schiff, begeistert erzählt, dass er nicht nur eine weitere Kreuzfahrt, sondern auch den Sydney Harbour Bridge Climb gebucht hat. Dafür reicht unsere Zeit nicht – die „Harbour Cruise" aber muss sein. Irgendwo dort wohnen Kylie Minogue, Nicole Kidman, Russel Crowe. Sie können bleiben, für uns heißt es Goodbye. ∎

FOTOS: Hapag-Lloyd Kreuzfahrten (1). Celebrity Cruises (2). Tourism New Zealand (1)

TRAUM UNTER WEISSEN SEGELN

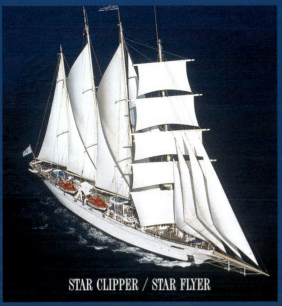

STAR CLIPPER / STAR FLYER

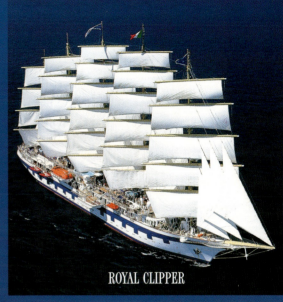

ROYAL CLIPPER

www.zembski.de

Unter vollen Segeln durch die schönsten Segelreviere der Karibik, des Mittelmeeres, der Südsee oder Südostasiens an Bord der größten Passagiersegler der Welt zu gleiten, diesen Traum können Sie sich erfüllen.

Erleben Sie neue Dimensionen in puncto Komfort, Bequemlichkeit, Service, Qualität und Sicherheit. Seit mehr als 15 Jahren vermitteln wir nicht nur exklusive Kreuzfahrten, sondern treten zudem als Reiseveranstalter mit maßgeschneiderten Flügen und hochwertigen Hotelan-

geboten auf, um das Urlaubserlebnis perfekt abzurunden.

Die 91/92 gebauten **Großsegler STAR FLYER** und **STAR CLIPPER** und die 2000 in Dienst gestellte **ROYAL CLIPPER** sind für eine 7-tägige Kreuzfahrt

schon ab € **1.485,-** p.P. zu buchen.
Doppel-Kabine innen, inkl. Hafentaxen und Vollpension

STAR CLIPPER
Winter 2007/08 und 2008/09: Südostasien **ab/bis Phuket**;
Südliche und Nördliche Route
Sommer 2008: Östliches Mittelmeer **ab/bis Athen**;
Südliche und Nördliche Kykladen
Frühjahr/Herbst: Spezialrouten Ozeanüberführung

STAR FLYER
Winter 2007/08, 2008/09 und Sommer 2008:
Südsee **ab/bis Papeete**; Tahiti und
Französisch Polynesien

ROYAL CLIPPER
Winter 2007/08 und 2008/09:
Karibik **ab/bis Barbados**;
Windward und Grenadinen Inseln
Sommer 2008: Westliches Mittelmeer **ab/bis**
Civitavecchia/Rom; Sizilien, Sorrent
und Amalfi Küste.
Spezialrouten **Venedig/Rom** und
Rom/ Venedig
Frühjahr/Herbst: Spezialrouten Atlantiküberführung

BEI RECHTZEITIGEM BUCHUNGSEINGANG GEWÄHREN WIR FRÜHBUCHERRABATTE BIS € 500,-

Ihr kompetenter Partner und Spezialist für Großseglerromantik mit Kreuzfahrtkomfort

STARCLIPPERS
KREUZFAHRTEN

Kataloge November 2007 – April 2009 mit Informationen über weitere Kreuzfahrtprogramme und unseren Pauschalarrangements inkl. Flüge und Hotels bitte anfordern bei:

STAR CLIPPERS KREUZFAHRTEN GMBH
Konrad-Adenauer-Straße 4
30853 Hannover-Langenhagen
Tel. 0511/72 66 59-0 · Fax 0511/72 66 59-20
www.star-clippers.de · info@star-clippers.de

Einmal an der
Nordsee nippen

Natürlich ist Rio exotischer. Aber sind Sie schon mal im Zodiac
am Strand von Timmendorf angelandet? Dieses – und andere –
Abenteuer bieten Schnupperkreuzfahrten. Sie liegen voll im Trend

VON UWE BAHN (TEXT & FOTOS)

**Abschied von Hamburg –
mit Shantys auf der Kaimauer**

**Keine Fata Morgana: Die Bremen ankert
vor Timmerdorfer Strand**

In Hamburg sagt man tschüs!" Der Shanty-Chor verabschiedet die Bremen, als breche sie auf zur großen Weltreise. Ein Hauch von Heimweh schwebt über der Kaimauer. Aber es geht weder nach Alaska noch in die Antarktis: Das Ziel heißt Kiel. Fünf Tage Schnupper-kreuzfahrt über die Ostsee werden am Ende im Logbuch stehen. Fünf Tage, in denen Neu-linge vom Kreuzfahrtbazillus infiziert worden sind – das zumindest ist der Plan. Die Bremen bietet auf diesem Törn sogar eine Einsteiger-expedition an: Zodiac-Anlandung am Tim-mendorfer Strand. Erfahrene Kreuzfahrer können da nur müde lächeln. Genauso wie beim Landausflug „Wanderung zum Hem-melsdorfer See". Aber Lübecker Bucht statt Golf von Mexiko – das hat durchaus Charme.

Immer mehr Reedereien bieten diese appetitlichen Hochseehäppchen an. Erst ein-mal Kreuzfahrt kosten, bevor das gesamte Ur-laubsbudget in eine Seereise investiert wird. Gerade Hapag-Lloyd besinnt sich auf die Häfen vor der Haustür. So wird im Sommer 2008 die Europa fast schon traditionell ▶

Auf Schnupperkurs: die Delphin in Bremerhaven (links oben), die Bremen vor Timmendorfer Strand (links unten) – und die Deutschland neben dem Segelschiff Mir in Travemünde

vor Sylt auf Reede liegen (18. und 19. Juli). Auf dieser und einer anderen Schnupperreise werden außerdem Borkum und Heiligendamm angesteuert. Zudem fährt die Columbus auf zwei Kurztrips zur Fördestadt Flensburg sowie zur Insel Amrum.

„Die Schnupperreisen sind sehr gut gebucht", bestätigt John Will von Transocean Tours. Auch der Reederei-Neuzugang, die Marco Polo, wird im September zum Nippen in die Nordsee geschickt. Für Lokalpatrioten heißt der Höhepunkt Helgoland. Bevor aber die Kreuz- zur Butterfahrt mutiert, liegen auch noch Oslo und Kopenhagen auf der Reiseroute der Marco Polo. Und unter weißen Segeln wird 2008 die Sea Cloud II von Hamburg gen Sylt fahren (30. Mai bis 2. Juni). Spätestens auf so einer Tour können Passagiere ihre Seetauglichkeit prüfen.

So wie der Herr aus Wenningstedt auf der Bremen. „Nie wieder eine Schiffsreise", klagt er mit grünem Gesicht. Vor der dänischen Insel Ærø gerät das Schiff bei Windstärke sie-

ben leicht ins Schaukeln. Ausbooten kommt für die Gäste bei diesem Seegang nicht in Frage. Gerade bei einer Kurzkreuzfahrt bekommt jeder Tag mehr Gewicht als bei einer 14-Tage-Tour. Und so wird der „Landausflug Ærø" zum Seetag. Die Belohnung ist der wolkenlose Himmel in Kopenhagen tags darauf. Und das grüne Gesicht lächelt wieder.

Überhaupt gehören die skandinavischen Metropolen auf Schnupperkreuzfahrten zu den beliebtesten Zielen. Die Reederei Color Line bietet das Schnuppern sogar im Linienverkehr an. Mit zwei Kreuzfahrtfähren, der Color Fantasy und der neuen Color Magic, geht es täglich von Kiel nach Oslo und zurück. Wer will, bleibt einen, zwei und mehr Tage in Norwegens Hauptstadt. Und das auch im Winter, wenn sich die Kreuzfahrtschiffe längst wieder aus Nord- und Ostsee verzogen haben.

Auch AIDA Cruises schickt seinen neuesten Kussmund auf einen Kurztrip: Die AIDA-bella wird ab Mai 2008 gleich zu sieben Kurzreisen ab Warnemünde aufbrechen. Dabei werden Oslo und Kopenhagen angelaufen, ehe das Clubschiff am 10. September den Anstandsbesuch in Hamburg macht. Dort ist die Kreuzfahrteuphorie schließlich am größten, das hat sich bei der Taufe der AIDAdiva 2007 gezeigt. Und natürlich bei den Visiten der Queen Mary 2, die auch 2008 wieder in die Hansestadt kommt (30. Juli und 27. August). Dann säumen erneut Zehntausende das Elbufer. Das ist günstiger als jede Schnupperkreuzfahrt und macht trotzdem Appetit auf mehr.

Von solchen Besuchen profitieren auch die anderen deutschen Seehäfen. Selbst Travemünde, das trotz seiner maritimen Vorzüge den Trend zu verschlafen drohte. Am neuen Kreuzfahrtterminal hat zwar keine Queen Mary 2 Platz, dafür aber Deilmanns Traumschiff, die Deutschland; auch 2008 läuft sie dreimal Travemünde an (16. Juni, 30. Juni und 19. Juli). Wem das Gratis-Gucken nicht genügt, der kann zumindest für eine Übernachtung eine Schiffskabine beziehen: „Partynacht" heißt das bei den Reedereien. Dabei legt das Schiff in der Regel nicht eine einzige Seemeile zurück, gefeiert wird an der Kaimauer. Eine Kreuzfahrt-Trockenübung für Anfänger. Immerhin von Hamburg durch den Nord-Ostsee-Kanal nach Kiel (10. bis 11. Mai) fährt die Delphin – mit Wencke Myhre an Bord, die spätestens in Rendsburg vom „knallroten Gummiboot" singen wird.

Schwarz sind die Gummiboote auf der Bremen, die nun mit den letzten Gästen vom Timmendorfer Strand zurückkehren. Und ein paar dieser Passagiere sollen dann später in der Antarktis in dieselben Zodiacs steigen. Wenn sie denn auf den Geschmack gekommen sind – das sollen sie ja schließlich auf einer Schnupperkreuzfahrt.

Dann hätte der Küchenchef der Bremen allerdings in diesen Tagen auch den Geschmack bei den Fischgerichten treffen müssen. Was ihm nicht völlig gelang. Liebe geht durch den Magen, so konnte sich noch nicht jeder in die Bremen verknallen. Aber der erste Flirt war da. Und vielleicht wird ja in der Antarktis mehr daraus. Oder auf dem Amazonas. Auch wenn da kein Shanty-Chor singt ... ∎

SCHNUPPERTÖRNS 2008

MS Deutschland
1. bis 5. Juni 2008,
Hamburg–Oslo–Kopenhagen–Kiel,
ab € 1.040; Info: www.deilmann.de

MS Columbus
30. August bis 2. September 2008,
Bremerhaven–Sylt–Amrum–Bremerhaven,
ab € 440; Info: www.hlkf.de

AIDAbella
6. bis 10. September 2008,
Warnemünde–Kopenhagen–Oslo–Hamburg,
ab € 495 (€ 50 Frühbucherermäßigung bis fünf
Monate vor Reisebeginn); Info: www.aida.de

Marco Polo
5. bis 9. September 2008,
Kiel–Kopenhagen–Oslo–Helgoland–Bremerhaven,
ab € 360 (Frühbucherpreis ab € 290, gültig bis
31. Januar 2008); Info: www.transocean.de

MSC Opera
30. April bis 3. Mai 2008,
Kiel–Gdynia/Gdańsk (Danzig)–Bornholm–Kopenhagen–
Kiel, ab € 699 (Frühbucherpreis ab € 299 (!), gültig
bis 31. Januar 2008); Info: www.msc-kreuzfahrten.de

Costa Victoria
26. Mai bis 1. Juni 2006,
Kiel–Geiranger–Bergen–Stavanger–Århus–Kiel,
ab € 769 (schon reduzierter Preis);
Info: www.costakreuzfahrten.de

Alexander von Humboldt II
1. bis 4. Mai 2008,
Bremerhaven–Amsterdam–Rotterdam–Bremerhaven,
ab € 199; Info: www.phoenixreisen.com

Auch ein Kreuzfahrtziel: Helgoland

„Segler sind Nostalgie pur"

Star Clipper, Star Flyer, Royal Clipper – und nun ein nagelneuer
Fünfmaster: ein Gespräch mit Mikael Krafft, dem König der Segler

Kreuzfahrt Guide: Das Gerücht gab es schon lange, aber jetzt ist es offiziell: Sie wollen ein neues Segelschiff bauen.

Mikael Krafft: Ja, es ist ein Nachbau der France II von 1911, des größten Segelschiffs, das es je gab. Eine Fünfmastbark mit 6.350 Quadratmetern Segelfläche, Platz für 298 Passagiere – und 36 Suiten, das sind dreimal so viele wie auf der Royal Clipper. Im Frühjahr 2010 soll sie fahrbereit sein.

Kreuzfahrt Guide: Wie soll es heißen?

Krafft: Das kann ich noch nicht verraten.

Kreuzfahrt Guide: Die Leidenschaft für die Windjammer lässt sie also nicht los.

Krafft: Das liegt mir wohl im Blut. Schon in meiner Schulzeit waren Bücher von Schiffsbauern meine Lieblingslektüre. Der Schotte Donald McKay etwa: Er baute Mitte des 18. Jahrhunderts die ersten Exemplare der legendären Clipper-Klasse.

Kreuzfahrt Guide: Die dann leider von den Dampfschiffen verdrängt wurden ... Wie erklären sie sich, dass das eigentlich unzeitgemäße Segelschiff noch immer Fans hat?

Krafft: Segler sind Nostalgie pur. Alles erfolgt noch von Hand. So ist es auf all meinen Schiffen: Das Setzen der Segel, das Dahingleiten im Wind, die Manöver – das ist das eigentliche Erlebnis auf diesen Kreuzfahrten. Dazu kommt aber auch die Atmosphäre, das Gemeinschaftsgefühl, das unter den Passagieren schnell wächst. Segelschiffe bringen die Leute zusammen. Wir haben zum Beispiel oft Mitglieder der europäischen Königshäuser an Bord – und die fühlen sich an Bord genauso wohl wie alle anderen auch.

Kreuzfahrt Guide: Gibt es Länder, in denen Sie besonders besonders erfolgreich sind?

Krafft: Wir haben oft über zwanzig Nationalitäten an Bord. Deutsche sind dabei neben Briten meist mit am stärksten vertreten. Und worauf ich stolz bin, ist die hohe Repeater-Quote: Sie liegt bei sechzig Prozent.

Kreuzfahrt Guide: Dürfen eigentlich auch Kinder auf Ihren Segelschiffen mitfahren?

Krafft: Aber natürlich! Kinder lieben Segelschiffe! Wir hatten schon Familien an Bord, die kamen mit vier Generationen, vom Uropa bis zu den Enkelkindern.

Kreuzfahrt Guide: Noch einmal zu Ihrem Neubau. Mögen Sie uns verraten, was so ein Schiff kostet?

Krafft: Die Baukosten liegen bei etwa 100 Millionen Euro, wenn alles gutgeht. Es ist nicht leicht, eine Werft zu finden, die so etwas kann. Das ist heute genauso schwer wie die Suche nach einem kompetenten Kapitän.

Kreuzfahrt Guide: Wo finden Sie den?

Krafft: In Russland, der Ukraine oder Polen, da gibt es diese Kenntnisse noch. Und in Deutschland: Ihr Marineschiff, die Gorch Fock, ist eine exzellente Schule.

Interview: Johannes Bohmann

ZUR PERSON

MIKAEL KRAFFT
Im Büro in Monte Carlo.
Seine Yacht Doreana
liegt vor der Tür

Privat
Mikael Krafft wurde 1946 in Stockholm geboren. Er ist verheiratet und hat zwei Kinder: Die Tochter arbeitet als Cruise Director auf der Star Flyer, der Sohn im Management von Star Clipper Cruises.

Karriere
Studium (Recht, internationales Seerecht) in Genf. Danach Marineanwalt in Brüssel und Teilhaber einer Reederei. 1987 Gründung von Star Clipper Cruises (Sitz in Monte Carlo; ww.starclippers. com). Das Unternehmen betreibt heute drei Segelkreuzfahrtschiffe: Star Clipper, Star Flyer und Royal Clipper.

Leidenschaften Tauchen im Hafen von Monte Carlo, Skifahren mit der Familie – und Segeln, vor allem mit seiner großen Liebe, der Holzyacht Doreana.

**Das Vorbild:
die France II
von 1911**

FOTOS: H. Ohge (2). FOTOS: Ullstein Bild/Roger Viollet

Wellen, die die
Welt bedeuten

Eine Anstellung auf einem Kreuzfahrtschiff zu bekommen ist für viele
ein Karrieresprung. Die junge Musiktheaterdarstellerin Maria Hermann hat
es geschafft. Sie darf ihr Können jetzt an Bord unter Beweis stellen

VON BETTINA GERHARDS (TEXT) & HENNING RETZLAFF (FOTOS)

Vorbereitung auf die großen Shows auf dem Schiff: tägliches Training in Hamburg

Manchmal", sagt Maria Hermann, „war ich 18 Stunden auf den Beinen. Da hatte ich nur noch den Wunsch, zu schlafen." Drei Jahre Ausbildung liegen hinter ihr. Rund 37 Stunden Training pro Woche absolvierte sie in dieser harten, aber aufregenden Zeit. Zu Hause folgte abends oft noch eine mehrstündige Revision des Gelernten. Und nebenbei spielte Maria Hermann kleinere Rollen am Schmidt Theater an der Hamburger Reeperbahn.

Jetzt, ein paar Wochen später, hat die zierliche junge Frau Lampenfieber. Wir treffen sie in Hamburg. In wenigen Tagen wird sich ihr Leben komplett verändern; fünf Monate lang wird sie fremde Länder sehen und rund um die Uhr nur für eines leben: die Show.

Maria hat es geschafft, sie darf an Bord eines Kreuzfahrtschiffs ihr Können beweisen. Für die 23-Jährige aus einem Dorf am Kaiserstuhl ist das die größte Herausforderung ihrer bisherigen Laufbahn. An der Hamburg School of Entertainment hat sie ihre Ausbildung zur Musiktheaterdarstellerin für Schauspiel, Tanz und Gesang absolviert. Nach den Abschlussprüfungen wurde sie bei einem Casting von der Firma SeeLive Tivoli für das ▶

Ensemble der AIDAcara auserkoren. Hinter dem Unternehmen verbergen sich – wie auch hinter der im Frühjahr 2004 ins Leben gerufenen Talentschmiede Hamburg School of Entertainment – die Macher der legendären Kiez-Theater Schmidt und Schmidts Tivoli, Professor Norbert Aust und Corny Littmann. Zusammen mit der Reederei AIDA Cruises hatten sie SeeLive Tivoli im Mai 2001 gegründet; mittlerweile realisieren sie das komplette Unterhaltungsprogramm für die Schiffe der Flotte.

Wer die Ausbildung schafft, kommt jedoch nicht automatisch auf ein Schiff. Bei Interesse müssen sich die Absolventen genauso den offiziellen Auditions unterziehen wie jeder andere. „Das ist auch ein Schutz für die Schüler, damit sie nicht denken, nur weil sie hier gelernt haben, ist das eine Garantie", sagt Schulleiter Aust. „Wenn die Konkurrenz da ist und sie dann genommen werden, ist auch die Zufriedenheit viel größer." Für die Schiffsensembles wird in ganz Europa gecas-

tet – von Hamburg über Wien, Zürich, Stockholm und Amsterdam bis nach Kiew. Gesucht werden unter anderem starke Solosänger und -tänzer. In der Regel handelt es sich dabei nicht um Anfänger.

Neulinge wie Maria hingegen werden zunächst meist als sogenannte Allrounder eingesetzt. Sie stehen in der Mitte der Bühne und haben einen gesangs- und tanzlastigen Job in der Gruppe. „Wir suchen Leute, die es schaffen, ihre Spielfreude und den Wunsch, auf der Bühne zu stehen, zu vermitteln", sagt Aust. „Und die verstanden haben, worauf es im Showbusiness ankommt. Dafür braucht man eine ausgeprägte Persönlichkeit, eine große Bühnenpräsenz und eine hohe Arbeitsbereitschaft."

Maria hat diese Fähigkeiten: Bereits mit sieben Jahren begann sie mit dem Balletttanz, mit 14 wirkte sie in der Theater-AG der Schule mit, spielte Geige und ging gern in Musicals. Der Wunsch, die Leidenschaft zum Beruf zu machen, wuchs. Mit 19 stellte sie sich schließlich den harten Aufnahmeprüfungen an der Hamburger Schule. Sie überzeugte und bekam den Ausbildungsplatz, der sie 600 Euro im Monat kostete. Eine stolze Summe für die junge Frau, die ihr Ziel zwar ganz klar im Blick hatte, für den Erfolg aber von niemandem eine Garantie bekommen konnte. Doch für ihren Traum gab die ehrgeizige Elevin alles.

Und die Strapazen haben sich gelohnt. Schließlich hat nicht jeder gleich nach seiner Ausbildung das Glück, auf ein Kreuzfahrtschiff zu kommen. Eine spannende Tour hat Maria auch noch abbekommen: von Sharm el-Sheikh durch den Suezkanal ins Mittelmeer mit Landgängen in Tunis, Istanbul, Kairo, Zypern, Rhodos, Barcelona und Athen. Dabei hatte sie sich bis vor kurzem eigentlich noch nie mit Schiffen auseinandergesetzt. „Angst habe ich vor der Arbeit an Bord aber überhaupt nicht", sagt sie. Ich liebe das Meer und bin sowieso eher der Abenteuertyp."

Doch trotz Sonne und spannender Ziele ist der Job an Bord mit Urlaub nicht zu vergleichen. Richtige Freizeit gibt es kaum. Denn für die Unterhaltung der Gäste muss das Ensemble einiges bieten und jeden Abend eine andere Show zeigen, da die meisten Urlauber ein bis zwei Wochen an Bord sind. Das bedeutet: tagsüber proben, abends läuft die Show. Im Schnitt hat das Ensemble zwei bis drei Tage, um ein Stück einzustudieren. Eine Zweitbesetzung gibt es nicht. Fällt ein Tänzer aus, muss die Gruppe in der Lage sein, das aufzufangen.

„Auf dem Schiff muss man eine positive Unterhaltungsatmosphäre schaffen und die Zuschauer in einer Stunde so fesseln, dass ihnen nichts anderes lieber ist", sagt Aust. „Wir bieten ein hochqualitatives Programm, das den Vergleich mit internationalen Produktionen nicht scheuen muss. Für die Darsteller ist das *die* Chance – jemand, der ein halbes Jahr auf einem Schiff war, ist ensemblefähig auf der ganzen Welt." Und das, so Aust, gelte nicht nur für Bühnendarsteller. Auch für Köche, Barkeeper und Hotelfachkräfte sei die Schiffserfahrung meist ein Sprungbrett für eine gelungene Karriere. ▶

BERUFSBILDER AN BORD

Neben nautischen Berufen wie Offizier, Matrose, Techniker und Maschinist gibt es auch zahlreiche andere Jobs an Bord. Die begehrtesten sind:

Kreuzfahrtdirektor: Er ist der Gastgeber auf dem Schiff, leitet das Team und organisiert in Absprache mit den Bereichen Hotel, Nautik und Touristik das Bordprogramm sowie die Ein- und Ausschiffung der Gäste. Zudem leitet und koordiniert er die Proben und Auftritte der Künstler und moderiert die Shows.

Künstler, Tänzer, Sporttrainer, Animateur, DJ, Licht- und Tontechniker: Die Möglichkeiten im Unterhaltungs- und Freizeitbereich sind auf Kreuzfahrtschiffen vielseitig. Gerade junge Jobsuchende haben hier gute Chancen auf eine Karriere.

Gentleman Host oder Distinguished Gent: Herren, die wie klassische Eintänzer im Auftrag der Reederei alleinstehende Damen zum Tanz auffordern. Typisches Alter: zwischen 45 und 72 Jahren.

Reiseleiter, Lektor, Fotograf: Der Reiseleiter begleitet die Gäste auf ihren Landgängen und organisiert die Ausflüge. Der Lektor informiert die Passagiere mit landeskundlichen oder wissenschaftlichen Vorträgen. Der Fotograf erstellt bei Empfängen, Ausflügen etc. Fotos und bietet sie zum Kauf an; immer beliebter werden auch Reisevideos, die am Ende auf DVD angeboten werden.

Tätigkeiten im Hotel- und Servicebereich: Generell gibt es auf Schiffen alle Berufe, die es auch in Hotels an Land gibt. Das Spektrum der Angestellten reicht vom Housekeeper über Rezeptionisten, Kellner, Barleute, Köche, Bäcker, Patisseure und Friseure bis hin zu Masseuren und Wellnessexperten. Eine leitende Funktion hat der Restaurantleiter oder **Maître d'**. Allem überstellt ist der **Hoteldirektor**, der den gesamten Hotelbetrieb auf dem Schiff führt.

Mal anders: Kellnern auf hoher See

FOTO: Hapag-Lloyd Kreuzfahrten

Singen, tanzen, schauspielern: Als Allrounderin muss Maria in allen Bereichen fit sein. Trotz stundenlangen täglichen Trainings ist das Nachwuchstalent immer mit vollem Einsatz dabei

AGENTUREN

Ein Überblick über die wichtigsten Agenturen, die Jobs an Bord von Kreuzfahrtschiffen vermitteln:

Für Animateure, Reiseleiter etc.
HKS Hanseatische Kreuzfahrten Service GmbH,
Tiefer 5, 28195 Bremen,
Telefon: (0421) 172 00 60, Fax: (0421) 17 20 06 66,
E-Mail: flathmann@hks-bremen.de

Für die Bereiche Hotel und Restaurant
QCS Quality Cruise Services,
Gildo Pastor Center,
7, rue de Gabian, MC 98000 Monaco,
Tel.: +377 (0)97 97 33 11, Fax: +377 (0)97 97 33 22,
E-Mail: applications@qualitycruise.com

Für das Unterhaltungsprogramm der AIDA-Schiffe
SeeLive Tivoli Entertainment & Consulting GmbH,
Seilerstraße 43, 20359 Hamburg,
Telefon: (040) 30 23 90, Fax: (040) 30 23 91 11,
E-Mail: info@seelive.de,
www.seelive.de

Auch Maria möchte die Erlebnisse der letzten Monate nicht missen. „Es ist einfach toll hier", schwärmt sie, als sie uns nach rund vier Monaten Bordleben ihre Eindrücke am Telefon schildert. „Vor allem, wenn man sieht, dass das Publikum begeistert ist. Tiefpunkte hat man allerdings auch. Die ersten zwei Wochen waren Premierenwochen und deshalb besonders hart. Außerdem lebt man hier auf sehr engem Raum. Man teilt sich zu zweit eine Sechs-Quadratmeter-Kabine – da ist man eben nie ganz allein. Der schönste Ort ist für mich Deck 6, da habe ich auch mal ein wenig Ruhe für mich und kann das Meer und die Sterne ansehen."

Für immer will Maria den Job nicht ausüben, zu sehr würde sie sich „aus dem echten Leben gerissen" fühlen. Eine Tätigkeit als Schauspielerin am Theater würde ihr für die Zukunft gut gefallen. „Aber ich möchte die Erfahrung an Bord um keinen Preis missen. Ich bin hier sehr gereift und weiß heute viel besser, was ich will." ■

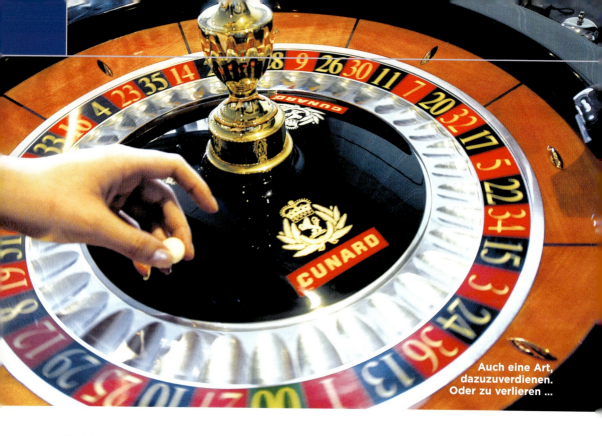

Kreuzen & sparen

Kreuzfahrten gibt es immer öfter als Schnäppchen. Aber aufgepasst: Manchmal kommt mit der Endabrechnung noch die Überraschung

VON FRED FRIEDRICH

Auch bei der Preisgestaltung ist der Marktführer innovativ. Mit „Premium", „Vario" und „Just Aida" gelten bei AIDA Cruises gleich drei Preise für ein und dieselbe Reise. Ähnlich ist es bei der Konzernschwester Costa: Dort heißen die Varianten „Bonus", „Express" und „Katalog". Allerdings: Nicht immer sind alle diese Tarife auch verfügbar. Nur wer früh bucht, zahlt weniger, im günstigsten Fall bis zu 30 Prozent. Anbieter wie Royal Caribbean und Celebrity steuern die Auslastung der Flotte sogar mit flexiblen, tagesaktuellen Preisen: Je näher der Reisetermin rückt, desto teurer wird es – in der Regel. „Ergibt sich in Ausnahmefällen bei Rechnungsstellung ein geringerer Preis als bestätigt, erfolgt eine entsprechende Gutschrift", verspricht Jerome Danglidis, Chef der deutschen Vertretung von Royal Caribbean.

Doch nicht nur bei der Buchung, sondern auch an Bord kann gespart werden. Zwar ist die Vollpension, wie Danglidis sagt, immer inklusive: Theoretisch könne man auf seinen Schiffen, einen entsprechend aufnahmefähigen Magen vorausgesetzt, täglich 15 Mahlzeiten zu sich nehmen, ohne dass ein Cent mehr auf der Rechnung stünde. Dafür aber scheiden sich bei den Getränken die Geister: Hier ist die Liste der Extras so lang wie unterschiedlich. Alles, was nicht ausdrücklich kostenlos ist, kommt auf die Endabrechnung, und zwar in der Regel zuzüglich einer Servicegebühr von meist 15 Prozent.

Was es kostenlos gibt? Bei AIDA etwa sind Softdrinks, Bier und Wein zu den Hauptmahlzeiten inkludiert, bei Phoenix Säfte und Tischweine. Andere beschränken sich auf nichtalkoholische Getränke, und auf

US-Schiffen sind Eiswasser und -tee, mitunter auch Limonade zu Lunch und Dinner kostenlos. Eine andere Strategie heißt „All inclusive à la Costa": Gemeint ist, dass Softdrinks, Mineralwasser, Bier und Hausweine zum Mittag- und zum Abendessen bei Costa Kreuzfahrten zu einer Flatrate von elf Euro pro Person und Tag zu haben sind. Royal Caribbean nennt sein vergleichbares (allerdings teureres) Angebot „Wine & Dine", für den Nachwuchs ist ein „Fountain Soda & Juice"-Arrangement buchbar. Und immer mehr Schiffe verdienen zusätzlich über Spezialrestaurants. Während im Oriental oder im Venezia auf der Europa noch aufpreisfrei diniert wird, erheben viele andere Liner eine *cover charge* von 15 bis 30 US-Dollar pro Person für ihre Sondergastronomie.

Doch auch das Motto „Immer exklusiv – alles inklusiv" gibt es: Damit wirbt die italienische Nobelreederei Silversea. „Das Besondere wird selbstverständlich" heißt dieselbe Idee bei Seabourn, „Expect the Unexpected" bei SeaDream. Gemeint ist immer dasselbe: Nur ganz wenige Premiummarken, spezielle Champagner oder Cognacs zum Beispiel, kosten extra. Auch auf einigen Reisen mit der Columbus oder der Deutschland sind alle Drinks zum Nulltarif zu haben.

In manchen Fällen ist sogar im Komplettpaket inbegriffen, was bei einer Seereise das Salz in der Suppe ausmacht: die Landausflüge. Glücklich, wer hier nicht rechnen muss. Wo dies (wie meistens) doch vonnöten ist, kann es sich durchaus lohnen, auch mal einen Landgang auf eigene Faust zu unternehmen. Oder mit Mitreisenden eine Rundfahrt per Taxi zu organisieren – in der Karibik etwa ist das oft eine empfehlenswerte Alternative. Allerdings: Versicherungsschutz (und die Gewissheit, rechtzeitig am Schiff zurück zu sein) genießt man nur bei den gebuchten Ausflügen, die sich, je nach Länge und Art, mit 15 bis 500 Euro auf dem Bordkonto niederschlagen. Übrigens zahlt man natürlich auch für den Friseurbesuch, die Massage, die Wäschereiaufträge oder die Mails an die Daheimgebliebenen.

Last but not least: die Trinkgelder. Auf den meisten internationalen Schiffen werden sie heute automatisch dem Bordkonto belastet. Sie können zwar auch reduziert oder ganz gestrichen werden, generell aber sollte den Reederei-Empfehlungen entsprochen werden. Denn ist man mit dem gebotenen Service nicht zufrieden, wirkt ein klärendes Gespräch mit dem Hoteldirektor oder dem Kreuzfahrtleiter viel größere Wunder als die stumme Verweigerung.

Ein Fazit? Ein objektiver Vergleich ist kaum möglich – zumal sich die Liste der Extras noch um einiges erweitern ließe. Mal ist die Reisekostenrücktrittsversicherung oder sogar ein komplettes Anreisepaket im Preis enthalten, mal dürfen Kinder generell (oder zu bestimmten Terminen) kostenlos in der Kabine der Eltern mitreisen, mal veranlasst der steigende Ölpreis den Anbieter (die Airlines lassen grüßen) zur Erhebung eines Treibstoffzuschlags. Ohne ein intensives Katalogstudium geht es also nicht.

Und ohne den vielleicht wichtigsten Tipp für Vielreisende kann dieser Beitrag nicht enden: Bares Geld lässt sich mit den sogenannten Repeaterclubs der Veranstalter sparen. In die kommt man aber nur – der Name sagt's –, wenn man seiner Reederei nicht bloß für eine einzige Reise das Vertrauen schenkt. ■

Preisnachlässe, Upgrades und vieles mehr: Mitgliedsausweise von Repeaterclubs

FOTOS: Cunard (1). Fred Friedrich (1)

www.kreuzfahrtguide.com

Jetzt neu im Internet: die Homepage zu diesem Buch. Mit vielen weiteren Schiffsporträts – und Routenfinder für Ihre nächste Reise

Rund 90 Schiffe werden in diesem Buch vorgestellt – und damit nur ein begrenzter Teil der riesigen Kreuzfahrtflotte, die auf der Welt fährt. Auch bei den Häfen und Revieren zwingt uns der begrenzte Platz zur Auswahl, wie auch bei der Präsentation aktueller Kreuzfahrt-News. Doch da hilft das Internet, das jeden Tag aktuell sein kann – und genau das ist das Ziel der Homepage zum Buch: **www.kreuzfahrtguide.com**.

Sie präsentiert sich mit dem Erscheinen dieses Buches in neuem Gewand und mit vielen neuen Inhalten. Die wichtigsten sind:
• Ein „Routenfinder" zur Planung Ihrer nächsten Kreuzfahrt: Über eine Weltkarte (Abb. oben) navigieren Sie sich per Mausklick in eine Zielregion (z. B. Mittelmeer, Ostsee etc.) und können dort, ausgehend von einem Starthafen Ihrer Wahl, alle Kreuzfahrten, die in diesem Hafen starten, aufrufen.

• Eine Schiffsdatenbank mit allen wichtigen Daten und Fakten sowie Fotos, Decksplänen u. ä. zu derzeit über 200 Kreuzfahrtschiffen.
• Häfen und Reviere: Fotos, Informationen und praktische Tipps zu zahlreichen weiteren Kreuzfahrtzielen in aller Welt.
• Reportagen und News: Aktuelles aus der Welt der Kreuzfahrt (auf Wunsch mit Newsletter-Service) und weitere Reportagen ausgewiesener Kreuzfahrt-Journalisten.
• Ein Online-Reisebüro: Alle über den Routenfinder angezeigten Kreuzfahrten können direkt im Netz gebucht werden.
• Und als Extra ein tolles Gewinnspiel: Erster Preis ist eine Reise auf dem ZDF-Traumschiff **MS Deutschland**.

Per Mausklick aufs Schiff: Probieren Sie es einmal aus!

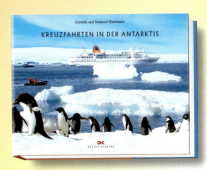
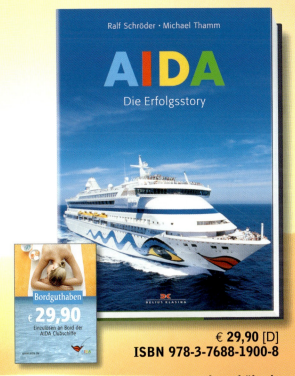

Welches Schiff
passt zu mir?

**70 Seeschiffe im Detail:
Wie Sie mithilfe unserer Porträts
Ihr persönliches Traumschiff finden**

Das kleinste bietet Platz für zwölf Passagiere, das größte für über 4.000. Auf dem günstigsten kann man für zwölf (!) Euro pro Tag mitfahren, auf den teuersten liegt schon der Durchschnitt bei 500 Euro oder mehr. Und während die einen auf ihren Weltreisen Amazonas, Antarktis und Acapulco besuchen, pendeln andere wie Straßenbahnen das ganze Jahr über auf ein und derselben festen Route. Kurzum: Von ein paar baugleichen Serienfertigungen einmal abgesehen, ist kein Kreuzfahrtschiff wie das andere.

Den Autoren dieses Buches ist jedoch genau das Ansporn und Herausforderung. Weit über 300 Seeschiffe gibt es derzeit weltweit – „nur" 70 davon stellen wir auf den folgenden Seiten im Detail vor. Eine Auswahl, die nicht nur aus Umfangsgründen sinnvoll ist, sondern auch, weil dieses Buch der Perspektive des deutschsprachigen Marktes folgt: Es beschreibt die Schiffe, die in Deutschland, Österreich und

der Schweiz am bekanntesten sind. Weil sie von deutschen (oder anderen europäischen) Reedereien betrieben werden, weil an Bord (auch) Deutsch gesprochen wird oder weil sie 2008 hauptsächlich in europäischen Häfen anzutreffen sind. Die großen US-Reedereien sind dagegen mit wenigstens einem ihrer Schiffe vertreten – oder mit weiteren auf unserer neuen Homepage: Über 200 Schiffe aus aller Welt finden Sie jetzt auch unter **www.kreuzfahrtguide.com**!

Die besagten 70 Schiffe aber betrachten wir im Detail. Mit einem beschreibenden Porträttext, mit allen wichtigen Daten und Fakten von der Kabinenzahl bis zum Dresscode – und mit einem „Profil" rechts unten auf der jeweiligen Seite. Dort werden in fünf Kategorien bis zu fünf Punkte („Anker") vergeben: 1. für das Sport- und Wellnessangebot; 2. für Entertainment und Infotainment (Vorträge, Kurse etc.); 3. für die Gastronomie; 4. für die Familienfreundlich-

Info-/Entertainment

1 Anker einfache Unterhaltung; Musik, Spiele etc.

2 Anker Bordprogramme mit Künstlern und/oder Lektoren

3 Anker gehobene Bordprogramme mit Künstlern und/oder Lektoren

4 Anker professionelle Bordprogramme, Lektorate/ Vorträge; zusätzliche Angebote wie z. B. Diskothek, Kino o. Ä.

5 Anker hochklassige Bühnenshows in großen Bordtheatern; Lektorate/Vorträge; professionelles Equipment; viele Zusatzangebote

Sport & Wellness

1 Anker Sport und Gymnastik ohne spezielle Geräte

2 Anker einfache Sportgeräte vorhanden; kein Wellnessangebot

3 Anker Fitnessbereich und Wellnessangebot mit Betreuung; Pool(s) und Sauna vorhanden

4 Anker Fitnessbereich und Wellnessangebot mit professioneller Betreuung; Zusatzangebote wie z. B. Joggingpfad, Spielflächen für Ballsport o. Ä.

5 Anker hochklassig geführter Fitness-, Spa- und Wellnessbereich; großzügiger Pool bzw. Poollandschaft; Zusatzangebote wie Mountainbikes, Kletterwand, Golfsimulator o. Ä.

Gastronomie

1 Anker einfachstes Angebot ohne Ambiente

2 Anker solides Angebot ohne besonderen Anspruch

3 Anker gutes Angebot in gepflegtem Ambiente

4 Anker anspruchsvolles und vielfältiges Angebot in niveauvollem Ambiente

5 Anker herausragendes Angebot auf Sterneniveau in entsprechendem Ambiente

Zum Beispiel SeaDream: perfekter Service

Familienfreundlichkeit

1 Anker für Kinder eher ungeeignet

2 Anker für Kinder bedingt geeignet; keine speziellen Einrichtungen

3 Anker Kinder willkommen; einfache Einrichtungen und/oder Aktivitäten für Kinder

4 Anker Kinder willkommen; gute Einrichtungen und Aktivitäten mit professioneller Betreuung

5 Anker Kinder willkommen; vorbildliche Einrichtungen und Aktivitäten mit professioneller Betreuung; Zusatzangebote wie z. B. Babysitter

Service

1 Anker nur passive Gästebetreuung

2 Anker solider Service auf einfachem Niveau

3 Anker guter Service in Restaurants, Kabinen und allen anderen öffentlichen Bereichen

4 Anker freundlicher und professioneller Service; jederzeit aufmerksames und ansprechbereites Personal

5 Anker perfekter Service – der Gast ist König

keit; 5. für die Serviceleistungen an Bord. (Bei einigen wenigen Schiffen fehlt diese Bewertung; sie waren bei Redaktionsschluss entweder noch nicht in Betrieb oder gerade gestartet). Und: anders als im letzten Jahr haben wir diesesmal auch halbe „Anker" vergeben, um die Bewertung genauer zu differenzieren.

Wir haben diese Aufteilung bewusst anstelle einer Gesamtbeurteilung nach Sternen oder Ähnlichem gewählt. Denn sie ermöglicht die individuelle Auswahl des Schiffs, das wirklich am besten zu Ihnen passt. Legen Sie zum

Beispiel Wert auf Spitzenleistungen in der Gastronomie, dann bieten sich Schiffe mit ganz unterschiedlichen Profilen an, von den SeaDream-Yachten über die Deutschland bis hin zu den Sea-Cloud-Seglern. Wollen Sie aber sichergehen, dass auch Kinder mitreisen können, ohne sich zu langweilen, dann sind diese Schiffe vielleicht nicht Ihre erste Wahl.

Eine Anmerkung noch zu den Preisen: Sie gelten immer pro Tag und Person und richten sich nach den reinen Passagepreisen der Reedereien, ohne An- und Abreise. ◼

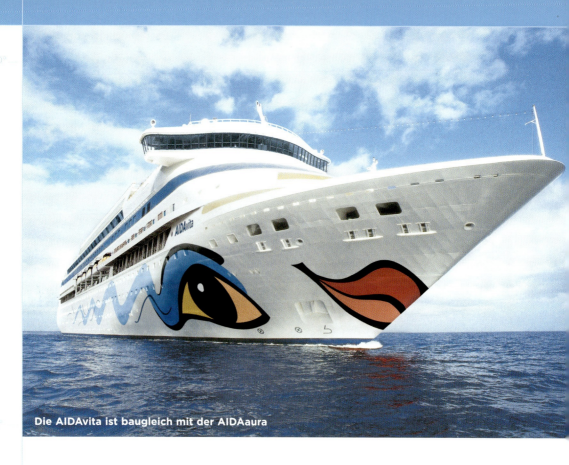

Die AIDAvita ist baugleich mit der AIDAaura

AIDAaura & AIDAvita

Jede Menge Spaß im Zeichen des Kussmunds: Die fast baugleichen Schwestern haben den Clubschiff-Trend konsequent umgesetzt

Die beiden fast baugleichen Schiffe sind die AIDAs der zweiten Generation; das Clubschiff-Konzept wurde auf ihnen noch stärker umgesetzt. Beliebtester Treffpunkt ist jeweils die AIDA Bar auf Deck 8. Nach der Abendshow versammelt sich dort das halbe Schiff und tanzt zu Livemusik. Die sternförmige Anordnung des Tresens erleichtert den Kontakt der Gäste untereinander, der Flirtfaktor ist besonders hoch. Im Heck der Schiffe treffen sich die Partygänger auf Deck 10 in der Anytime Bar, der stimmungsvollen Borddisco. Wer Ruhe sucht, findet sie in der Nightfly Bar auf Deck 9 oder der kubanischen Hemingway Lounge auf Deck 10. Riesig ist das Sportangebot. Vor den großen Panorama-

Dinner an Deck – im Calypso Restaurant

fenstern stehen die neuesten Fitnessgeräte für Kraft- und Ausdauersport („Body and Soul"). An den Biking-Countern können die Gäste geführte Fahrradtouren buchen; sie sind allerdings, wie fast alle Landausflüge bei AIDA, zu teuer. Stimmungsvollster Ort für den Sundowner ist die kleine Ocean Bar im Heck auf Deck 7, eine Oase der Ruhe. Genau darunter eine ganz andere Welt: der Kids Club mit kleinem Theater und Kinderpool. Professionelle Animateure betreuen die Jüngsten zu festen Zeiten.

Fahrgebiete 2008

Die **AIDAaura** reist bis Anfang April in der Karibik auf 14-tägigen Routen ab/bis Aruba, bevor sie Hamburg, den Basishafen für den Sommer, ansteuert. Von dort geht es zwischen Mai und August nach Nordeuropa (unter anderem nach Bergen, Geiranger, Reykjavík). Highlights im Herbst sind die Reisen von und nach Nordamerika: Nach der Atlantiküberquerung fährt das Schiff ab New York unter anderem nach Boston, Halifax und Montreal. Ab November kreuzt es wieder in der Karibik. Die **AIDAvita** verkehrt bis Ende März in der Karibik auf 14-tägigen Routen ab/bis Aruba. Nach der Atlantiküberquerung steuert sie zwischen April und Oktober im östlichen Mittelmeer Ziele wie Istanbul, Zypern, Port Said, Santorin und Rhodos an, bevor es im Winter wieder zum Basishafen Aruba geht.

Ausgewählte Reisen

Nordeuropa mit AIDAaura
An fünf Terminen zwischen 7.6. und 2.8.: ab/bis Hamburg nach Norwegen (Bergen, Hellesylt, Geiranger), zu den Färöer sowie nach Island (Akureyri, Reykjavík) und Schottland (Invergordon). **14 Tage; ab € 2.290 ab/bis Hafen**

Karibik mit AIDAvita
An diversen Terminen ab dem 15.11. ab/bis Aruba: Jamaika, Cozumel, Belize, Grand Cayman, Dominikanische Republik, Tortola, Antigua, Dominica und Aruba. **14 Tage; ab € 1.695, plus € 890 für An-/Abreisepaket**

DATEN & FAKTEN

BRZ	42.289	Bordsprache	Deutsch
Länge	202,00 m	Kabinen	633 (422 außen,
Breite	28,10 m		211 innen), davon
Tiefgang	6,20 m		60 mit Balkon, 2 Suiten
Indienststellung	2002/03	Passagierdecks	12
Passagiere	max. 1.266	Restaurants	3
Crew-Mitglieder	418	Bars	5

Sport & Wellness	Pool, Golf, Basketball, Volleyball, Jogging, Tauchen, Biken, Fitnessgeräte, Fitnesskurse, Tischtennis
Info-/Entertainment	im Theater täglich wechselnde Vorstellungen des AIDA Showensembles, Poolpartys, Livebands, DJ, Disco
Dresscode	leger, sportlich-elegant
Info	AIDA Cruises, Rostock Tel. 01803 18 22 22-00 www.aida.de
Preis pro Tag	€ 140 bis € 200 Durchschnitt € 190

PROFIL

Info-/Entertainment	⚓ ⚓ ⚓ ⚓ ⚓
Sport & Wellness	⚓ ⚓ ⚓ ⚓ ⚓
Gastronomie	⚓ ⚓ ⚓ ⚓
Familienfreundlichkeit	⚓ ⚓ ⚓ ⚓ ⚓
Service	⚓ ⚓ ⚓

Vor den Kreidefelsen der Insel Rügen

AIDAcara

Pionierin der Clubschiff-Flotte:
lockerer, jünger, sportiver

Mit diesem Schiff begann 1996 die Erfolgs-
geschichte der Clubschiffe mit dem mar-
kanten Kussmund. Damals hieß es nur AIDA;
als die anderen AIDAs hinzukamen, erhielt es
den Zusatz „cara". Die Ur-AIDA setzte als Erste das Konzept um, das noch heute gilt: kein
Dresscode, kein Captain's Dinner, keine festen
Tischzeiten. Mit diesem Schiff begann die neue
Lockerheit auf See, man hat sich zum Beispiel
größtenteils geduzt. Das wird von der Reederei
inzwischen anders gehandhabt: Passagiere werden nun von der Crew gesiezt, es sei denn, der
Gast bietet von sich aus das „Du" an. Geblieben
ist aber der große Wellness- und Fitnessbereich, mit dem die AIDAcara neue Trends
setzte: Der Altersdurchschnitt der Reisenden

Tafelfreuden im Rossini und beim Poolbrunch

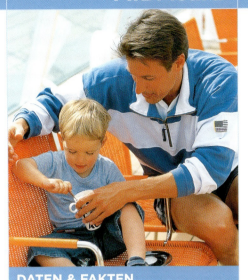

wurde deutlich gesenkt, Kreuzfahrten hießen bei AIDA fortan „Seereisen" und wurden sportiver. Heute ist die AIDAcara das kleinste Schiff der Flotte; sie unterscheidet sich baulich leicht von den Nachfolgemodellen: Es gibt beispielsweise keine Anytime Disco im Heck; wer spätabends noch tanzen will, geht in den kleinen AIDA Club auf Deck 11. Keinen eigenen Pool hat der Kinderclub auf Deck 8. Gejoggt wird auf der AIDAcara auf Deck 6 – immerhin ist der Parcours im Vergleich zur **AIDAaura** und der **AIDAvita** fast störungsfrei. Durch den weiteren Ausbau der Flotte könnte die AIDAcara übrigens bald wieder eine Vorreiterrolle einnehmen: als erstes Schiff mit dem Kussmund, das auf eine Weltreise geht.

Fahrgebiete 2008

Bis Ende Februar bereist das Schiff ab Dubai den Arabischen Golf. Von März bis Oktober fährt es im westlichen Mittelmeer ab Palma de Mallorca auf drei- und viertägigen Kurztrips oder sieben- und zehntägigen Reisen zu Zielen wie Barcelona, Cannes, Marseille, Alicante, Valletta, Tunis, Palermo oder València. Von Oktober bis Dezember geht es auf zehntägige Kanaren-Reisen ab/bis Palma.

Ausgewählte Reisen

Kanaren, Madeira, Marokko
Vom 31.10. bis zum 16.3.2009 führen zehntägige Reisen von Palma de Mallorca über Cádiz nach Funchal, Santa Cruz und Las Palmas. Auf der Rückreise wird Tanger in Marokko besucht. **10 Tage; ab € 945 ab/bis Hafen plus € 290 für An- und Abreisepaket**

Westliches Mittelmeer
Von März bis Mai und zwischen September und Oktober ist das Schiff auf drei- und viertägigen Kurzreisen ab/bis Palma de Mallorca unterwegs. Die Kurzrouten führen entweder nach Alicante und València an der spanischen Levante oder nach Cannes an der Côte d'Azur sowie nach Barcelona. **3 Tage; ab € 475, 4 Tage ab € 495, plus € 290 für An- und Abreisepaket**

DATEN & FAKTEN

BRZ	38.557	Bordsprache	Deutsch
Länge	193,30 m	Kabinen	590 (328 außen,
Breite	27,60 m		202 innen), davon
Tiefgang	6,00 m		44 mit Balkon, 16 Suiten
Indienststellung	1996	Passagierdecks	11
Passagiere	max. 1.180	Restaurants	3
Crew-Mitglieder	370	Bars	4

Sportangebot	Pool, Golf, Fitnesscenter/-kurse, Basketball, Volleyball, Jogging, Tauchen, Biken; für Landausflüge sind 40 Mountainbikes an Bord
Entertainment	Theater mit täglich wechselnden Vorstellungen des AIDA Show-Ensembles, Poolpartys, Livebands, DJ
Dresscode	leger, sportlich-elegant
Info	AIDA Cruises, Rostock Tel. 01803 18 22 22-00 www.aida.de
Preis pro Tag	€ 140 bis € 200 Durchschnitt € 190

PROFIL

Entertainment	⚓ ⚓ ⚓ ⚓ ⚓
Sport & Wellness	⚓ ⚓ ⚓ ⚓ ⚓
Gastronomie	⚓ ⚓ ⚓ ⚓
Familienfreundlichkeit	⚓ ⚓ ⚓ ⚓
Service	⚓ ⚓ ⚓

Beim Einlaufen in Hamburg

AIDAdiva & AIDAbella

Aufbruch in eine neue Kreuzfahrtepoche: Die AIDAdiva ist das erste deutsche Schiff für mehr als 2.000 Passagiere

Mit der AIDAbella sticht 2008 das zweite Clubschiff einer neuen Baureihe in See. Zwei weitere AIDAs dieser Serie werden in der Papenburger Meyer-Werft derzeit noch gebaut. Herzstück der AIDAbella und der AIDAdiva ist das Theatrium in der Mitte des Schiffs, eine Mischung aus Marktplatz und Theater. Tagsüber halten hier zum Beispiel Lektoren ihre Vorträge und Künstler proben ihr Programm, abends präsentiert das AIDA-Ensemble seine Shows. Da das Theatrium über drei Decks reicht, ist sogar zirkusreife Artistik möglich. Auf der riesigen LED-Wand werden die Spiele der Fußball-Europameisterschaft 2008 übertragen. Wer andere Spiele lieber mag, geht ins Kasino nebenan: Von Black-

jack bis Roulette gibt es dort alles, was das Bordkonto belasten kann. Das größte Plus bei der Unterbringung: Fast die Hälfte der gut 1.000 Kabinen hat einen Balkon. Dort baumelt dann sogar eine Hängematte – ein schöner Rückzugsort an Seetagen. Wem der Andrang in den Buffetrestaurants zu groß wird, der findet auf diesen Schiffen auch Alternativen (gegen Bezahlung): das (sterneverdächtige) Gourmetrestaurant Rossini, das Buffalo Steakhouse und die Sushi Bar. Einzigartig ist die neue Wellnessoase, deren Besuch 15 Euro pro Tag kostet. Unter Palmen räkeln sich dort maximal 75 Gäste auf Relaxliegen. Bei schönem Wetter öffnet sich das Glasdach. Fazit: Die beiden neuen AIDAs sind die innovativsten deutschen Schiffe.

Eine Spa-Suite

Die Sushi Bar

DATEN & FAKTEN

BRZ	68.500	Bordsprache	Deutsch
Länge	252,00 m	Kabinen	1.025 (666
Breite	32,20 m	außen, 359 innen), davon	
Tiefgang	7,30 m	457 mit Balkon, 18 Suiten	
Indienststellung	2007/08	Passagierdecks	13
Passagiere	max. 2.050	Restaurants	7
Crew-Mitglieder	646	Bars	11

Sport & Wellness	3 Pools, 4 Jacuzzis, Wellnessbereich mit Wellnessoase, 14 Behandlungs-kabinen und Spa-Suite, Golfab-schlag, Volleyball, Squash, Jogging, Fitnessgeräte, Tauchen, Biken
Info-/Entertainment	Theatrium mit täglich wechselnden Shows rund um die Uhr, Pool-partys, Livebands, DJ, Disco, Kasino, Vorträge, Bord-TV und -Radio
Dresscode	leger, sportlich elegant
Info	AIDA Cruises, Rostock, Tel. 01803 18 22 22-00, www.aida.de
Preis pro Tag	€ 140 bis € 200 Durchschnitt € 190

PROFIL

Info-/Entertainment	⚓ ⚓ ⚓ ⚓ ⚓
Sport & Wellness	⚓ ⚓ ⚓ ⚓ ⚓
Gastronomie	⚓ ⚓ ⚓
Familienfreundlichkeit	⚓ ⚓ ⚓ ⚓ ⚓
Service	⚓ ⚓ ⚓

Fahrgebiete 2008

Die **AIDAdiva** fährt bis April ab Teneriffa zwischen den Kanaren und Madeira. Im Sommer kreuzt sie im westlichen Mittelmeer (ab/bis Mallorca) und im Winter im Arabischen Golf (ab/bis Dubai). Die Jungfernfahrt der **AIDAbella** nach Oslo, Göteborg und Kopenhagen beginnt am 24. April in Warnemünde. Bis zum September ist das Schiff dann auf der Ostsee unterwegs. Im Winter kreuzt es zwischen den Kanarischen Inseln.

Ausgewählte Reisen

Arabischer Golf mit AIDAdiva

Ab/bis Dubai ab 5.12. nach Muscat, Abu Dhabi und Manama/Bahrain. **7 Tage; ab € 995, plus € 590 für An- und Abreisepaket**

Kanaren mit AIDAbella

Ab/bis Gran Canaria (ab September) nach Madeira, La Palma, Lanzarote, Fuerteventura. **7 Tage; ab € 695, plus € 390 für An-/Abreise**

Im norwegischen Geirangerfjord

Albatros

Einst war sie ein Luxusliner mit entsprechender Etikette – heute ist die Albatros ein Wohlfühlschiff mit lockerer Atmosphäre

Die Vorzüge der ehemaligen **Royal Viking Sea**, die mit ihren beiden Schwestern einmal zu den besten Kreuzfahrtschiffen der Welt gehörte, wissen die zahlreichen Repeater auch heute noch zu schätzen: Die weitläufigen Außendecks zählen dazu, die geräumigen Kabinen (viele davon mit Badewanne) und der großzügige Swimmingpool. Die Etikette von einst gibt es allerdings nicht mehr: „Leger und ungezwungen" lautet nun die Maxime an Bord. Eine weitere Neuerung: die neun zusätzlichen Suiten mit privater Veranda, die beim nächsten Werftaufenthalt eingebaut werden (buchbar ab der Weihnachtsreise 2007). Ansonsten aber bleibt trotz dieser leichten Kapazitätsausweitung alles beim Alten: Die Mahlzeiten werden in einer

Entspannte Stimmung: blaue Stunde an Bord

Sitzung eingenommen (Frühstück und Lunch wahlweise auch auf dem Lido-Deck), den kleinen Hunger zwischendurch stillt man in der Pizzeria, und auch klassische Kreuzfahrttraditionen wie die heiße Bouillon an Seetagen oder das Galabuffet „Magnifique" werden weiter gepflegt. Und während das Phoenix-Flaggschiff **Amadea** längst über eine professionelle Showtruppe verfügt, sorgt auf der Albatros eine bunte Truppe mitreisender Sänger, Tänzer, Musiker, Illusionisten und Akrobaten für Unterhaltung. Weil der Musiksalon klein ist, werden die Shows bei starker Nachfrage zweimal aufgeführt: einmal für die Gäste des Restaurants Möwe und einmal für die des Pelikan.

Fahrgebiete 2008

Zum Jahresbeginn bricht die Albatros in Málaga in Richtung Karibik auf. Durch den Panamakanal fährt sie nach Peru und Ecuador, dann durch die Südsee nach Australien und Neuseeland. Im März führt der Weg durch den Indischen Ozean ins Mittelmeer und weiter über Hamburg ins Nordland und zur Ostsee (Juni/Juli). Im August und September folgen Grönlandreisen, danach Reisen im Mittelmeer.

Ausgewählte Reisen

Westeuropa & Atlantische Inseln

Von Bremerhaven am 26.9. nach Falmouth/Südengland und Cobh/Irland, danach in zwei Seetagen zu den Azoren mit Stopps auf Terceira, Faial und Pico. Weiter nach Madeira und Lissabon; danach über Vigo/Nordspanien durch die Biskaya zurück nach Bremerhaven (12.10.). **16 Tage; ab € 999 ab/bis Hafen**

Höhepunkte der Ostsee

Von Hamburg am 12.5. über die Unterelbe in den Nordostseekanal bis Kiel. Nach einem Erholungstag auf See folgen die Highlights der Ostsee wie auf einer Perlenschnur: Danzig, Baltyisk, Riga, Tallinn, St. Petersburg (overnight) Helsinki, Stockholm und schließlich Visby auf Gotland. Nach einem weiteren Seetag Rückkehr nach Hamburg am 24.5. **12 Tage; ab € 999 ab/bis Hafen**

DATEN & FAKTEN

BRZ	28.000	Bordsprache	Deutsch
Länge	205,00 m	Kabinen	420 (359 außen,
Breite	25,00 m		61 innen), davon
Tiefgang	7,55 m		9 mit Balkon, 56 Suiten
Indienststellung	1973	Passagierdecks	8
Passagiere	max. 830	Restaurants	2
Crew-Mitglieder	ca. 340	Bars	5

Sport & Wellness	Pool, 3 Whirlpools, Sauna, türkische Dampfbäder, Fitnessstudio, Solarium/Massage gegen Gebühr
Info-/Entertainment	Showprogramme, Tageskünstler, Tanz, Musik
Dresscode	leger, zum Kapitänsempfang/-dinner schick und elegant. Abendgarderobe ist nicht vorgeschrieben
Info	Phoenix Reisen GmbH, Bonn Tel. (0228) 92 60–200 www.PhoenixReisen.com
Preis pro Tag	€ 55 bis € 320 Durchschnitt ca. € 150

PROFIL

Info-/Entertainment	⚓ ⚓
Sport & Wellness	⚓ ⚓
Gastronomie	⚓ ⚓ ⚓
Familienfreundlichkeit	⚓ ⚓ ⚓
Service	⚓ ⚓ ⚓ ⚓

Phoenix-Neuzugang mit bekanntem Namen

Alexander von Humboldt II

Die „neue" Alexander von Humboldt ist ein wenig schneller, ein wenig größer, und sie bietet ein wenig mehr Komfort

Seit März 2005 kreuzt die „alte" **Alexander von Humboldt** für den Bonner Veranstalter Phoenix Reisen meist abseits touristischer Rennstrecken auf außergewöhnlichen Routen. Ende Mai 2008 beendet nun ein Eignerwechsel die erfolgreiche Zusammenarbeit. Bereits vorher, nämlich ab dem 1. Mai, soll die „neue" Alexander von Humboldt II unter der Phoenix-Flagge fahren. Das 1990 in Spanien erbaute Schiff hieß einst **Crown Monarch** und war in seiner wechselvollen Geschichte auch kurzzeitig für Cunard im Einsatz. Was sich auf der „alten" Alexander von Humboldt bewährt hat, wird beibehalten: die extra langen, flexiblen Essenszeiten mit freier Tischwahl beispielsweise. Im Vierjahreszeiten wird serviert, im Veranda

Im Restaurant: freie Tischwahl, flexible Zeiten

bedient man sich am Buffet. Tischweine sind, wie bei Phoenix üblich, zu Lunch und Dinner im Preis inbegriffen. Auch Schlauchbootanlandungen wird es weiterhin geben, im Sommer 2008 etwa in der kanadischen und der grönländischen Arktis. Übrigens: Am 22. Mai 2008 treffen sich beide Schiffe in Hamburg.

Fahrgebiete 2008

Die Alexander von Humboldt II debütiert im Mai mit drei verschiedenen Schnupperreisen (drei-, fünf- und sechstägig). Anschließend übernimmt sie bis Ende August die Routen ihrer Vorgängerin. Nach weiteren Nordland- und Ostseereisen steuert sie im Herbst die Kanaren und Westafrika an. Das Winterprogramm 2008/2009 stand bei Drucklegung noch nicht fest. Da die „Alex II" über die Eisklasse 1C verfügt, ist ein Wiedersehen in der Antarktis durchaus möglich.

Ausgewählte Reisen

Expedition in die Arktis

Die 42-tägige Expedition startet am 18.7. in Hamburg und führt über die Orkneys, die Färöer und Grönland nach Kanada. Fünf hierzulande weniger bekannte Häfen werden angelaufen, darunter Hebron auf Labrador und Akpatok Island in der Ungava Bay. Die Reise ist auch in Teilabschnitten buchbar, mit Passagierwechsel in Kangerlussuaq. **42 Tage; ab € 5.288 ab/bis Hafen; Teilstrecken ab € 2.999 (20 Tage inkl. Rückflug) bzw. € 3.099 (22 Tage inkl. Hinflug)**

Westafrika

Auch diese Reise ist in Teilstrecken buchbar: von Bremerhaven aus über Madeira und drei der Kapverdischen Inseln (São Antão, São Vincente, São Tiago) nach Banjul/Gambia, wo Teilabschnitt eins am 13.11. endet. Auf dem Anschlusstörn, der am 25.11. in Bremerhaven endet, folgt auf einen Abstecher nach Dakar ein klassisches Atlantikprogramm. **25 Tage; ab € 2.999 ab/bis Hafen; Teil 1 (13 Tage) ab € 1.949 inkl. Rückflug, Teil 2 (12 Tage) ab € 1.849 inkl. Hinflug**

DATEN & FAKTEN

BRZ	15.400	Bordsprache	Deutsch
Länge	150,00 m	Kabinen	254 (225 außen,
Breite	21,00 m	29 innen), davon 133 Suiten/	
Tiefgang	5,70 m	Juniorsuiten/Balkonsuiten	
Indienststellung	1990	Passagierdecks	7
Passagiere	max. 470	Restaurants	2
Crew-Mitglieder	ca. 240	Bars	5

Sport & Wellness	Pool, 2 Jacuzzis, Fitnesscenter, Beauty-Salon mit Sauna
Info-/Entertainment	klassisches Unterhaltungsprogramm mit wechselnden Künstlern
Dresscode	leger, zu Willkommens- und Abschiedsgala Anzug/Krawatte
Info	Phoenix Reisen GmbH, Bonn Tel. (0228) 92 60–200 www.PhoenixReisen.com
Preis pro Tag	ab € 60 Durchschnitt € 119

PROFIL

Info-/Entertainment	aktuell noch nicht bewertet
Sport & Wellness	
Gastronomie	
Familienfreundlichkeit	
Service	

Im Hafen von Funchal auf Madeira

Amadea

Das Flaggschiff von Phoenix –
mit exzellentem Raumangebot

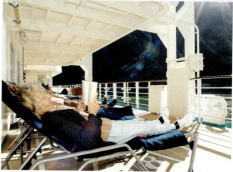

Restaurant Amadea, Ruhezone an Deck

Als Fünf-Sterne-Luxusliner wurde sie einst in Japan in Dienst gestellt, und dieses Privileg führt die Amadea (ehemals **Asuka**) ihren Gästen noch heute vor Augen. Breite, holzbelegte Promenaden, ein weitläufiges, stufiges Achterdeck, ein Theatersaal, der zwei Decks hoch ist, ein großzügiges Foyer, ein Rauchsalon, die Harry's Bar mit tiefen Lederfauteuils – das sind die zentralen Merkmale, an die sich jeder Passagier gern erinnern wird. Der Eindruck, den die überwiegend in Fernost rekrutierte Crew in Sachen Service und Küche hinterlässt, ist ebenfalls ausgezeichnet. Die Mahlzeiten gibt es in zwei Restaurants bei freier Platzwahl. Die zahlreichen Balkonkabinen, variable Betten und ein TV-System, das den Internetzugang in der

Kabine ermöglicht, machen die Amadea zu einem hochmodernen Schiff – und kleine Aufmerksamkeiten (Regenschirm, Taschenlampe) zeigen, dass hier mitgedacht wird. Vorsicht jedoch im Bad: Die Deckenhöhe ist für Japaner berechnet. Für Unterhaltung sorgen gute Pianisten in den Bars, professionelle Production-Shows und das Reiseleiter-Team von Phoenix. Letzteres glänzt bei der Abwicklung der Landausflüge: kein Drängeln, kein Warten. Bei einem Werftaufenthalt Ende 2007 wurden auf dem obersten Deck noch zehn Luxussuiten und eine Golfanlage hinzugefügt.

Fahrgebiete 2008

Die Amadea beginnt das Jahr im Indischen Ozean. Über Australien und Neuseeland fährt sie weiter in die Südsee und über Hawaii nach Kalifornien und Mexiko. Nach Besuchen an der Ostküste der USA und Kanadas geht es Ende April weiter nach Bremerhaven; im Sommer stehen die Ostsee, das Nordland und die Britischen Inseln auf dem Programm. Im September geht es über den Atlantik in die Karibik und zum Amazonas und danach über die Kapverden, die Kanaren sowie Nordspanien zurück nach Hamburg (Ankunft Anfang Dezember).

Ausgewählte Reisen

Norwegen, Island, Azoren, Madeira

Von Bremerhaven am 19.8. über die norwegische Küste (Olden, Geiranger) nach Island (Westmänner-Inseln, Reykjavík), danach in drei Seetagen über den Atlantik zu den Azoren (Terceira, São Miguel) und weiter nach Madeira. Die Reise endet am 6.9. in Lissabon. **18 Tage; ab € 1.899 ab/bis Hafen**

Karibik, Amazonas, Atlantik

Reisebeginn ist am 31.10. in La Guaira/Venezuela. Von dort über St. Vincent, Barbados, Tobago und Französisch-Guayana zu einer zehntägigen Fahrt auf dem Amazonas bis Manaus. Anschließend Atlantiküberquerung von Belem/Brasilien über die Kapverden, Teneriffa, Madeira und Vigo/Nordspanien nach Hamburg (7.12.). **37 Tage; ab € 3.999 ab/bis Hafen**

DATEN & FAKTEN

BRZ	29.000	Bordsprache	Deutsch
Länge	193,00 m	Kabinen	309 (306 außen,
Breite	25,00 m		3 innen), davon 116
Tiefgang	6,50 m		mit Balkon, 46 Suiten
Indienststellung	1991	Passagierdecks	8
Passagiere	max. 600	Restaurants	2
Crew-Mitglieder	ca. 280	Bars	5

Sport & Wellness	Golfabschlag, Pool, Whirlpools, Sauna, Dampfbad, Fitnesscenter, Joggingpfad, Morgengymnastik; Massage/Spa/Wellness geg. Gebühr
Info-/Entertainment	Showprogramme, Tageskünstler, Tanz, Musik
Dresscode	leger, zum Kapitänsempfang/-dinner festlich-elegant
Info	Phoenix Reisen GmbH, Bonn Tel. (0228) 92 60–200 www.PhoenixReisen.com
Preis pro Tag	€ 95 bis € 365 Durchschnitt € 170

PROFIL

Info-/Entertainment	⚓ ⚓ ⚓
Sport & Wellness	⚓ ⚓ ⚓
Gastronomie	⚓ ⚓ ⚓
Familienfreundlichkeit	⚓ ⚓ ⚓
Service	⚓ ⚓ ⚓ ⚓

Unterwegs im Baltikum

Astor

Klassisch-solide: Weltenbummlerin
mit familiärer Atmosphäre

Wenn es unter den neueren deutschen Schiffen auf Vier-Sterne-Niveau noch einen echten Klassiker gibt, dann ist es die Astor. Das elegante Waldorf-Restaurant (zwei Sitzungen) und die Lounge mit Tanzfläche und kleiner Bühne liegen auf einem Deck. Sie werden durch zwei Galerien miteinander verbunden, die zum Flanieren und Verweilen einladen. Darin wiederum sind Boutiquen und der Captain's Club eingebettet, in dem sich zu Tauwerk und maritimen Gemälden mahagonifarbene Holzelemente, ein Steuerrad und ein Flügel gesellen – mehr Schiffsatmosphäre geht kaum. Auf dem darüberliegenden Deck gibt es morgens, mittags und bisweilen sogar abends ein Buffet. Bei gutem Wetter gehören

Der Pool und das neue Asia-Restaurant

die Tische am Pool mit zum Restaurantbereich. Noch ein Deck höher wartet die urige Hanse-Bar auf Nachtschwärmer.

Dank des Fitnesscenters mit Meerblick, des umlaufenden Joggingpfads, des Volleyballfelds und des zweiten Pools mit Sauna tief im Schiffsbauch eignet sich die Astor auch ideal für Sport- und Wellnessfreunde. Ebenfalls beliebt ist der Dingi-Club für die kleinen Passagiere. Die Kabinen sind zweckmäßig und nicht allzu groß: Bett plus Sofabett, Schreibtisch, genug Schrankraum, improvisierte Minibar – nur die engen Nasszellen sind nicht immer geeignet, den Passagieren Freude zu bereiten.

Fahrgebiete 2008

Die Astor kreuzt ab Winter 2007 im Orient. Zum Jahreswechsel liegt sie vor den Malediven, um anschließend erstmals auf mehrere Rundreisen ab/bis Dubai zu gehen. Anfang Februar kehrt die Astor nach Europa zurück und steuert bis Mitte März die Karibik an. Britische Inseln, Baltikum und Nordland füllen den Sommerfahrplan 2008. Nach der Fahrt rund um Westeuropa stehen im Herbst das Mittelmeer und das Schwarze Meer im Fokus.

Ausgewählte Reisen

Island und Spitzbergen

Zweimal (Reisebeginn 24.6. oder 10.7.) fährt die Astor ab Bremerhaven ins Nordland. Die Route führt über die Orkneys nach Island (Reykjavík, Akureyri) und weiter über Spitzbergen zum Nordkap. Längs der norwegischen Küste (Tromsø, Geirangerfjord, Bergen) geht es zurück nach Bremerhaven. **17 Tage; ab € 1.650 ab/bis Bremerhaven**

Rund um Westeuropa

Von Warnemünde aus (Abfahrt 26.9.) geht es durch den Nordostseekanal nach Zeebrugge, Dover, Le Havre und dann weiter über Nantes oder Bordeaux in die Biskaya. Über Lissabon und Cádiz führt der Weg schließlich ins Mittelmeer nach Mallorca; Reiseende: 12.10. in Nizza. **17 Tage; ab € 1.650 ab/bis Hafen**

DATEN & FAKTEN

BRZ	20.606	Bordsprache	Deutsch
Länge	176,50 m	Kabinen	295
Breite	23,00 m	(167 außen, 96 innen),	
Tiefgang	6,10 m	davon 32 Suiten	
Indienststellung	1987	Passagierdecks	7
Passagiere	max. 590	Restaurants	2
Crew-Mitglieder	260	Bars	3

Sport & Wellness	Fitnesscenter, Innen- u. Außenpool, Wellnessoase/Sauna, Volleyball, Tischtennis, Joggingpfad, Yoga, Rücken- und Wassergymnastik
Info-/Entertainment	Showprogramme, Tanz, Klassik, Vorträge/Lesungen, Kursangebote (Computer, Sprachen)
Dresscode	sportlich-leger, festlich zum Kapitänsempfang
Info	Transocean Tours Bremen Tel. (0421) 33 36-181 www.transocean.de
Preis pro Tag	€ 109 bis € 360 Durchschnitt € 231

PROFIL

Info-/Entertainment	⚓ ⚓ ⚓
Sport & Wellness	⚓ ⚓
Gastronomie	⚓ ⚓ ⚓
Familienfreundlichkeit	⚓ ⚓ ⚓
Service	⚓ ⚓ ⚓ ⚓

In den norwegischen Fjorden

Astoria

Ein Klassiker für Preisbewusste, die komfortabel reisen wollen

Schach an Deck; im Captain's Club

Sie ist die kleinere Ausgabe der **Astor**: Die Astoria misst vom Bug bis zum Heck knapp 165 Meter – und damit zwölf Meter weniger als die große Schwester. Ansonsten aber ist sie nahezu baugleich. Sie gilt ebenfalls als Vertreterin der klassischen Kreuzfahrt, allerdings reist man auf ihr nicht ganz so luxuriös. So muss zum Beispiel das Showprogramm ohne große Namen auskommen. Auch der auf der Astor obligatorische Bordpfarrer fiel der Kalkulation zum Opfer. Dafür reisen die maximal 500 Passagiere zu deutlich günstigeren Tarifen. Hinzu kommt, dass alle Trinkgelder im Reisepreis schon inbegriffen sind. Familien dürfte besonders freuen, dass Kinder bis 17 Jahre nicht nur kostenlos mit-

reisen, sondern in den Ferien auch von speziellen Animateuren betreut werden.

Das Innere der Astoria, die 2006 zuletzt renoviert wurde, präsentiert sich edel-konservativ und mit viel Holz. Ungewöhnlich für ein Schiff dieser Größenordnung ist die Tatsache, dass es sowohl über einen Innen- als auch über einen Außenpool verfügt. Viele Stammgäste – das Publikum ist meist jenseits der 60 – schätzen die legere Bordatmosphäre, das ordentliche Essen und den Service. Die Besatzung stammt größtenteils aus der Ukraine; Kapitän Ivan Shramko kommt aus Russland. Wer an Bord allerdings internationales Flair sucht, liegt falsch: Die Astoria ist – wie auch die Astor – ein rein deutsches Schiff mit deutschsprachigem Publikum.

Fahrgebiete 2008

Eine 124-tägige Weltreise bringt die Passagiere der Astoria im Winter 2007/08 zu Traumzielen rund um den Globus. Im Sommer stehen klassische Routen rund um Großbritannien, im Nordland und in der Ostsee auf dem Programm. Mit den Azoren und dem Mittelmeer wird die Saison abgerundet, bevor im Winter wieder Fernziele in der Sonne angesteuert werden.

Ausgewählte Reisen

Großbritannien und Irland

Diese Kreuzfahrt beginnt am 10.7. in Bremerhaven. Aufenthalte in London und Edinburgh fehlen ebensowenig wie ein Besuch in Dublin. Nach Stopps in Schottland, unter anderem auf der Inselgruppe der Hebriden, erfolgt am 20.7. die Rückkehr nach Bremerhaven. **11 Tage; ab € 1.210 ab/bis Bremerhaven**

Ab Bremerhaven zu den Azoren

Die Reise beginnt am 16.9. in Bremerhaven. Sie führt zunächst über Southampton nach St. Malo; dann folgen drei Seetage bis zur Ankunft in Ponta Delgada auf den Azoren. Weiter geht es über Lissabon, Cádiz und Málaga ins Mittelmeer. Reiseende ist am 2.10. in Nizza. **15 Tage; ab € 990 ab/bis Hafen**

DATEN & FAKTEN

BRZ	18.591	Bordsprache	Deutsch
Länge	164,50 m	Kabinen	259
Breite	22,60 m	(148 außen, 76 innen),	
Tiefgang	6,20 m	davon 35 Suiten	
Indienststellung	1981	Passagierdecks	7
Passagiere	max. 500	Restaurants	2
Crew-Mitglieder	220	Bars	3

Sport & Wellness	Fitnesscenter, Innen- u. Außenpool, Wellnessoase mit Sauna, Solarium, Volleyball, Tischtennis, Joggingpfad, Rücken-/Wassergymnastik, Yoga, Nordic Walking auf Ausflügen
Info-/Entertainment	Showprogramme, Tanz, Klassik, Vorträge, verschiedene Kurse
Dresscode	sportlich-leger, festlich zum Kapitänsempfang
Info	Transocean Tours Bremen Tel. (0421) 33 36-181 www.transocean.de
Preis pro Tag	€ 98 bis € 434 Durchschnitt € 211

PROFIL

Info-/Entertainment	⚓ ⚓ ⚓
Sport & Wellness	⚓ ⚓
Gastronomie	⚓ ⚓ ⚓
Familienfreundlichkeit	⚓ ⚓ ⚓
Service	⚓ ⚓ ⚓ ⚓

Unterwegs zu ungewöhnlichen Zielen

Azamara Quest & Journey

Ausgefallene Destinationen, gehobene Gastronomie und ein internationales Publikum zeichnen dieses neue Schiff von Celebrity aus

Zwei Schiffe umfasst das neue Luxus-Label „Azamara" unter dem Dach der amerikanischen Celebrity Cruises: die seit Oktober 2007 fahrende Azamara Quest und ihre im Mai 2007 vorgestellte Schwester **Azamara Journey**. Beide sind Komplettumbauten vormaliger Celebrity-Schiffe – und beide stehen außer für Exklusivität an Bord vor allem für ungewöhnliche Routen mit selten besuchten Häfen. Die Klientel, die angesprochen wird, bilden also erfahrene Reisende, für die der Lektorenvortrag im Zweifel wichtiger ist als die abendliche Show, die aber auf Annehmlichkeiten wie den Butlerservice, hochwertige Kosmetika oder einen Plasmafernseher in der Kabine nicht verzichten möchten. Locker-

elegant ist die Atmosphäre: Steife Garderobe wird nicht erwartet, und gespeist wird ohne feste Tischordnung im Hauptrestaurant oder in den Gourmetrestaurants Aqualina (mediterrane Küche) und Prome C (Steaks und Seafood). Entspannung findet man im Wellnesscenter, im Schönheitssalon und in einer Outdoor Spa Relaxation Lounge. Und wer darüber den Lektorenvortrag verpasst hat, kann sich beim „excursion expert" Tipps für den nächsten Landgang holen. Was es mit all dem auf sich hat, wird aber erst im Sommer des nächsten Jahres zu beurteilen sein: Während die Journey in amerikanischen Gewässern bleibt, kreuzt die Quest ab April zwischen Barcelona und dem Schwarzen Meer.

Eine der 349 Außenkabinen

„Aesthetics" – der Schönheitssalon

Fahrgebiete 2008

Die Europa-Saison beginnt im April mit Besuchen in Spanien und auf Korsika. Danach legt das Schiff von Rom zu einer 14-tägigen „Best of Italy"-Kreuzfahrt ab; nächstes Highlight ist eine Kurzreise zum Filmfest in Cannes im Mai. Fahrten durch das westliche und das östliche Mittelmeer folgen bis November, unterbrochen von zwei Schwarzmeerreisen im Juli und August.

Ausgewählte Reisen

„Best of Italy"

Ab/bis Rom, u. a. über Sorrent, Taormina, Bari, Ravenna, Venedig und Split in Kroatien. Beginn am 26.4. **14 Tage; ab € 1.443 ab/bis Rom**

Schwarzes Meer

Ab Rom am 21.6. oder 2.8. über die Ägäis und Istanbul nach Sinop, Jalta, Odessa, Sevastopol und Varna; Reiseende in Lavrion bei Athen. **14 Tage; ab € 1.554 ab/bis Hafen**

DATEN & FAKTEN

BRZ	30.277	Bordsprache	Englisch
Länge	180,75 m	Kabinen	349 (325 außen,
Breite	28,95 m	24 innen), davon 197 mit	
Tiefgang	6,10 m	Veranda und 42 Suiten	
Indienststellung	2007	Passagierdecks	8
Passagiere	max. 710	Restaurants	2
Crew-Mitglieder	390	Bars	2

Sport & Wellness	Spa und Wellnesscenter, „Aesthetics"-Schönheitssalon, Poolbereich
Info-/Entertainment	Showprogramme, zahlreiche Vorträge zu den Landausflügen, Pianobar
Dresscode	kein fester Dresscode; sportlich-leger bis elegant
Info	Azamara Cruises Tel. 01805 80 72 25 (€ 0,12/Minute) www.azamaracruises.com
Preis pro Tag	k. A.

PROFIL

Info-/Entertainment	aktuell noch nicht bewertet
Sport & Wellness	
Gastronomie	
Familienfreundlichkeit	
Service	

Whalewatching einmal anders

Bremen

Das Expeditionsschiff für Kreuzfahrt-Abenteurer

Das Heck der Bremen ziert der Schriftzug „Hapag Lloyd – Expedition Cruises". Das Schiff hat (wie die **Hanseatic**) die höchste Eisklasse und kann sich damit weit in die Antarktis vorwagen, weshalb auch zwölf Zodiacs (Schlauchboote) für Anlandungen und besondere Expeditionen bereitstehen. Qualifizierte Lektoren begleiten die Reisen. Sie stimmen die Gäste mit Diavorträgen in der Panoramalounge auf die kommenden Ziele ein. Aufgrund ihres geringen Tiefgangs kann die Bremen auch auf einigen Flüssen fahren, etwa auf dem Gambia River und dem Amazonas, also abseits der bekannten Kreuzfahrtrouten. Ein gewisses Maß an Seetauglichkeit sollten die Passagiere mitbringen – oder ein Pflaster vom Hausarzt hin-

Zodiacs am Amazonas; im Kanal von Korinth

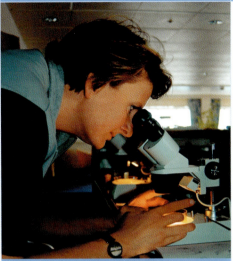

term Ohr: Rund um das Kap Hoorn kann es schon mal stürmisch werden. Höhepunkt 2008: Die Bremen auf den Spuren des Polarforschers Roald Amundsen; im August soll das Schiff die Nordwestpassage von Grönland nach Alaska durchqueren. Expedition statt Entertainment also – wer auf große Abendshows steht, ist hier falsch. Im Club auf Deck 5 trifft man sich eher zu Gesprächen als zum großen Tanzabend, bei schönem Wetter verweilt man auch auf dem Lidodeck und dem Sonnendeck mit kleinem Pool. Gastronomie und Service sind auf einem hohen Niveau, wenngleich die Qualität der Europa nicht ganz erreicht wird.

Fahrgebiete 2008

Die Bremen ist rund ums Jahr auf ausgefallenen Routen unterwegs (unter anderem zu 59 Premierenzielen). Im Frühjahr fährt sie in der Südsee, dann geht es längs der Ostküste Nordamerikas nach Neufundland (Mai/Juni) und Spitzbergen (Juli) und weiter durch die Nordwestpassage (August/September) in den Pazifik (November), bevor das Schiff im Januar 2009 zur legendären „Halbumrundung" der Antarktis startet (siehe unten).

Ausgewählte Reisen

Trauminseln im Pazifik
Ab Shanghai/China (Anreise 27.10.) zum einstigen Inselkönigreich Okinawa, weiter über die Bonin-Inseln und die mikronesischen Marianen nach Palau und Yap in den Westkarolinen und schließlich nach Bandanaire auf den Molukken, den Inseln der Muskatnussbäume. Ausschiffung am 15.11. in Benoa auf Bali/Indonesien. **20 Tage; ab € 7.574 inkl. Flügen ab/ bis Deutschland**

„Halbumrundung" der Antarktis
Zu einem der letzten Abenteuer der Moderne bricht die Bremen am 11.1.2009 auf: Von Neuseeland über Victorialand und einmal halb um die Antarktis bis nach Argentinien führt diese legendäre Passage auf den Spuren großer Entdecker wie Ross, Scott und Shackleton. **36 Tage; ab € 16.848 inkl. Flügen ab/bis Deutschland**

DATEN & FAKTEN

BRZ	6.752	Bordsprache	Deutsch
Länge	111,00 m	Kabinen	82 Außenkabinen,
Breite	17,00 m		davon 16 Kabinen und
Tiefgang	4,80 m		2 Suiten mit Balkon
Indienststellung	1990	Passagierdecks	6
Passagiere	max. 164	Restaurants	1
Crew-Mitglieder	100	Bars	1

Sport & Wellness	Pool, Fitnessraum, Schnorchelausrüstung, Nordic Walking, Fahrräder, Kajaks
Info-/Entertainment	Künstler (klassische oder Unterhaltungsmusik), Lektoren (Experten verschiedener Fachrichtungen, Wissenschaftler), Schriftsteller
Dresscode	zwanglos
Info	Hapag-Lloyd Kreuzfahrten GmbH, Hamburg Tel. (040) 30 01-46 00 www.hlkf.de
Preis pro Tag	ab € 230 Durchschnitt ca. € 370

PROFIL

Info-/Entertainment	⚓ ⚓ ⚓
Sport & Wellness	⚓ ⚓ ⚓
Gastronomie	⚓ ⚓ ⚓ ⚓
Familienfreundlichkeit	⚓ ⚓
Service	⚓ ⚓ ⚓ ⚓ ⚓

Europa-Premiere in Venedig

Carnival Freedom

American Way of Sealife: Im März 2007 in Venedig getauft, ist die Freedom das neueste Fun-Schiff der US-Reederei Carnival

Für geschätzte 500 Millionen Euro wurde die Freedom auf der italienischen Fincantieri-Werft gebaut. Gemeinsam mit ihren Schwesterschiffen **Conquest**, **Glory**, **Liberty** und **Valor** gehört sie zur Conquest-Klasse, der größten Kategorie bei Carnival. (Im Juni 2008 wird diese mit der **Splendor** noch um ein sechstes Mitglied erweitert.) Auf dem äußerst farbenfrohen Schiff bewegen sich zwischen Shopping und Showbusiness rund 3.000 Gäste. Das Millennium-Atrium über sieben Decks mag bei so manchem Gast Zweifel wecken, ob er noch in der Gegenwart lebt – da hilft es, dass man an Bord mit dem eigenen Laptop per drahtlosem Internetzugang den Kontakt zur Außenwelt wahren kann. Und was wäre ein

Für Sommernächte: „Movies Under the Stars"

amerikanisches Schiff ohne Spielhalle? Das Tahiti Casino auf dem Promenadendeck ist eines der größten auf See. Der „Mega Cash" verspricht sogar den weltweit größten Hauptgewinn auf einem Kreuzfahrtschiff – Las Vegas lässt grüßen. Wie auch Hollywood: Unter dem Sternenhimmel flimmern Tom Hanks oder Julia Roberts über eine große Leinwand – Open-Air-Kino auf Amerikanisch. Auch das gastronomische Angebot ist gewaltig: Es locken allein 22 Lounges und Bars. Diniert wird im Hauptspeisesaal in vier (!) Sitzungen. Wer die verpasst, muss sich nicht grämen: Auf der Carnival Freedom gibt es ein tägliches Mitternachtsbuffet. Und auch einen Personal Trainer. Für alle Fälle.

Fahrgebiete 2008

Die Carnival Freedom fährt zu Jahresbeginn in der Karibik (sieben Tage östliche oder westliche Karibik ab/bis Miami), bevor sie im Mai in Europa eintrifft. Dort begibt sie sich bis Ende Oktober auf jeweils zwölftägige Mittelmeerreisen ab/bis Civitavecchia (Rom). Nach einer 16-tägigen Transatlantikreise ab dem 6. November kreuzt sie im Winter wieder in der Karibik (sechs oder acht Tage ab/bis Fort Lauderdale). Die neue **Carnival Splendor** wird von Juni bis August in der Nord- und der Ostsee (ab/bis Dover) und im Herbst im Mittelmeer (ab/bis Civitavecchia) anzutreffen sein.

Ausgewählte Reisen

Westliches Mittelmeer
Zehn Termine zwischen Mai und Oktober: von Civitavecchia über Neapel und Dubrovnik nach Venedig, von dort über Messina, Barcelona und Cannes nach Livorno und zurück nach Civitavecchia (insgesamt drei Seetage). **12 Tage; ab US-$ 1.649 ab/bis Hafen**

Westliche Karibik
Ab 22.11. zu regelmäßigen Terminen ab/bis Fort Lauderdale/Florida mit vier Seetagen und Stopps an der Costa Maya in Mexiko, in Limón in Costa Rica sowie in Colón in Panama. **8 Tage; ab US-$ 649 ab/bis Hafen**

DATEN & FAKTEN

BRZ	110.000	**Bordsprache** Engl./Deutsch	
Länge	290,00 m	**Kabinen** 1.487 (577 innen,	
Breite	35,00 m	355 außen), davon 503 mit	
Tiefgang	8,30 m	Balkon/Veranda, 52 Suiten	
Indienststellung	2005	**Passagierdecks**	14
Passagiere	max. 2.976	**Restaurants**	9
Crew-Mitglieder	1.150	**Bars**	12

Sport & Wellness	Fitnesscenter, Tischtennis, Joggen, Golfsimulator, Basketball, Volleyball, Shuffleboard
Info-/Entertainment	Las Vegas Shows, Livemusik, Comedy und Kabarett, Motto-Abende, Pool- und Deckpartys
Dresscode	sportlich-leger, elegant zum Captain's Dinner und zum Galaabend
Info	Carnival Cruise Lines Tel. (089) 51 70 31 30 www.carnivalcruiselines.de
Preis pro Tag	**ca. € 80 bis € 320 Durchschnitt: k. A.**

PROFIL

Info-/Entertainment	⚓ ⚓ ⚓ ⚓ ⚓
Sport & Wellness	⚓ ⚓ ⚓ ⚓
Gastronomie	⚓ ⚓ ⚓
Familienfreundlichkeit	⚓ ⚓ ⚓ ⚓
Service	⚓ ⚓ ⚓

Segler und Motorschiff zugleich

Club Med 2

Ein Clubschiff mit junger Atmosphäre und High-Tech-Touch:
Die Segel werden hydraulisch per Knopfdruck gesetzt

Mit nur fünf Metern Tiefgang kann sie auch kleinere Häfen ansteuern. Ihre Stabilisatoren verhindern, dass sie schlingert (die Schräglage geht nie über drei Grad), und die Segel an ihren fünf Masten, die jeweils stolze 67,50 Meter hoch sind, werden hydraulisch gesetzt. Echten Segelfans mag solche Technik ein Graus sein – Anhängern des Club Med, dessen Gute-Laune-Konzept hier auf dem Wasser umgesetzt wird, ist derlei egal. Sie schätzen das junge Ambiente, die vielen Wassersportmöglichkeiten – und nicht zuletzt das Rundum-all-inclusive-Paket, das in der Kreuzfahrt ansonsten kaum anzutreffen ist: Nicht nur alle Speisen, sondern auch sämtliche Getränke an der Bar sind bereits im Reisepreis enthalten.

Das Publikum ist international, mit starker französischer Beteiligung. Französisch ist auch die Küche; ohne feste Tischordnung wird in zwei Restaurants gespeist. Kurzum: Das Schiff bietet eine Atmosphäre, wie sie sonst auf See kaum zu finden ist; nur auf den fast baugleichen **Windstar**-Schiffen von Windstar Cruises ist das Ambiente ähnlich.

Fahrgebiete 2008

Im Winter 2007/08 und im Frühjahr segelt die Club Med 2 in der Karibik; im April überquert sie den Atlantik mit Ziel Lissabon. Von Mai bis Oktober ist sie dann im Mittelmeer auf verschiedenen Routen unterwegs, in der

Sonnenliegen auf Deck H

Die Reedersuite

DATEN & FAKTEN

BRZ	14.983	Bordsprache	Engl./Franz.
Länge	187,00 m	Kabinen	190 Außen-
Breite	20,00 m		kabinen,
Tiefgang	5,00 m		davon 6 Suiten
Indienststellung	1992	Passagierdecks	6
Passagiere	max. 392	Restaurants	2
Crew-Mitglieder	200	Bars	3

Sport & Wellness	Wasserski, Kajak, Segeln, Schnorcheln, Aquafitness, Kardiotrainings- & Fitnessraum, gegen Gebühr Tauchen (je nach Ankerplatz)
Info-/Entertainment	Livemusik, Abendshows, Themenkreuzfahrten
Dresscode	sportlich-elegant
Info	Club Med Tel. 01803 63 36 33 (€ 0,09/Min.) www.clubmed.de
Preis pro Tag	€ 298 bis € 390 Durchschnitt € 320

Regel ab Nizza. Kurztrips von drei bis vier Tagen, die für Kreuzfahrteinsteiger ideal sind, werden dabei ebenso geboten wie Sieben- bis Acht-Tages-Törns. Die genauen Routendetails standen bei Redaktionsschluss dieses Buchs allerdings noch nicht fest.

Ausgewählte Reisen

Östliche Karibik

Von Pointe-à-Pitre/Guadeloupe am 28.3. über Les Saintes nach Anguilla. Weiter über St. Barth und Virgin Gorda, Jost van Dyck und San Juan/ Puerto Rico mit zwei Tagen Aufenthalt. Reise- ende in Santo Domingo am 5.4. **9 Tage; ab € 2.470 ohne Flüge (Preise auf Anfrage)**

Transatlantik im Frühjahr

Von Kubas Hauptstadt Havanna (18.4.) segelt die Club Med 2 nach Bermuda (22.4.). Nach sechstägiger Fahrt über den Atlantik erreicht sie die Azoren (Ponta Delgada) und am 2.5. Portugals Hauptstadt Lissabon. **15 Tage; ab € 2.344 ohne Flüge (Preise auf Anfrage)**

PROFIL

Info-/Entertainment	⚓ ⚓ ⚓
Sport & Wellness	⚓ ⚓ ⚓ ⚓
Gastronomie	⚓ ⚓ ⚓ ⚓
Familienfreundlichkeit	⚓ ⚓
Service	⚓ ⚓ ⚓

Unterwegs Richtung Oslofjord

Color Fantasy & Magic

Wer noch nicht weiß, ob eine Kreuzfahrt das Richtige für ihn ist,
kann hier auf einer „Minicruise" testen, was das Schiff ihm bietet

Kreuzfahrt- oder Linienschiff – worum handelt es sich hier? Vom Fahrgefühl her wird wohl jeder Mitreisende diese Frage zugunsten der Kreuzfahrt beantworten. Auch die Bezeichnung „Queen Mary der Ostsee" wäre nicht falsch, denn die Mehrzahl der Passagiere auf der Color Magic und der älteren, fast baugleichen Schwester Color Fantasy sind Vergnügungsreisende – und das, obwohl beide Schiffe ausschließlich die Route Kiel–Oslo und retour befahren. Die am Reißbrett entstandenen Riesenfähren (2.700 Betten) können ihre Verwandtschaft mit einem Mega-Cruiser von Royal Caribbean nicht verleugnen: Die 160 Meter lange und drei Decks hohe Shopping-Arkade wurde zum Beispiel eins zu eins aus der Karibikkreuz-

fahrt übernommen. Die Frachträume im Bauch der Fährliner nebst Spurmetern für Pkw und Lkw stören das Kreuzfahrt-Feeling nicht. Bei der Extrarechnung für die Mahlzeiten ist das schon eher der Fall, zumal angesichts der saftigen Preise auf norwegischem Niveau von „Duty Free" nichts mehr zu spüren ist. Mitunter kommen noch die Kosten für einen zweiten Trip dazu, denn während der 19-stündigen Überfahrt schafft man kaum alle Attraktionen: das Aqualand mit Wasserrutsche, den Einkaufsbummel, das Spielkasino, das Fitnesscenter mit Meerblick, die abendliche Production Show und den Cocktail in der grandiosen Observation Lounge. Die Unterschiede zwischen den Schiffen sind marginal: Die Color Magic, im Herbst 2007

Eine Fantasy-Class-Kabine

Die Rezeption der Color Fantasy

Veronica Ferres – Patin der Color Magic

DATEN & FAKTEN

BRZ	74.500	Bordsprache	Deutsch,
Länge	224,00 m		Norwegisch, Englisch
Breite	35,00 m	Kabinen	966 (343 innen,
Tiefgang	7,00 m		604 außen), dav. 34 Suiten
Indienststellung	2004	Passagierdecks	10
Passagiere	max. 2.750	Restaurants	8
Crew-Mitglieder	k. A.	Bars	4

Sport & Wellness	Color Spa & Fitness Center, Aqualand, Golfsimulator
Info-/Entertainment	Show Lounge, Pianobar, Pub, Observation Lounge, Kasino, Kino, Shopping-Mall
Dresscode	sportlich bis elegant
Besonderheit	Das Schiff verfügt über Autodecks für 750 Fahrzeuge
Info	Color Line GmbH, Kiel Tel. (0431) 73 00-0 www.colorline.com
Preis pro Tag	ca. € 100 bis € 300 Durchschnitt ca. € 140

von Veronica Ferres in Kiel getauft, hat eine andere Farbgebung, etwas mehr Luxuskabinen und eine etwas größere Observation Lounge.

Fahrgebiete 2008

Die Color Fantasy und die Color Magic begeben sich im täglichen Wechsel auf eine Mini-Kreuzfahrt von Kiel nach Oslo. Wer jeweils mit demselben Schiff zurückfährt, hat rund vier Stunden, um Oslo zu erkunden.

Ausgewählte Reise

Kurzreise nach Norwegen

Wer nach der Passage noch von Oslo nach Bergen weiterreist, erwischt gerade noch die legendäre Bergenbahn (Abfahrt 10.33 Uhr) und verbringt einen Tag voller grandioser Ausblicke auf Norwegens Landschaft. Nach zwei Übernachtungen in Bergen und einer in Oslo geht es mit der Color Fantasy oder der Color Magic nach Kiel zurück. **6 Tage; Komplettpaket ab € 654 ab/bis Kiel**

PROFIL

Info-/Entertainment	⚓ ⚓ ⚓ ⚓
Sport & Wellness	⚓ ⚓ ⚓ ⚓
Gastronomie	⚓ ⚓ ⚓
Familienfreundlichkeit	⚓ ⚓ ⚓
Service	⚓ ⚓ ⚓

Vor der Skyline von Manhattan

Columbus

Das Einstiegsmodell aus
der Hapag-Lloyd-Flotte

Schöne Kabinen – und viel Platz für Kinder

A m 17. Juni 1929 taufte der norddeutsche Lloyd einen Schnelldampfer auf den Namen Columbus. Das Schiff fuhr zunächst im Transatlantikdienst. Ebenfalls an einem 17. Juni, im Jahr 1997, wurde dann die „neue" Columbus getauft; sie fährt seitdem als Kreuzfahrtschiff um die Welt. Dabei steuert sie auch Ziele an, die abseits der bekannten Kreuzfahrtrouten liegen, zum Beispiel die Inselgruppe der Lakkadiven westlich von Indien. Auf einigen ausgewählten Reisen ist die Columbus „all inclusive", das heißt, Landausflüge, Getränke und Trinkgelder sind im Reisepreis enthalten. Wem die **Europa** zu fein oder die **Hanseatic** zu hanseatisch ist, der findet hier die lockere (und günstige) Hapag-Lloyd-Alternative. Es geht

sportlich-leger zu auf dem farbenfrohen Schiff; die Krawatte kann – außer beim Kapitänsempfang – im Schrank bleiben. An Bord fühlt sich auch die jüngste Generation wohl, obwohl es für sie keinen eigenen Club gibt. Bei einer ausreichenden Anzahl von Kindern ist jedoch ein Betreuer mit an Bord. Bislang fuhr die Columbus auch durch die großen amerikanischen Seen – diese Tour wurde nun gestrichen. Nachteile des Schiffs: Es gibt keine umlaufende Reling und bis auf zwei Suiten mit Terrasse auch keine Balkonkabinen. Tipp: die originellen Kabinen mit den überdimensionalen Bullaugen (Deck 2, Kategorie 8).

Fahrgebiete 2008

Über 60 Länder besucht die Columbus in der Saison 2008/09, die im südlichen Afrika (unter anderem mit Golf-Specials) beginnt. Dann geht es nach Südostasien, Australien und in die arabische Welt und weiter über das Mittelmeer nach West- und Nordeuropa. Im Sommer (Ostsee, Nordland, Britische Inseln) sind Kinder gern gesehene Gäste; für Einsteiger gibt es zudem zwei Schnupperreisen. Im Herbst bricht das Schiff in Genua zur großen Weltreise Richtung Asien auf.

Ausgewählte Reisen

Von Bali nach Sydney

Abflug nach Bali (über Singapur) am 26.1. 2009, von dort Kreuzfahrt über Sulawesi und Flores nach Darwin/Australien. Weiter über Papua-Neuguinea (Port Moresby) und über Cairns, das Great Barrier Reef und Brisbane nach Sydney. Von dort Rückflug über Singapur nach Frankfurt. **20 Tage; ab € 4.854 inkl. Flügen ab/bis Deutschland**

Kleine Weltreise: Bali bis Nizza

Wer 108 Tage Zeit hat, kann mit der Columbus von Januar bis Mai 2009 die halbe Welt umrunden: Von Bali geht es über Australien, Neuseeland, die Osterinsel, Chile, Brasilien, die Kapverden und die Kanaren nach Nizza. **108 Tage; ab € 16.796 inkl. Flügen ab/bis Deutschland; auch in Teilstrecken buchbar**

DATEN & FAKTEN

BRZ	15.000	Bordsprache	Deutsch
Länge	144,00 m	Kabinen	205 (134 außen,
Breite	21,50 m		63 innen), davon 8 Suiten
Tiefgang	5,00 m		(2 mit, 6 ohne Balkon)
Indienststellung	1997	Passagierdecks	6
Passagiere	max. 420	Restaurants	2
Crew-Mitglieder	170	Bars	2

Sport & Wellness	Pool, Fitnessraum, Fahrräder, Morgengymnastik, Nordic-Walking-Stöcke
Info-/Entertainment	Band, Künstler, Unterhaltungsmusik, Lektorenvorträge, Tanz, Show, Alleinunterhalter
Dresscode	sportlich-leger
Info	Hapag-Lloyd Kreuzfahrten GmbH, Hamburg, Tel. (040) 30 01-46 00 www.hlkf.de
Preis pro Tag	ab € 126 Durchschnitt € 199

PROFIL

Info-/Entertainment	⚓ ⚓ ⚓
Sport & Wellness	⚓ ⚓ ⚓
Gastronomie	⚓ ⚓ ⚓ ⚓
Familienfreundlichkeit	⚓ ⚓ ⚓
Service	⚓ ⚓ ⚓ ⚓

Einen Tick größer als die Concordia: das neue Costa-Flaggschiff

Costa Serena & Concordia

Costas neues Flaggschiff bietet eines der größten schwimmenden Spas der Welt – und einen Grand-Prix-Rennsimulator an Bord

Das neue Flaggschiff der italienischen Costa-Flotte wurde im Mai 2007 in Marseille in Dienst gestellt. Es ist nur wenige Meter länger als seine ein Jahr ältere Schwester, die im letzten Jahr an dieser Stelle vorgestellte **Costa Concordia**. Auch bei der Serena kommen die Passagiere aus vielen europäischen Ländern. Neben den beiden Hauptrestaurants mit zwei Tischzeiten gibt es für Gäste der Spa-Kabinen ein Restaurant mit Wellnessmenüs, außerdem ein Spezialitätenrestaurant mit trendiger „Molekularküche". Zwischen den beiden Poolbereichen, die überdacht werden können, liegt ein Buffetrestaurant; dort werden bis 1.30 Uhr nachts Snacks angeboten. Alle Restaurants sind

Blick in eine der zwölf Samsara-Spa-Suiten

übrigens Nichtrauchern vorbehalten; „Smoking Areas" gibt es in den Bars und im Poolbereich mittschiffs. Dort warten auch eine Kinoleinwand, Animation und Musik. Die Ausstattung der Kabinen lässt keine Wünsche offen. Wie die Costa Concordia verfügt auch die Serena über den ansonsten auf keinem anderen Passagierschiff der Welt vorhandenen Grand-Prix-Rennsimulator, außerdem über eine Wasserrutsche und ein ausgedehntes Spa der Marke Samsara, zu dem von 99 Kabinen aus ein direkter Zugang besteht.

Mit der Costa Serena umfasst die Flotte der Reederei Costa Crociere jetzt zwölf Schiffe, darunter Jumbos wie die **Costa Magica** (Baujahr 2004, maximal 3.470 Passagiere) oder die **Costa Fortuna** (Baujahr 2004, 3.470 Passagiere) sowie die kleinere (und ältere) **Costa Marina** (Baujahr 1990, 2002 umgebaut, 963 Passagiere) und die 2006 renovierte **Costa Allegra** (Baujahr 1992, 984 Passagiere).

Fahrgebiete 2008

Die Costa Serena fährt ganzjährig im Mittelmeer, mit Abstechern zu den Kanaren. Bis April 2008 führen die Reisen ins westliche Mittelmeer (Start und Ziel in Savona bei Genua); von April bis November wird das östliche Mittelmeer besucht (ab/bis Venedig).

Ausgewählte Reisen

Westliches Mittelmeer & Kanaren

An neun Terminen von Januar bis April fährt die Costa Serena ab Savona über Barcelona und Casablanca nach Lanzarote, Teneriffa und Madeira. Die Rückreise führt über Málaga. **12 Tage; ab € 699 (Bonuspreis; Katalogpreis ab € 1.399) ab/bis Savona**

Östliches Mittelmeer

An 31 Terminen von April bis November geht es von Venedig über Bari, Katakolon (Ausflug nach Olympia) und Izmir nach Istanbul. Die Rückreise nach Venedig erfolgt über Dubrovnik. **8 Tage; ab € 599 (Bonuspreis; Katalogpreis ab € 929) ab/bis Venedig**

DATEN & FAKTEN

BRZ	114.500	Bordspr.	Engl., Ital., Deutsch
Länge	290,00 m	Kabinen	1.500 (920 außen,
Breite	35,00 m		580 innen), davon 505
Tiefgang	k. A.		mit Balkon, 70 Suiten
Indienststellung	2007	Passagierdecks	13
Passagiere	max. 3.780	Restaurants	5
Crew-Mitglieder	1.100	Bars	13

Sport & Wellness	4 Pools, 5 Jacuzzis, Jogging-Parcours, Grand-Prix-Simulator, Samsara Spa mit 99 Spa-Kabinen (davon 12 Suiten), Videoleinwand im Freien
Info-/Entertainment	dreistöckiges Theater, Kasino, Diskothek, Internet Point, Bibliothek, Shoppingcenter, Kinderclub
Dresscode	sportlich-leger; Galaabende
Info	Costa Kreuzfahrten Tel. (0381) 444 70 70 www.costakreuzfahrten.de
Preis pro Tag	keine Angaben

PROFIL

Info-/Entertainment	⚓ ⚓ ⚓ ⚓ ⚓
Sport & Wellness	⚓ ⚓ ⚓ ⚓ ⚓
Gastronomie	⚓ ⚓ ⚓
Familienfreundlichkeit	⚓ ⚓ ⚓ ⚓
Service	⚓ ⚓ ⚓

Costas Botschafterin für den deutschen Markt

Costa Victoria

Nach dem Erfolg der **Costa Classica** mit „Nordlandfahrten, Italian Style" sticht nun von Kiel aus die größere Costa Victoria in See

Die Costa Victoria ist der letzte „richtig italienische" Neubau des Marktriesen aus Genua – bei allen nachfolgenden Schiffen ist der Einfluss der amerikanischen Mutter Carnival nicht zu übersehen. Als einziges Costa-Schiff bietet die Victoria einen Innenpool, weshalb sie für die Reisen in ihr neues Einsatzgebiet (für die sie im Winter 2007/08 noch einmal renoviert wird) wie geschaffen ist. 2004 hatten zudem 246 Kabinen (davon vier Minisuiten) nachträglich ihren eigenen Balkon erhalten – ideal für die atemberaubenden Fahrten in die Fjordwelt Norwegens oder durch die Schärenlandschaft Stockholms. Falls das Wetter einmal nicht mitspielen sollte: Die Front des Schiffes ist über drei Decks komplett ver-

glast; von den zahlreichen Lounges und Bars aus genießt man also einen faszinierenden Panoramablick. Zum kulinarischen Aspekt: In den Restaurants Sinfonia und Fantasia wird das Abendessen in zwei Sitzungen serviert. Frühstück und Lunch können auch im Buffetrestaurant mit seiner großen Außenterrasse eingenommen werden. Eine Pizzeria und das (aufpreispflichtige) Club-Restaurant komplettieren das Angebot.

Fahrgebiete 2008

Den Winter verbringt die Costa Victoria in Südamerika. Nach der Atlantiküberquerung im März fährt sie zunächst im April im Mittel-

Eine Minisuite mit Balkon

Der Indoor-Pool

DATEN & FAKTEN

BRZ	75.000	**Bordsprache** Dt., Ital., Engl.	
Länge	252,50 m	**Kabinen**	964 (553 außen,
Breite	32,25 m	385 innen), davon 242 mit	
Tiefgang	k. A.	Balkon, 20 Suiten	
Indienststellung	1996	**Passagierdecks**	12
Passagiere	max. 2.394	**Restaurants**	3
Crew-Mitglieder	766	**Bars**	10

Sport & Wellness	3 Pools (2 außen, 1 innen), 4 Jacuzzis, Pompei Fitness Centre Spa, Schönheitssalon, Tennis, Volleyball, Joggingparcours
Info-/Entertainment	Salon „Concorde Plaza" mit Livemusik und Shows, Theater, Disco, Kasino, Kinderclub, Internetcafé
Dresscode	sportlich-leger; Galaabende
Info	Costa Kreuzfahrten Tel. (0381) 444 70 70 www.costakreuzfahrten.de
Preis pro Tag	**keine Angaben**

PROFIL

Info-/Entertainment	⚓ ⚓ ⚓
Sport & Wellness	⚓ ⚓ ⚓
Gastronomie	⚓ ⚓ ⚓
Familienfreundlichkeit	⚓ ⚓ ⚓ ⚓
Service	⚓ ⚓ ⚓

meer, dann von Mai bis Mitte September in Nord- und Westeuropa (unter anderem werden zwölf Reisen ab Kiel angeboten). Bis zum Saisonausklang im November ist sie wieder im Mittelmeer und im Schwarzen Meer anzutreffen.

Ausgewählte Reisen

Metropolen der Ostsee

An fünf Terminen ab 1. Juni ab/bis Kiel, mit Aufenthalten unter anderem in Stockholm/ Schweden, Helsinki/Finnland, St. Petersburg/ Russland und Tallinn/Estland. **8 Tage; ab € 799 (Frühbucherpreis; Katalogpreis ab € 1.069) ab/bis Kiel**

Norwegische Fjorde

An sechs Terminen ab 26. Mai ab/bis Kiel, mit Besuchen in Hellesylt, im Geirangerfjord, in Bergen und Stavanger in Norwegen sowie in Århus/Dänemark. **7 Tage; ab € 749 (Frühbucherpreis; Katalogpreis ab € 999) ab/ bis Kiel**

Vor Rio de Janeiro

Crystal Symphony

Perfekter Luxus auf Amerikanisch: Der Unterschied zu anderen
Schiffen ist kristallklar – sagt zumindest die Reedereiwerbung

Für die Leser von „Travel + Leisure" scheint es keinen Zweifel zu geben: Zum zwölften (!) Mal in Folge wählten sie Crystal auch 2007 zur „World's Best Large-Ship Cruise Line". Liegt das am einzigen Feng-Shui-inspirierten Spa auf See (vom „Condé Nast Traveller" zum „No. 1 Cruise Line Spa" gekürt)? Oder an den fünf verschiedenen Dinner-Möglichkeiten? Oder vielleicht am kostenfreien Internetzugang rund um die Uhr? Eventuell auch am „Creative Learning Institute" mit kostenfreien Pianolektionen, Sprachkursen und Unterweisung in Zen-Buddhismus oder alternativer Medizin? Greifbarer ist da schon, dass die Kabinen alle außen liegen, und mehr als die Hälfte verfügt über einen Balkon. Deck 10 ist ganz und gar den

Penthouses inklusive Butlerservice vorbehalten (das kleinste ist 34 Quadratmeter groß). Erstaunlich ist nur, dass ein Schiff dieser Klasse die Hauptmahlzeiten in zwei Sitzungen serviert. Dafür wird für die Spezialitätenrestaurants Prego und Jade Garden (mit Menüs von Wolfgang Puck) aber auch kein Zuschlag erhoben.

Fahrgebiete 2008

Im Winter 2007/2008 absolviert die Crystal Symphony zunächst verschiedene Passagen durch den Panamakanal, bevor sie mit Stopps in Hawaii, Japan, China, Vietnam, Singapur, Thailand, Indien und den Arabischen Emiraten durch den Suezkanal nach Europa auf-

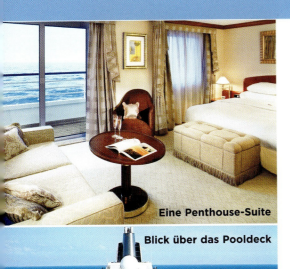

Eine Penthouse-Suite

Blick über das Pooldeck

DATEN & FAKTEN

BRZ	51.044	Bordsprache	Englisch
Länge	238,00 m	Kabinen	480 Außen-
Breite	20,00 m	kabinen, davon 276 mit
Tiefgang	7,50 m	Balkon und 64 Penthouses
Indienststellung	1995	Passagierdecks	8
Passagiere	max. 1.010	Restaurants	3
Crew-Mitglieder	545	Bars	7

Sport & Wellness	2 Pools, 2 Jaccuzis, Fitnesscenter, Spa mit Sauna, Dampfbad und Beautysalon, Tennis, Golfabschlag
Info-/Entertainment	Shows, Konzerte, Comedian, Kino, Kurse, Casino, Gentleman Hosts
Dresscode	leger, elegant oder informell
Info	Generalagent: Vista Travel Tel. (040) 30 97 98 40 www.vistatravel.de
	Aviation & Tourism International Tel. (06023) 91 71 50, www.atiworld.de
Preis pro Tag	ab ca. € 300 Durchschnitt € 500

bricht. Von Juni bis September stehen nordische Destinationen auf dem Fahrplan. Die Transatlantikreise über Island und Grönland führt rechtzeitig zum Indian Summer nach Neuengland und Kanada. Nach einem kurzen Intermezzo in der Karibik und an der mexikanischen Riviera geht es rund um Südamerika herum.

Ausgewählte Reisen

Rund um Westeuropa

Am 25.5. ab Athen: über Taormina/Sizilien, Málaga, Cádiz, Lissabon, Porto und Bordeaux nach Dover. **14 Tage; ab € 3.680 ab/bis Hafen**

Rund um Südamerika

Am 6.12. ab Los Angeles: Auf Stopps in Mexiko, Costa Rica, Ecuador, Peru, Chile und Argentinien folgt zum Jahreswechsel ein dreitägiger Abstecher in die Antarktis (kein Landgang!). Nach den Falklands, Argentinien, Brasilien und Barbados wird schließlich am 25.1.2009 Miami erreicht. **49 Tage; ab € 13.390 ab/bis Hafen; auch in Teilabschnitten buchbar**

PROFIL

Info-/Entertainment	⚓ ⚓ ⚓ ⚓
Sport & Wellness	⚓ ⚓ ⚓ ⚓
Gastronomie	⚓ ⚓ ⚓ ⚓ ⚓
Familienfreundlichkeit	⚓ ⚓
Service	⚓ ⚓ ⚓ ⚓ ⚓

In der Antarktis

Delphin

Preiswert, freundlich, familiär:
ein Publikumsliebling

Der bestgepflegte Oldie im deutschen Markt ist und bleibt ein Publikumsliebling. Sein erstes Leben als sowjetischer Devisenbringer kann das 1975 auf einer finnischen Werft gebaute Schiff dank kräftiger Investitionen jedenfalls getrost verleugnen. Und: Mit wachsendem Recht darf es sich zum Club der Expeditionsschiffe rechnen. Aufgrund großer Erfolge mit Grönland, der Antarktis oder dem Amazonas setzt der Veranstalter zunehmend auf dieses Segment. Was bleibt, ist das familiäre Ambiente: Das freundliche Restaurant fasst innerhalb einer Tischzeit alle Gäste, in der Show-Lounge treten bekannte Gastkünstler auf, dazwischen liegt eine Flaniermeile mit Boutique, Bar und Fotoshop. Auf dem weitläufi-

Zodiac in der Antarktis; eine Außenkabine

gen Achterdeck sind nicht nur der Bodenbelag, sondern auch alle Tische und Stühle aus edlem Teakholz. Wäre der Pool noch beheizt, wär's beinah perfekt. In der Lidobar gibt es morgens und mittags ein kleines Buffet. Kaffee und Kuchen werden im Restaurant gereicht. Ein Strudelbuffet gehört ebenso zu jeder Reise wie eine Küchenparty mit Wodka und Krapfen. Gegen die dabei erworbenen Kalorien helfen ein kleines Fitnesscenter im Fuß des Schornsteins, ein Wellnessbad mit Sauna und das abendliche Tanzvergnügen im Sky-Club.

Fahrgebiete 2008

Die Delphin kreuzt 2008 rund um die Welt. Nach Antarktis-Reisen im Winter fährt sie zunächst durch den Pazifik (Besuche unter anderem in Chile, Peru, Ecuador und Costa Rica) in die Karibik. Im April wird der Atlantik überquert; im Sommer stehen die Ostsee, Norwegen und Grönland auf dem Programm. Im September folgen Mittelmeer und Schwarzes Meer, bevor es im Dezember ab Mallorca wieder über den Atlantik geht, zum letzten Jahreshöhepunkt, dem Silvesterfeuerwerk über Rio de Janeiro.

Ausgewählte Reisen

Antarktis
Von Buenos Aires (Anreise 4.1.) über Montevideo nach Punta Arenas mit Fahrt durch die Magellan-Straße. Weiter durch die Drake-Passage zur antarktischen Halbinsel (Port Lockroy, Lemaire-Kanal) und den Melchior Islands. Zurück über King George Island, Drake-Passage und Kap Hoorn nach Ushuaia. Rückflug am 21.1. **19 Tage ab € 3.299 inkl. Flügen**

Süd- und Mittelamerika
Von Santiago de Chile (6.2.) über Valparaíso nach Peru (Stopps in Matarani/Machu Picchu und Callao). Weiter nach Guayaquil/Ecuador (Äquator-Überquerung!), Puntarenas/Costa Rica und über San Juan del Sur/Nicaragua nach Quetzal/Guatemala (Besuch von Tikal). Zielhafen ist Acapulco; von dort Rückflug am 22.2. **19 Tage ab € 2.429 inkl. Flügen**

DATEN & FAKTEN

BRZ	16.214	Bordsprache	Deutsch
Länge	157,00 m	Kabinen	236
Breite	21,80 m	(129 außen, 107 innen)	
Tiefgang	6,20 m	Passagierdecks	7
Indienststellung	1975	Restaurants	1
Passagiere	max. 470	Bars	5
Crew-Mitglieder	200		

Sport & Wellness	Pool, Fitnessstudio, Volley- und Basketball, Shuffleboard, Joggingpfad, Tischtennis, Sauna, Massage
Info-/Entertainment	Unterhaltungsprogramm, wissenschaftl. Vorträge und Lektorate, Themenreisen
Dresscode	sportlich-leger, festlich zum Kapitänsempfang
Info	Hansa Kreuzfahrten, Bremen Tel. (0421) 334 66-78 www.hansakreuzfahrten.de
Preis pro Tag	€ 125 bis € 210 Durchschnitt € 160

PROFIL

Info-/Entertainment	⚓ ⚓ ⚓
Sport & Wellness	⚓ ⚓
Gastronomie	⚓ ⚓ ⚓
Familienfreundlichkeit	⚓ ⚓
Service	⚓ ⚓ ⚓ ⚓

Die ehemalige Orient Venus im neuen Kleid

Delphin Voyager

Das neue Flaggschiff von Delphin Kreuzfahrten hat lange auf sich warten lassen. Doch im Mai 2007 hieß es endgültig „Leinen los"

Die Delphin Voyager, ein Umbau der vormaligen **Orient Venus**, soll die Tradition der **Delphin** und der (verkauften) **Delphin Renaissance** fortsetzen. Verzögerungen auf der Werft machten ihr den Start jedoch schwer: Sie kam ein halbes Jahr später als geplant auf den Markt. Der erste Eindruck: Die öffentlichen Räume überzeugen. Atrium, Restaurant, Bars, Showlounge, Poolbereich und Wellnesscenter entsprechen der Delphin-Tradition. Tadellos sind auch Gastronomie und Service; gespeist wird in einer Sitzung im Panoramarestaurant im Heck. Bei den Kabinen jedoch scheiden sich die Geister. Im Vorder- und Mittelschiff mussten sie aufgrund der Bauverzögerung teils im Originalzustand belassen

Großzügig bemessen: die Balkonkabinen

Bei der Taufe in Hamburg

werden. Neu und geschmackvoll eingerichtet sind dagegen die Kabinen im hinteren Bereich, darunter 72 Außenkabinen mit kleinem Balkon und sechs Juniorsuiten mit Veranda im Heck. Letztere aber leiden bislang noch unter Vibrationen der Maschine bei langsamer Fahrt – ein Manko, das wie die Ausstattungsrückstände bei einem Werftaufenthalt im November 2007 beseitigt werden soll. Welches Niveau die Reederei anstrebt, zeigt sie schon jetzt mit der (einzigen) Suite, der Kabine 6003: Die ist ein wahrer Traum.

Fahrgebiete 2008

Die erste Weltreise führt in 161 Tagen rund um den Globus: von Barcelona über die Karibik, den Amazonas und den Panamakanal in die Südsee. Über Australien, Süd- und Westafrika sowie die Kanaren fährt das Schiff dann zum Hafengeburtstag nach Hamburg. Die dortige Partynacht (9./10. Mai) ist Kult; die „Maritime Nacht", eine Überführungsfahrt nach Kiel, schließt sich an – beides Events, die sich zum Kennenlernen des neuen Schiffs anbieten. Im Sommer wird ein klassisches Ostsee- und Nordlandprogramm mit Abstechern nach Grönland absolviert, bevor es im September Richtung Mittelmeer geht.

Ausgewählte Reisen

Von Australien nach Südafrika

Von Melbourne am 15.3. nach Kangaroo Island, Albany und Freemantle. Nach den Osterfeiertagen folgen fünf Seetage im Indischen Ozean, danach Stopps auf der Insel Rodrigues, in Port Louis/Mauritius und in Saint-Denis/La Réunion. Nach weiteren drei Seetagen ist Durban erreicht, von dort Rückflug am 6.4. **23 Tage; ab € 2.750 ab/bis Hafen**

Von Grönland nach Bremerhaven

Von Kangerlussuaq am 1.8. nach Ilulissat an der Diskobucht, danach Passage des Gletschers Eqip Sermia und Stopps in Uummannaq, Sisimiut und Nuuk. Abschließend Reykjavík und Runavík/Färöer nach Bremerhaven am 14.8. **14 Tage; ab € 2.080 ab/bis Hafen**

DATEN & FAKTEN

BRZ	23.000	**Bordsprache**	Deutsch
Länge	174,00 m	**Kabinen**	326 (269 außen,
Breite	24,00 m		56 innen), davon 72 mit
Tiefgang	6,50 m	Balkon, 6 Minisuiten, 1 Suite
Indienststellung	1990	**Passagierdecks**	8
Passagiere	max. 650	**Restaurants**	1
Crew-Mitglieder	250	**Bars**	3

Sport & Wellness	Pool, 2 Jacuzzis, Fitnesscenter, Wellnessbereich, Sauna, Joggingpfad, Tischtennis, Darts, verschiedene Kurse
Info-/Entertainment	traditionelle Abendshows, Lektorate, Kurse und Vorträge zu diversen Themen, Bibliothek
Dresscode	sportlich-leger, abends formell, festlich zum Kapitänsempfang
Info	Delphin Kreuzfahrten Tel. (069) 80 08 86-88 www.delphinvoyager.de
Preis pro Tag	€ 125 bis € 455 Durchschnitt € 195

PROFIL

Info-/Entertainment	⚓	⚓	⚓	
Sport & Wellness	⚓	⚓	⚓	
Gastronomie	⚓	⚓	⚓	⚓
Familienfreundlichkeit	⚓	⚓	⚓	
Service	⚓	⚓	⚓	⚓

Grande Dame auf hoher See

Deutschland

Millionen Fernsehzuschauer kennen sie seit vielen Jahren als „Traumschiff". Im Mai 2008 feiert sie nun ihren zehnten Geburtstag

Es ist jedes Mal wie im Film: Man sitzt in einem Salon wie aus der Zeit der großen Luxusliner, und herein marschiert, mit Wunderkerzen illuminiert, die Eisbombenbrigade. Die Fans lieben diese Szene, im Fernsehen wie im richtigen Leben, wenn sie sich an Bord dieses so stilvollen wie gemütlichen Schiffes verwöhnen lassen. Mit Hang zur Nostalgie und Liebe zum Detail machte der verstorbene Reeder Peter Deilmann die Deutschland einst zum „Traumschiff". Seine Töchter führen die Tradition fort, mit Ergänzungen im Wellnessbereich und bei originellen Themenreisen wie Golf-, Garten- und Wanderreisen, aber auch so Ausgefallenem wie einer „Kreuzfahrt für Pferdeliebhaber" rund um Westeuropa.

Typisch Deutschland: stilvolles Reisen

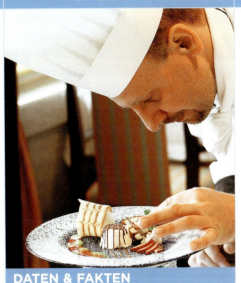

Stammplatz der meisten Repeater aber bleibt die Bar Zum alten Fritz auf dem Kommodore-Deck. Dort wurden während der Werftliegezeit im Herbst 2007 neue Teppiche verlegt, ebenso im Kaisersaal, im Foyer, im Restaurant Lido Gourmet, auf allen Gängen und in vielen Kabinen und Suiten. Auch der Innenpool erhielt ein neues Gesicht, und die gesamte Schiffstechnik wurde auf den neuesten Stand gebracht. Demnächst erhält das Traumschiff übrigens eine größere Schwester: einen Neubau, der stärker auf den internationalen Markt ausgerichtet sein wird, der klassischen Tradition der Reederei aber treu bleibt. Wann es auf die erste Reise gehen soll, stand bei Redaktionsschluss noch nicht fest.

Fahrgebiete 2008

Zwischen Dubai, Singapur und Shanghai verbringt die Deutschland den Winter. Über Suez fährt sie zum Frühling nach Griechenland, Italien und Spanien. Von Mai bis September liegt das Fahrgebiet in der Nordsee, der Ostsee und dem Polarmeer. England, Irland, Norwegen und Island werden besucht, bevor die Route durch das spätsommerliche Mittelmeer und ins Schwarze Meer führt. Zum Winter bricht das Schiff wieder zum Indischen Ozean auf (u. a. Indien, Malediven, Seychellen, Mauritius); zu Weihnachten liegt es vor Kapstadt.

Ausgewählte Reisen

Indischer Ozean

Am 29.11. beginnt diese Reise auf den Malediven. Sie führt zu den Seychellen (Praslin, La Digue, Mahé), weiter zur Safari nach Kenia und zu den Inseln Sansibar, Madagaskar, La Réunion und schließlich nach Mauritius. **18 Tage; ab € 5.550 inkl. Flügen ab/bis Frankfurt**

Schwarzes Meer

Von Monte Carlo geht es am 1.10. über Livorno, Malta, Marmaris und Istanbul ins Schwarze Meer. Dort sind Jalta, Odessa, Constanța/ Rumänien und Nessebar/Bulgarien die Ziele. Die Reise endet am 14.10. in Istanbul. **14 Tage; ab € 3.880 inkl. Flügen ab/bis Frankfurt**

DATEN & FAKTEN

BRZ	22.400	**Bordsprache** Deutsch, Engl.	
Länge	175,00 m	**Kabinen** 294 (224 außen,	
Breite	23,00 m	50 innen), davon	
Tiefgang	5,60 m	2 mit Balkon, 8 Suiten	
Indienststellung	1998	**Passagierdecks**	8
Passagiere	max. 520	**Restaurants**	3
Crew-Mitglieder	280	**Bars**	5

Sport & Wellness	2 Pools, Wellness-Spa Deutschland, Fitnessbereich mit Personal Trainer und Kursen, Golfabschlagplatz
Info-/Entertainment	Show- und Musikprogramme, Klassik, Tanz, Lektorenvorträge, Kreativkurse, Kinderprogramm
Dresscode	je nach Anlass von sportlich-leger bis festlich-elegant
Info	Peter Deilmann Reederei Neustadt in Holstein Tel. (04561) 396-0 www.deilmann.de
Preis pro Tag	€ 250 bis € 1.059 Durchschnitt € 385

PROFIL

Info-/Entertainment	⚓ ⚓ ⚓ ⚓
Sport & Wellness	⚓ ⚓ ⚓ ⚓
Gastronomie	⚓ ⚓ ⚓ ⚓ ⚓
Familienfreundlichkeit	⚓ ⚓ ⚓
Service	⚓ ⚓ ⚓ ⚓ ⚓

Kurs Karibik – mit Mickey Mouse am Schornstein

Disney Magic & Disney Wonder

Diese Schiffe sind vor allem für Kinder gemacht. Das Konzept geht auf: Zwei weitere Disney-Neubauten wurden bereits in Auftrag gegeben

Mickey ist überall: Seine Ohren zieren den roten Schornstein, der Kinderpool auf Deck 9 hat die Form seines Kopfes, und in der Eingangshalle posiert er mit den Gästen für den Bordfotografen. Auf dem Oberdeck führt Goofy die Polonaise um die Pools an, und abends mischt sich Minnie im Abendkleid unters Publikum. Unterhaltung und Animation werden an Bord dieses Schiffs groß geschrieben: Von Kinobesuchen über Shows im Walt Disney Theatre und in verschiedenen Nachtclubs bis hin zum Disney-Kanal im Bordfernseher reichen die Zerstreuungsmöglichkeiten. Somit ist die Disney Magic eine Art Fortsetzung der Themenparks auf dem Wasser. Für Kinder gibt es mehrere Clubs für verschiedene

Altersstufen, doch bei allem Trubel sind auch für Erwachsene Rückzugsmöglichkeiten vorgesehen: Es gibt einen Pool nur für Erwachsene, und im Panoramarestaurant Palo auf Deck 10 haben Kinder keinen Zutritt. Innen ist das Schiff eine Mischung aus Art déco, maritimem Flair und Comic-Elementen. Sehr ungewöhnlich ist das Restaurant Animator's Palate: Während des Essens verwandelt sich der zu Beginn in strengem Schwarzweiß gehaltene Raum in eine Galerie knallbunter Disney-Figuren. So gut wie baugleich mit der Magic ist die 1999 in Dienst gestellte **Disney Wonder**. 2011 und 2012 sollen zwei weitere Schiffe dazukommen – der Vertrag mit der Meyer Werft wurde im April 2007 unterzeichnet.

Für Kinder gibt's alles

Mai 2007: Erstmals in Barcelona

Die große Showbühne

DATEN & FAKTEN

BRZ	83.000	Bordsprache	Englisch
Länge	293,80 m	Kabinen	877 (256 innen,
Breite	32,00 m		877 außen), davon 22
Tiefgang	k. A.		Suiten, 362 mit Balkon
Indienststellung	1998	Passagierdecks	11
Passagiere	max. 2.700	Restaurants	3
Crew-Mitglieder	950	Bars	7

Sport & Wellness	3 Pools, 6 Whirlpools, Vista Spa & Salon, Sportdeck mit Basketball, Sauna, Massage
Info-/Entertainment	Disney-Musicals im Broadway-Stil, Kinderanimation (Alter 3 Monate bis 12 Jahre), Feuerwerk auf See
Dresscode	ungezwungen
Info	Disney Cruise Line Lake Buena Vista, Florida Tel. +1 888 325 25 00 www.disneycruise.com
Preis pro Tag	ab US-$ 82 Durchschnitt: keine Angaben

Fahrgebiete 2008

Die Disney Magic verbringt die meiste Zeit des Jahres in der Karibik. Es gibt dabei zwei Varianten, die jeweils eine Woche dauern: Eine Tour führt nach St. Maarten und St. Thomas/St. John, die andere nach Key West, Grand Cayman und Cozumel. Auf beiden Routen verbringen die Passagiere einen Tag auf der Disney-Privatinsel Castaway Cay, die zu den Bahamas gehört.

Ausgewählte Reisen

Westliche Karibik

Jeweils samstags ab/bis Port Canaveral über Key West, Grand Cayman, Cozumel/Mexiko und Castaway Cay; mit zwei Seetagen. **8 Tage; ab US-$ 649 ab/bis Hafen**

Mexikanische Pazifikküste

Von Mai bis August ab/bis Los Angeles über Cabo San Lucas, Mazatlán und Puerto Vallarta; mit drei Seetagen. **8 Tage; ab US-$ 649 ab/bis Hafen**

PROFIL

Info-/Entertainment	⚓ ⚓ ⚓ ⚓ ⚓
Sport & Wellness	⚓ ⚓ ⚓ ⚓ ⚓
Gastronomie	⚓ ⚓ ⚓
Familienfreundlichkeit	⚓ ⚓ ⚓ ⚓ ⚓
Service	⚓ ⚓ ⚓

Signalfarbe Orange – wie die Flieger von easyJet

easyCruiseOne

Nicht nur Studenten, auch wohlsituierte Mittelständler fahren mit:
Dieses Schiff setzt die Idee der Billigflieger auf dem Wasser um

Kreuzfahrt ohne Luxus – zum ersten Mal wurde diese Maxime konsequent umgesetzt und der Kreuzfahrtgedanke auf der simplen Frage „Was braucht man mindestens, um Urlauber von A nach B zu transportieren?" neu aufgebaut. Das Ergebnis kann sich sehen lassen; jedenfalls hat das Schiff mehr Komfort, als man für den Schnäppchenpreis, den die Reise kostet, erwartet. Ein Bistro (belegte Baguettes und Kuchen) und eine Sports Bar (Hamburger, Steaks, Pizza, Salate) bieten Speisen zu moderaten Preisen. Abends sorgt auf dem Achterdeck ein Discjockey für Stimmung. Die freundliche Crew an der Rezeption bietet sogar Landausflüge an. Äußerst sparsam kommen allerdings die Kabinen daher: zwei Matratzen auf dem Boden, vier Kleiderhaken, eine Nasszelle ohne Duschvorhang hinter einer Milchglasscheibe. Die Kabinenstewardess kommt nur auf Anforderung, und der Preis dafür ist gesalzen – vor allem dann, wenn man eigentlich nur eine neue Rolle Toilettenpapier wollte. Dafür glänzt die easyCruiseOne mit ausgezeichneten Routen im Mittelmeer und verweilt als einziges Schiff in jedem Hafen so lange, dass man das Nachtleben an Land voll auskosten kann. Wer an Bord nur Studenten und Mittellose erwartet, hat sich getäuscht. Auf der easyCruise reisen wohlsituierte Mittelständler, die jedwede Zwänge von vornherein ausschließen wollen. Inzwischen hat easy-Erfinder Stelios weitere Schiffe geordert.

Das Sonnendeck

Die Standard-Viererkabinen

Fahrgebiete 2008

Die easyCruiseOne ist ganzjährig im östlichen Mittelmeer unterwegs – nunmehr ohne die Möglichkeit, in jedem Hafen zu- oder auszusteigen; Start und Ziel ist jeweils in Piräus. Bei der Routenplanung wird der Vorteil der geringen Schiffsgröße ausgespielt: Im Fahrplan finden sich viele unbekannte Ziele und kleine Inseln. Bekannte Partyziele wie Mykonos oder Santorin werden dagegen kaum angesteuert.

Ausgewählte Reise

Griechenland und Albanien

Die zehntägige Sommerroute führt auf die Ionischen Inseln Korfu und Zakynthos, dann nach Delphi und ins alte Korinth. Eine Besonderheit ist ein Abstecher nach Agioi Saranta in Albanien. Alternativ gibt es eine viertägige Schnupperreise zu den Ägäis-Inseln Poros, Mykonos und Sifnos. **10 Tage; Startpreis pro Tag ab/bis Piräus € 12 bis € 91; durchschnittlicher Startpreis pro Tag € 42**

DATEN & FAKTEN

BRZ	4.077	Bordsprache	Englisch
Länge	88,30 m	Kabinen	82 innen (7 Vierer-, 74 Zweier-, 1 Behinder-
Breite	15,60 m		
Tiefgang	3,80 m		tenkabine), 4 mit Balkon
Indienststellung	2005	Passagierdecks	5
Passagiere	max. 170	Restaurants	1
Crew-Mitglieder	54	Bars	2

Sport & Wellness	Fitnessraum und Whirlpool
Info-/Entertainment	keine Programme
Dresscode	kein Dresscode
Besonderheit	Verpflegung an Bord (Fast-Food-Restaurant, Coffeeshop, Cocktailbar) ist nicht im Preis enthalten. Auch Frühstück und Kabinenreinigung sind extra zu zahlen
Info	easyGroup UK Ltd., London Buchung nur im Internet möglich unter www.easycruise.com
Preis pro Tag	€ 12 bis € 91 Durchschnitt ca. € 42

PROFIL

Info-/Entertainment	⚓
Sport & Wellness	⚓
Gastronomie	⚓
Familienfreundlichkeit	⚓
Service	

Das jüngste Mitglied der Princess-Flotte

Emerald Princess

Die **Pacific Princess** war der Star der US-Serie „Love Boat". Würde sie noch gedreht, wäre die Emerald Princess heute ihr unumstrittener Star

Big ship choice, small ship feel" – so lautet die Maxime auch auf dem jüngsten Schiff der jetzt 17 Einheiten umfassenden Flotte der amerikanischen Princess-Reederei: Man reist zusammen mit über 3.000 Passagieren, soll sich aber wie auf einem kleinen Schiff fühlen. Deshalb gibt es kleine Cafés, gemütliche Lounges und intime Bars, die zum Entspannen einladen. Und deshalb gibt es auch das „personal choice dining"; man speist entweder traditionell zu festen Zeiten im Michelangelo – oder flexibel: heute im Botticelli, morgen im Da Vinci und dann mal am Buffet. Außerdem gibt es den Crown Grill und das einer Trattoria nachempfundene Sabatini's: Dort diniert man (gegen Zuzahlung) unter funkelnden

Edel ausgestattet: Doppelbett in einer Suite

Sternen, umrahmt von zwei sanft plätschernden Springbrunnen. Kostenpflichtig (und nur Erwachsenen zugänglich) ist auch The Sanctuary, eine Open-air-Wohlfühloase mit eigenem Pool (insgesamt sind derer fünf vorhanden). Und schließlich gibt es „big ship choice" auch bei den Kabinen: Princess rühmt sich, die meisten Minisuiten und Kabinen mit Balkon anzubieten. Aber Achtung: Viele Veranden sind von oben einzusehen und dadurch nicht so privat wie erhofft. Trotzdem ist das „Lobster Balcony Dinner" in einer lauen Sommernacht ein ganz besonderes Erlebnis. Der „Love Boat"-Produzent hätte jedenfalls seine Freude daran.

Als 18. Schiff wird im Herbst 2008 die **Ruby Princess** die Flotte verstärken; sie wird ähnlich ausgestattet sein wie die Emerald Princess. Zur 2004 gebauten **Sapphire Princess** siehe die Reportage ab Seite 58.

Fahrgebiete 2008

Nach dem Winter in der Karibik trifft das Schiff im April im Europa ein. Dort befährt es im Sommer auf zwei alternierenden zwölftägigen Routen das westliche und das östliche Mittelmeer. Den Winter 2008/09 verbringt es wieder in der Karibik.

Ausgewählte Reisen

Transatlantik und Mittelmeer

Diese Reise startet am 14.4. in Fort Lauderdale. Auf sechs Seetage folgt ein intensives Europaprogramm mit insgesamt 15 Häfen, darunter Gibraltar, Cagliari, Rom, Istanbul und Athen. Den krönenden Abschluss bildet ein zweitägiger Aufenthalt in Venedig. **28 Tage; ab € 4.399 ab/bis Hafen**

Große Mittelmeerreise

An acht Terminen zwischen Mai und September: Von Venedig aus geht es zunächst über Athen und Kuşadası nach Istanbul. Auf Mykonos folgt ein Seetag, danach werden Neapel, Rom, Livorno und Marseille sowie zum Schluss Barcelona besucht. Die Kreuzfahrt ist auch in umgekehrter Reihenfolge buchbar. **13 Tage; ab € 2.159 ab/bis Hafen**

DATEN & FAKTEN

BRZ	113.000	Bordsprache	Englisch
Länge	290,00 m	Kabinen	1.532 (1.098 außen,
Breite	36,00 m		434 innen), 674 mit Balkon,
Tiefgang	7,90 m		26 Suiten, 178 Minisuiten
Indienststellung	2007	Passagierdecks	15
Passagiere	max. 3.070	Restaurants	8
Crew-Mitglieder	1.200	Bars	7

Sport & Wellness	5 Pools, 7 Jacuzzis, Fitnesscenter, Lotus Spa mit Wellnessoase, Joggingpfad, Golfsimulator, Tischtennis, Minigolf, Basketball
Info-/Entertainment	Shows auf Broadway-Niveau, Konzerte, Comedy-Shows, Kasino, Kochdemonstrationen, Kunstauktionen, „Movies Under the Stars" u. v. m.
Dresscode	meist leger, zwei formelle Abende
Info	Princess Cruises, Tel. (089) 51 70 34 50 www.princesscruises.de
Preis pro Tag	in Europa € 145 bis € 390 Durchschnitt € 180 (Durchschnitt auf Karibikreisen ca. € 100)

PROFIL

Info-/Entertainment	⚓ ⚓ ⚓ ⚓ ⚓
Sport & Wellness	⚓ ⚓ ⚓ ⚓ ⚓
Gastronomie	⚓ ⚓ ⚓
Familienfreundlichkeit	⚓ ⚓ ⚓ ⚓
Service	⚓ ⚓ ⚓

Auf hoher See

Europa

Luxusyacht auf höchstem Niveau –
jetzt mit vier neuen Spa-Suiten

Ob die Europa wirklich das beste Kreuzfahrtschiff der Welt ist, mag jeder Passagier für sich entscheiden. Fest steht: In
puncto Service und Komfort auf See hat sie
Maßstäbe gesetzt. Hier weiß der Kellner am
letzten Tag noch, welcher Gast am ersten Tag
zum Frühstück Holundertee getrunken hat.
Nie aufdringlich ist der Service, aber immer
da, wenn man ihn braucht. Das genießen auch
prominente Stammgäste wie Harald Schmidt
oder Udo Lindenberg. Luxuriös sind nicht nur
die öffentlichen Räume, sondern auch die Kabinen. Die Europa-Reisenden wohnen ausschließlich in Suiten. In den zehn De-luxe-
Suiten auf Deck 10 kümmert sich jeweils ein
persönlicher Butler um das Wohl der Gäste.

Anlandung mit Zodiacs; neue Spa-Suite

Die Europa will ein Schiff für drei Generationen sein. So soll der Kinder- und Jugendclub auch die Jüngeren an Bord locken. Klassisch-gediegen geht es im Europa Restaurant zu, eher sportlich-locker im Lido Café. Der schönste Ort für den Sundowner ist die Sansibar im Heck der Europa. Hier werden unter anderem sehr gute deutsche Weine aus dem Sylter Sansibar-Sortiment ausgeschenkt. Frisch renoviert sind das Oriental Restaurant, die Europa Lounge sowie der Wellnessbereich (Ocean Spa). Auf Deck 7 sind vier Spa-Suiten mit beleuchteter Whirlwanne entstanden (Anwendungspaket und Ernährungsberatung inklusive). Durchschnittliche Tagesrate für eine Spa-Suite: 795 Euro pro Person.

Fahrgebiete 2008

Von Mexiko aus geht die Europa im Januar auf Weltreise. Durch die Südsee (über Hawaii) fährt sie nach Australien. Über Vietnam und Thailand geht es weiter nach Indien und ins Arabische Meer, im Mai wird das Mittelmeer erreicht. Über Frankreich und die Britischen Inseln steuert sie dann Nordeuropa an, wo sie bis Anfang September in der Ostsee kreuzt. Danach geht es ins Mittelmeer zurück und ab November über das Rote Meer nach Südafrika sowie über den Atlantik nach Südamerika.

Ausgewählte Reisen

Überraschungsreise Ägäis

Diese Kreuzfahrt beginnt am 12.10. in Athen. Die Route legen die Gäste fest: Sie entscheiden, welche Häfen und Inseln angelaufen werden. Fest steht nur der Zielhafen: Kuşadası in der Türkei (21.10.). **9 Tage; ab € 4.612 inkl. Flügen ab/bis Deutschland**

Von Kuşadası nach Dubai

Am 21.10. legt die Europa in Kuşadası ab, nach zwei Seetagen erreicht sie den Suezkanal. Durch das Rote Meer führt die Route in den Jemen, nach Oman, in die Emirate Fujairah und Abu Dhabi und zum Zielhafen Dubai. **17 Tage; ab € 9.201 inkl. Flügen ab/bis Deutschland**

DATEN & FAKTEN

BRZ	28.890	Bordsprache	Deutsch
Länge	198,60 m	Kabinen 204 Außensuiten	
Breite	24,00 m	(168 m. Balkon, dav. 12 Pent-	
Tiefgang	6,00 m	house-Suiten, 4 Spa-Suiten)	
Indienststellung	1999	Passagierdecks	7
Passagiere	max. 408	Restaurants	4
Crew-Mitglieder	280	Bars	6

Sport & Wellness	Pool, Fitnessraum, Ocean Spa, Kurse, Personal Trainer, Golf Pro, Fahrräder, Tanzkurse, Nordic Walking, Schnorchelausrüstung
Info-/Entertainment	Stars der klassischen und der Unterhaltungsmusik, Comedians, Maler, Schauspieler, Lektoren, Orchester, Tänzer, Schriftsteller; Themenreisen
Dresscode	sportlich-elegant bis elegant
Info	Hapag-Lloyd Kreuzfahrten GmbH, Hamburg, Tel. (040) 30 01-46 00 www.hlkf.de
Preis pro Tag	ab € 378, Durchschnitt € 505

PROFIL

Info-/Entertainment	⚓ ⚓ ⚓ ⚓
Sport & Wellness	⚓ ⚓ ⚓ ⚓
Gastronomie	⚓ ⚓ ⚓ ⚓ ⚓
Familienfreundlichkeit	⚓ ⚓ ⚓ ⚓
Service	⚓ ⚓ ⚓ ⚓ ⚓

Vor Gletschern im Evighedsfjord

Fram

Vorträge hören, Natur erleben,
Zodiac fahren: Expedition pur

Eine Außenkabine; der Fitnessraum

Nordland-Fans aufgepasst: Die Fram, der neueste Zugang der Hurtigruten-Flotte, ist für das Abenteuer Eis gerüstet. Ihre Passagiere kommen aus aller Welt, kommuniziert wird in vielen Sprachen – auch auf Deutsch –, und allen Reisenden sind die Anlandungen mit den Zodiacs (oder genauer: „Polar Circle-Booten"), die Vorträge über Geologie oder den Klimawandel und natürlich das Beobachten der Natur wichtiger als teure Garderobe. Großzügig ist deshalb die Panoramalounge, und auch von den Whirlpools im Freien oder den windgeschützten Außendecks aus kann man Gletscher und Vögel beobachten. Untergebracht ist man in luxuriösen Suiten oder bequemen Zweibett-Außen- und Vierbett-

Innenkabinen. Das Abendessen erfolgt in zwei Sitzungen, wobei die gute skandinavische Küche kaum Wünsche offen lässt. Beim Frühstück und beim Mittagessen ist Selbstbedienung am Buffet angesagt; zusätzlich gibt es ein stets geöffnetes Bistro mit Snacks und Kuchen. Die öffentlichen Bereiche sind alle lichtdurchflutet. Bequem kommt man mit Aufzügen oder über breite Treppen zu den niedrigen Decks, von denen aus der Einstieg in die Zodiacs erfolgt. Und wer sich nicht ganz vom Alltag zurückziehen möchte, dem stehen im Empfangsbereich Computer mit Internetzugang zur Verfügung. Auch weltweites Telefonieren aus der Kabine ist kein Problem.

Fahrgebiete 2008

Die Fram nimmt im Sommer Kurs auf Grönland und besucht auf verschiedenen Reisen die dortige Süd- und Westküste. In der Wintersaison, dem Sommer der Südhalbkugel, begibt sich das Expeditionsschiff in die phantastische Eiswelt des antarktischen Kontinents.

Ausgewählte Reisen

Expedition Diskobucht

Ab Kangerlussuaq/Grönland an neun Terminen von Juni bis August (Fluganreise über Kopenhagen): Auf dieser Expedition besucht die Fram neben malerischen Inuit-Siedlungen auch den beeindruckenden Gletscher Eqip Sermia und den spektakulären Eisfjord bei Ilulissat. **9 Tage; ab € 2.725 inkl. Flügen, Übernachtungen, Transfers, Ausflügen**

Expedition Antarktis

An sieben Terminen zwischen November und März: Anreise zum Einschiffungshafen Ushuaia per Flug über Buenos Aires; ab dort ist eine Seereise zur antarktischen Halbinsel mit Anlandungen unter anderem in Port Lockroy, Half Moon und Cuverville Island vorgesehen. Weitere Höhepunkte sind die Fahrten durch den Neumayer- und den Lemaire-Kanal. **13 Tage; ab € 3.730 inkl. Flügen, Übernachtungen, Transfers und Ausflügen**

DATEN & FAKTEN

BRZ	12.700	Bordsprache	Norwegisch,
Länge	114,00 m		Deutsch, Englisch
Breite	20,20 m	Kabinen	136 (112 außen,
Tiefgang	5,10 m	24 innen), davon 8 Suiten	
Indienststellung	2007	und 31 Minisuiten	
Passagiere	max. 318	Passagierdecks	5
Crew-Mitglieder	ca. 70	Restaurants 1 Bars	1

Sport & Wellness	Fitnessraum, Jacuzzi, Sauna
Info-/Entertainment	Lektorenvorträge, Ausflugsprogramm, Aufführungen von örtlichen Folkloregruppen, Chören o. Ä. in einzelnen Häfen
Dresscode	sportlich-leger
Info	Hurtigruten GmbH Hamburg Tel. (040) 37 69 30 www.hurtigruten.de
Preis pro Tag	keine Angaben

PROFIL

Info-/Entertainment	⚓ ⚓ ⚓
Sport & Wellness	⚓ ⚓
Gastronomie	⚓ ⚓ ⚓ ⚓
Familienfreundlichkeit	⚓ ⚓
Service	⚓ ⚓ ⚓ ⚓

Volle Kraft voraus für ein neues Konzept

Hanse Explorer

Kreuzfahrt einmal anders: Hier können die Passagiere dem
Kapitän über die Schulter schauen – und dem Koch in die Töpfe

Uns fehlen gut ausgebildete Kapitäne, Offiziere, Mechaniker und Köche", erkannte Peter Harren. Der Chef der Bremer Reederei Harren & Partner löste das Problem auf unorthodoxe Weise: Er ließ die Hanse Explorer bauen, ein schwimmendes Trainingscenter für den seemännischen Nachwuchs, das auch zahlende Passagiere aufnimmt und zwischen Arktis und Antarktis ausgefallene Routen befährt. Der besondere Clou dabei: Die Passagiere haben bei der Routenplanung ein Mitspracherecht. Einzig der Ein- und der Ausschiffungshafen stehen fest, ansonsten wird im Rahmen des Möglichen improvisiert. Für Anlandungen gibt es keine Tender, sondern Zodiacs. An Bord befinden sich eine sechs-

köpfige Stammbesatzung, zwölf Trainees und bis zu zwölf Passagiere. Brücke, Maschine und Kombüse sind jederzeit zugänglich. Die Kabinen sind mit fast 20 Quadratmetern überraschend groß. Bemerkenswert ist das Niveau von Service und Gastronomie; die Mahlzeiten werden im Restaurant oder auf dem Achterdeck an einem langen Tisch zusammen mit dem Kapitän eingenommen.

Mit all dem vermittelt die Hanse Explorer ein ganz neues Kreuzfahrtgefühl: Als Ausbildungsschiff mit Privatyacht-Atmosphäre ermöglicht sie Seereisen mit „Soft Adventure"-Erlebnissen. Allerdings: Der schmucke Yacht-Cruiser liegt weniger ruhig im Wasser als ein klassisches Passagierschiff.

Navigationskurs

Piratendinner

DATEN & FAKTEN

BRZ	885	Bordsprache	Deutsch
Länge	47,80 m	Kabinen	6 Außen-
Breite	10,40 m		kabinen
Tiefgang	4,30 m	Passagierdecks	3
Indienststellung	2006	Restaurants	1
Passagiere	12	Bars	2
Crew-Mitglieder	18		

Sport & Wellness	kleiner Fitnessraum und Sauna
Info-/Entertainment	kein Unterhaltungsprogramm, dafür Navigationskurse und ständige Information über Routen, Technik etc.
Dresscode	kein Dresscode
Info	Oceanstar GmbH Dreieich Tel.: (06103) 57 18 90 www.oceanstar.de
Preis pro Tag	€ 450 bis € 650 Durchschnitt € 550

Fahrgebiete 2008

Den Winter 2007/08 verbringt die Hanse Explorer in der Antarktis. Danach fährt sie vor Südamerika, auf dem Amazonas, in der Karibik und vor der amerikanischen Ostküste. Im Sommer kreuzt das Schiff vor Grönland, im Herbst kehrt es über Amerikas Ostküste, die Karibik und Südamerika in die Antarktis zurück. Die Reisen dauern acht bis 22 Tage.

Ausgewählte Reisen

Expedition Amazonas

Von Manaus nach Belem (26.3. bis 4.4.; in umgekehrter Richtung 10. bis 19.5.); mit geplanten Abfahrten in Santarem und Alta do Chão. **10 Tage; € 4.050 ohne Anreise**

Zwischen Grönland und Kanada

Von Grönlands Westküste nach Baffin Island (26.7. bis 9.8.; in umgekehrter Richtung 10. bis 24.8.); mit geplanter Anlandung u. a. auf Beechey Island. **15 Tage; € 9.100 ohne Anreise**

PROFIL

Info-/Entertainment	⚓ ⚓
Sport & Wellness	⚓ ⚓
Gastronomie	⚓ ⚓ ⚓ ⚓
Familienfreundlichkeit	⚓
Service	⚓ ⚓ ⚓ ⚓

Auf dem Panamakanal

Hanseatic

Expeditionsschiff auf höchstem
Niveau mit großzügigen Kabinen

Kontraste: draußen Wildnis, drinnen Luxus

Die Hanseatic ist ein Expeditionsschiff auf höchstem Niveau. Wie die **Bremen** ist auch dieses Hapag-Lloyd-Schiff in die höchste Eisklasse eingestuft und fährt in die Antarktis. Dabei überquert es je nach Wetterlage mitunter sogar den Südpolarkreis. In den 14 Zodiac-Schlauchbooten können die Passagiere hautnah Pinguine, Robben und Wale erleben. 2007 durchquerte die Hanseatic die schwierige Nordwestpassage: 6.489 Kilometer von Grönland nach Alaska. Der Kontakt zur Außenwelt bleibt auch in der entlegensten Gegend bestehen: Jeder Passagier bekommt seine eigene E-Mail-Adresse (gratis) – möglich macht dies das Multimedia-TV-System in den Kabinen, die für ein so kleines Schiff

erstaunlich großzügig sind: Die Außenkabinen haben 22 Quadratmeter, die Außensuiten (mit Butlerservice) 44 Quadratmeter, Innenkabinen gibt es nicht. In der Columbus Lounge im Bug können die Gäste entspannt bei Klaviermusik den Abend ausklingen lassen. Eine Tour auf der Hanseatic ist auch eine Bildungsreise, denn kompetente Lektoren informieren über Land und Leute. Für Familien mit Kindern ist das Schiff daher denkbar ungeeignet. Das i-Tüpfelchen gerade bei Touren in die Kälte wäre eine Panoramasauna. Doch die Sauna ist auf der Hanseatic leider klein und fensterlos.

Fahrgebiete 2008

Insgesamt 17 Premierenziele stehen 2008 auf dem Programm der Hanseatic, und elfmal unternimmt sie Expeditionen in die Arktis und die Antarktis. Weitere Highlights sind die Karibik und der Panamakanal im Frühjahr, eine Fahrt auf dem Amazonas bis Iquitos (April/Mai) sowie eine Reise von Cuxhaven über Lissabon nach Livorno (Anfang September), die ganz im Zeichen privater Gartenkunstwerke steht. Ein letzter Höhepunkt ist der Spätherbst auf der Südhalbkugel: In 22 Tagen führt der Weg von Mauritius über Kapstadt nach Walvis Bay/Namibia (21.11. bis 13.12.).

Ausgewählte Reisen

Grönland und kanadische Arktis

Von Kangerlussuaq/Grönland (5.8.) durch die Disko-Bucht nach Uumannaq und weiter durch die Baffin Bay zu einem viertägigen Aufenthalt in der kanadischen Arktis. Über Qaanaaq (Thule) auf Grönland zurück nach Kangerlussuaq (19.8.). **14 Tage; ab € 6.942 inkl. Flügen ab/bis Deutschland**

Gartenreise rund um Westeuropa

Vier Länder Europas öffnen auf dieser Reise von Cuxhaven (3.9.) nach Livorno (16.9.) ihre Renaissanceparks und Art-déco-Gärten. Die Kanalinsel Jersey, Villagarcía in Galicien, Lissabon, Cádiz, Málaga, Barcelona, Marseille und Nizza sind die Stationen. **13 Tage; ab € 4.859 inkl. Flügen nach Deutschland**

DATEN & FAKTEN

BRZ	8.378	Bordsprache	Deutsch
Länge	122,80 m	Kabinen	92 Außen-
Breite	18,00 m		kabinen,
Tiefgang	4,80 m		davon 4 Suiten
Indienststellung	1993	Passagierdecks	6
Passagiere	max. 184	Restaurants	2
Crew-Mitglieder	125	Bars	3

Sport & Wellness	Pool, Fitnessraum, Schnorchelausrüstung, Fahrräder
Info-/Entertainment	Band, Künstler (klassische oder Unterhaltungsmusik), Lektoren, Wissenschaftler, Schriftsteller
Dresscode	sportlich-leger, sportlich-elegant
Info	Hapag-Lloyd Kreuzfahrten GmbH, Hamburg Tel. (040) 30 01-46 00 www.hlkf.de
Preis pro Tag	ab € 316 Durchschnitt € 399

PROFIL

Info-/Entertainment	⚓ ⚓ ⚓
Sport & Wellness	⚓ ⚓
Gastronomie	⚓ ⚓ ⚓ ⚓ ⚓
Familienfreundlichkeit	⚓
Service	⚓ ⚓ ⚓ ⚓ ⚓

Unterwegs in der Karibik

Liberty of the Seas

Royal Caribbean nimmt sich die Freiheit: Nach der **Freedom of the Seas** sticht das zweite „größte Kreuzfahrtschiff der Welt" in See

Eigentlich kommen Zwillinge ja fast zeitgleich auf die Welt. Bei Royal Caribbean ist das anders: 2006 lief die **Freedom of the Seas** als weltgrößtes Kreuzfahrtschiff vom Stapel, das Zwillingsschiff Liberty of the Seas erblickte erst im April 2007 das Licht der Weltmeere. Für „Riesenbabys", wie beide es sind, ist das allerdings ein geringer Zeitabstand.

Auch die Liberty müssen passionierte Wellenreiter nicht zwangsläufig verlassen: Wie auf dem Schwesterschiff erlaubt der patentierte Flowrider den Wogenritt auch an Bord. Wer die Auseinandersetzung mit Fäusten sucht, der steigt in den Boxring im weltgrößten Fitnesscenter auf See. Auf Deck 13 hingegen sind die „Bergsteiger" unterwegs – an der mit 13 Metern Höhe weltgrößten Schiffskletterwand. Und natürlich darf auch die 135 Meter lange Royal Promenade mit Boutiquen und Cafés nicht fehlen; ein Jumbojet hätte der Länge nach Platz auf ihr. Weitere Parallelen zwischen den Geschwistern sind der große Poolbereich, die Eislaufbahn, die Presidential Suite (mit Butlerservice) und das fast 1.400 Zuschauer fassende Theater.

Aber selbst Zwillinge haben auch ihre jeweiligen Eigenheiten: So können sich auf der Liberty nun Verliebte das Jawort geben; „Explorer Wedding" nennt das die Reederei. Und wo Hochzeiten gefeiert werden, sind auch Kinder nicht weit. Für sie wurde das Programm an Bord noch einmal beträchtlich erweitert,

Typisch Royal Caribbean: die Eislaufrevue

Das Theater hat Platz für 1.400 Zuschauer

DATEN & FAKTEN

BRZ	160.000	Bordsprache	Englisch
Länge	339,00 m	Kabinen	1.817 (1.086
Breite	56,00 m	außen, 733 innen), davon	
Tiefgang	8,53 m	844 mit Balkon, 120 Suiten	
Indienststellung	2007	Passagierdecks	15
Passagiere	max. 4.375	Restaurants	6
Crew-Mitglieder	1.360	Bars	19

Sport & Wellness	Flowrider, Eislaufbahn, Boxring, Minigolf, Basketball, Volleyball, Kletterwand, Wasserpark, Fitness- und Spa-Bereich
Info-/Entertainment	Theater, Karaokebar, Casino, Bücherei, W-Lan in den Kabinen, Kinderbetreuung, Musicals u. v. m.
Dresscode	ungezwungen, abends mitunter schicker
Info	Royal Caribbean Cruise Line A/S Tel. (069) 92 00 71-0 www.royalcaribbean.de
Preis pro Tag	ca. € 80 bis ca. € 800 Durchschnitt ca. € 110

PROFIL

Info-/Entertainment	⚓ ⚓ ⚓ ⚓ ⚓
Sport & Wellness	⚓ ⚓ ⚓ ⚓ ⚓
Gastronomie	⚓ ⚓ ⚓ ⚓
Familienfreundlichkeit	⚓ ⚓ ⚓ ⚓ ⚓
Service	⚓ ⚓ ⚓ ⚓

unter anderem um eine DJ-Academy. Ausgebaut wurde auch der Spa-Bereich: Unter den angebotenen Treatments finden sich jetzt auch Akupunktur, Heilkräuterbehandlungen und Ernährungsberatung. Übrigens: Die Liberty kann auch gechartert werden – Preis auf Anfrage.

Im April 2008 bekommen die beiden derzeit größten Kreuzfahrtschiffe der Welt noch ein Geschwisterchen: die **Independence of the Seas**, das dritte Schiff der Freedom-Klasse. Anders als die Vorgänger wird es auch im Mittelmeer anzutreffen sein.

Fahrgebiete & Reisen 2008

Die Liberty verkehrt wie die Freedom in der Karibik. Sie startet samstags in Miami, die ältere Schwester sonntags (sieben Nächte ab 750 Euro). Die West-Route umfasst Cozumel/Mexiko, Grand Cayman und Montego Bay, die Ostroute San Juan und St. Maarten. Besucht wird jeweils auch die Privatinsel Labadee vor Haiti.

Geschwungener Rumpf: So sahen Schiffe früher aus

Marco Polo

Ein Klassiker kehrt heim: Ab März 2008 fährt die Marco Polo –
zurzeit noch Orient Lines – wieder unter der Transocean-Flagge

Schon als **Alexandr Pushkin** war dieses
Schiff für den Bremer Traditionsveran-
stalter rund um den Erdball unterwegs. Anfang 1991 erwarb Gerry Herod den Dampfer
und ließ ihn für rund 75 Millionen US-Dollar zum Flaggschiff der von ihm gegründeten
Orient Lines umbauen. Hierfür wurde das
1966 erbaute Schiff vollkommen entkernt,
einzig der (eisverstärkte) Schiffskörper blieb
erhalten. Entstanden ist ein wahres Schmuck-
stück für Nostalgiker – mit dunkelblauem
Rumpf, klassischer Silhouette mit geschwun-
genen Linien und traditionellen Deckchairs
auf Teakholz-Planken. Von gleich vier Decks
aus kann man die Seeluft genießen – und
grandiose Ausblicke. Die Kabinen sind funk-

Blick über den Pool auf dem Achterdeck

tionell und hell eingerichtet. Holztöne und geschickt platzierte Spiegelelemente lassen selbst in der kleinsten Innenkabine kein Gefühl der Enge aufkommen. Allerdings: Die Kabinen unterscheiden sich in der Größe teilweise erheblich; deshalb finden sich im Katalog ungewöhnlich viele Kabinenkategorien. Dank der Einstufung in die Eisklassen E1 und 1C kann Transocean seiner Klientel künftig Fahrten in arktische und antarktische Gewässer anbieten.

Fahrgebiete 2008

Im Winter 2007/08 kreuzt die Marco Polo in der Antarktis und in Südamerika. Ab Ushuaia fährt sie zur Antarktis und zu den chilenischen Fjorden; danach besucht sie Buenos Aires, Montevideo und Rio de Janeiro. Die letzte Reise im Dienst der Reederei NCL ist die Atlantiküberquerung im März von Rio nach Lissabon. Am 19.4. übernimmt Transocean das Schiff; bis 10.8. jedoch ist es auf den englischen Markt verchartert. Dann folgen Fahrten nach Norwegen, ins Baltikum und um die Britischen Inseln herum sowie im Oktober eine große Karibikreise. Ab November kreuzt die Marco Polo dann in Südamerika (unter anderem auf dem Amazonas) und in der Antarktis.

Ausgewählte Reisen

Südamerika

Ab Buenos Aires am 23.2. entlang der Westküste Südamerikas, mit Besuchen in Montevideo und Punta del Este in Uruguay sowie in Itajaí in Brasilien. Reiseende und Ausschiffung am 3.3. in Rio de Janeiro. **9 Tage; ab € 1.668 inkl. Flügen ab/bis Deutschland**

Große Karibikreise

Ab Bremerhaven (3.10.) über die Azoren in die Karibik. Dort Besuche auf Antigua, St. Maarten, St. Barts, Tortola, St. Kitts, St. Lucia, Barbados, Grenada, Tobago, Martinique und den Grenadinen. Rückreise ab 14.10. über Madeira und Lissabon nach Bremerhaven; Ankunft am 6.11. **35 Tage; ab € 2.090 (Frühbucherpreis) bzw. € 2.490 ab/bis Hafen**

DATEN & FAKTEN

BRZ	23.080	Bordsprache	Deutsch, Engl.
Länge	176,00 m	Kabinen	425 (292 außen,
Breite	23,00 m		133 innen), davon
Tiefgang	8,00 m		2 Suiten, 2 Juniorsuiten
Indienststellung	1965	Passagierdecks	8
Passagiere	max. 826	Restaurants	2
Crew-Mitglieder	350	Bars	5

Sport & Wellness	Pool, 3 Whirlpools, Sauna, Spa & Fitness Center, Massage, Joggingpfad
Info-/Entertainment	Tagesprogramme, Abend- und Showprogramm, Lektorate
Dresscode	sportlich-leger bis formell
Info	**Für Reisen bis März 2008:** NCL Niederlassung Wiesbaden Tel. 01805 62 55 26 (€ 0,12/Min.) www.ncl.de **Danach:** Transocean Tours, Bremen, Tel. (0421) 33 36-181 www.transocean.de
Preis pro Tag	€ 75 bis € 200, Durchschnitt k. A. Kinder bis 17 Jahre frei

PROFIL

Info-/Entertainment	aktuell noch nicht bewertet
Sport & Wellness	
Gastronomie	
Familienfreundlichkeit	
Service	

In der Ostsee

Maxim Gorkiy

Noch immer eines der beliebtesten Schiffe hierzulande – und mit 34 Umrundungen des Globus Weltreisen-Weltmeister

Da kann selbst die legendäre QE2 nicht mithalten: Als **TS Hamburg** wurde dieses Schiff getauft, als **Hanseatic** war es mit Omar Sharif Hauptdarstellerin in „18 Stunden bis zur Ewigkeit", und als Maxim Gorkiy hat es sagenhafte 34-mal den Globus umrundet. Fortsetzung folgt: 2007/08 geht es in 145 Tagen westwärts um den Globus, 2008/09 wird die Welt in 130 Tagen *eastbound* umrundet. Der Erfolg kommt nicht von ungefähr, denn das Schiff bietet vor allem eines: viel Platz. Breit sind die Gänge, großzügig die Kabinen und die dazugehörigen Bäder, zahlreich die Sonnen- und Schattenplätze. Außerdem gibt es – auf Neubauten kaum noch zu finden – ein Kino und einen Innenpool. In den drei gleichwertigen

Restaurants speisen alle Gäste in jeweils nur einer Sitzung; die Hauptmahlzeiten können aber auch im Lido-Café eingenommen werden. Stammgäste loben die Freundlichkeit des ukrainischen Servicepersonals. Nicht wenige buchen immer die gleiche Kabine, um von „ihrer" Olga betreut zu werden und von Oleg wieder den Lieblingsdrink serviert zu bekommen.

Fahrgebiete 2008

Die Jahresreise der Maxim Gorkiy beginnt in Rio de Janeiro. Rund um Südamerika führt sie zunächst in die Südsee und über Japan, Korea und China nach Vietnam sowie in den Indischen Ozean. Im Frühling erreicht das Schiff

Fußball auf dem Sportdeck

Restaurant Odessa

DATEN & FAKTEN

BRZ	25.000	Bordsprache	Deutsch
Länge	195,00 m	Kabinen	322
Breite	27,00 m	(191 außen, 110 innen),	
Tiefgang	8,50 m	davon 29 Suiten	
Indienststellung	1969	Passagierdecks	8
Passagiere	max. 630	Restaurants	3
Crew-Mitglieder	ca. 340	Bars	4

Sport & Wellness	Innen- und Außenpool, Sauna, Massage, Solarium und medizinische Bäder gegen Gebühr
Info-/Entertainment	Showprogramme, Tanz, Musik, Tageskünstler
Dresscode	leger, zu besonderen Anlässen (Kapitänsempfang/-dinner) festlich-elegant
Info	Phoenix Reisen GmbH, Bonn Tel. (0228) 92 60 -2 00 www.PhoenixReisen.com
Preis pro Tag	ca. € 70 bis ca. € 290 Durchschnitt ca. € 165

das Mittelmeer; ab Anfang Juni fährt es den Sommer über in der Ostsee und im Nordmeer bis nach Spitzbergen. Rund um Westeuropa geht es dann zum Herbst ins Mittelmeer zurück – und zum Jahresabschluss auf einer Weihnachts- und Silvesterreise ab Venedig nach Dubai.

Ausgewählte Reisen

Schnuppertörn Ärmelkanal

Ab Bremerhaven (14.9.) nach Le Havre und zur britischen Kanalinsel Guernsey; von dort über IJmuiden in Holland zurück nach Bremerhaven. **6 Tage; ab € 499 ab/bis Hafen**

Von Bremerhaven nach Venedig

Ab Bremerhaven (26.9.) über Südengland und Portugal durch die Straße von Gibraltar zur spanischen Exklave Melilla in Marokko, dann über Algerien, Tunesien und Malta in die Ägäis (Rhodos, Samos, Patmos, Santorin) und nach Katakolon auf dem Peloponnes. Weiter über Kotor/Montenegro und Split/Kroatien nach Venedig (14.10.). **18 Tage; ab € 1.399 ab/bis Hafen**

PROFIL

Info-/Entertainment	⚓ ⚓
Sport & Wellness	⚓ ⚓
Gastronomie	⚓ ⚓ ⚓
Familienfreundlichkeit	⚓ ⚓
Service	⚓ ⚓ ⚓ ⚓

In den norwegischen Fjorden

Midnatsol

Wie für alle Hurtigruten-Schiffe gilt auch für die Midnatsol, die zu den modernsten und größten Schiffen der Flotte zählt: Die Natur ist der Star

D ie Midnatsol ist ein Hurtigruten-Schiff der neuesten Generation und somit eines der größten der Flotte. Neben 1.000 Passagieren haben auch 45 Autos Platz an Bord. Getauft wurde die „Mitternachtssonne" 2003 in Hamburg von Rut Brandt. Seitdem fährt das Schiff auf der „schönsten Seereise der Welt". Die Bezeichnung aus dem Katalog ist nicht übertrieben. Bei schönem Wetter versammeln sich alle auf dem Sonnendeck genießen zum Beispiel die Einfahrt in den spektakulären Trollfjord. Weitere Höhepunkte sind die Lofoten, der Geirangerfjord (nur im Sommer) und die Stadt Tromsø. Der beliebteste Platz unter Deck ist der Panoramasalon im Bug des Schiffs, der sich über zwei

Decks erstreckt. Durch die großzügigen Fenster haben die Passagiere einen exzellenten Blick auf die Welt der Fjorde. Große Unterhaltung fehlt an Bord, sie würde vermutlich auch stören. Für alle Hurtigruten-Schiffe gilt: Der Fjord ist der Star. Tipp: Auf den Touren in die Mitternachtssonne erleichtert eine fensterlose Innenkabine das Einschlafen.

Fahrgebiete 2008

365 Tage im Jahr startet ein Hurtigruten-Schiff von Bergen aus nach Kirkenes, angelaufen werden insgesamt 34 Häfen. Die klassische Rundreise führt in zwölf Tagen von Bergen nach Kirkenes und wieder zurück.

Promenadendeck

Panoramalounge

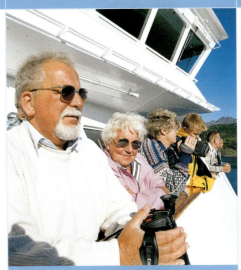

BRZ	16.151	Bordsprache	Norw., Engl.
Länge	135,75 m	Kabinen	305 (244 außen,
Breite	21,50 m		61 innen), davon 15 mit
Tiefgang	5,10 m		Balkon/Erker, 17 Suiten
Indienststellung	2003	Passagierdecks	6
Passagiere	max. 1.000	Restaurants	1
Crew-Mitglieder	ca. 80	Bars	2

Sport & Wellness	Fitnessraum, Jacuzzi, Sauna
Info-/Entertainment	Lektorenvorträge, umfangreiches Ausflugsprogramm, teilweise abends Pianomusik an der Bar, in einzelnen Häfen an Bord Aufführungen von örtlichen Folkloregruppen, Chören o. Ä.
Dresscode	sportlich-leger
Info	Hurtigruten GmbH, Hamburg Tel. (040) 37 69 30 www.hurtigruten.de
Preis pro Tag	keine Angaben

Traditionsgemäß werden abgelegene Ortschaften und kleinste Häfen ebenso besucht wie die modernen Städte; unter anderem geht es nach Ålesund, Trondheim und Tromsø sowie zur Inselgruppe der Lofoten und nach Vesterålen. Man kann die Umgebung auf eigene Faust erkunden oder Landausflugspakete buchen.

Ausgewählte Reisen

Norwegische Fjorde

Die norwegische Küste lässt sich in vielen Varianten erleben. Beispielsweise fahren die Hurtigruten-Schiffe mit südlichem Kurs von Kirkenes nach Bergen. **8 Tage; ab € 890 ab/ bis Hafen** Alternativ gibt es auch die Rundreise von Bergen nach Kirkenes und zurück. **12 Tage; ab € 1.615 ab/bis Hafen** Von Mai bis Anfang September kann die Seereise mit direkten Charterflügen von München oder Düsseldorf nach Bergen oder Kirkenes kombiniert werden. **Pro Strecke ab € 215 inkl. Transfers zum und vom Schiff**

Info-/Entertainment	⚓ ⚓
Sport & Wellness	⚓ ⚓ ⚓
Gastronomie	⚓ ⚓ ⚓ ⚓
Familienfreundlichkeit	⚓ ⚓
Service	⚓ ⚓ ⚓ ⚓

Markenzeichen: das Lächeln am Schornstein

Mona Lisa

Zurück auf dem deutschen Markt: ein klassischer Transatlantik-Liner

Schiffsliebhaber werden sich freuen: Die Mona Lisa, die im letzten Jahr vom Markt verschwand, kehrt im Mai 2008 zurück. Für Fans ist sie ein Glücksfall, schließlich handelt es sich um einen ehemaligen Transatlantik-Liner. Das frühere Fünf-Sterne-Schiff bietet unendlich viel Platz und hat große, holzbelegte Außendeckflächen, drei Swimmingpools, drei Wintergärten sowie insgesamt vier Bars und Lounges, in denen abends verschiedene Unterhaltungsprogramme laufen. Hier und da sieht man der alten Lady ihre vierzig Dienstjahre zwar an, dafür aber punktet sie mit unvergleichlich schönen Einrichtungen in Echtholz. Besatzung und Reiseleitung sind für einen Umgangston bekannt, der die „Mona"

Die Außendecks; Sonnenplätze am Heck

zum fröhlichen Ferienschiff macht. In der Lounge laufen abends professionell gestaltete Production Shows. Keine Freude macht jedoch die betagte Klimaanlage, die selbst entscheidet, welche Räume sie kühlt und welche nicht. Auch im Saunabereich ist von Wellness nicht viel zu spüren. Dafür ist das Gros der Kabinen mit 24 Quadratmetern und einer separaten Sitzecke weit komfortabler als auf moderneren Schiffen. Das Interieur zeigt etwas Patina, verfügt aber über die wohl weichsten Betten, die auf See zu finden sind. Zur Institution wurde die 82-jährige Erika Albrecht, die nicht nur Seidenmalkurse gibt, sondern auch als „guter Geist der Mona Lisa" nicht mehr wegzudenken ist.

Fahrgebiete 2008

Die Mona Lisa gibt in Deutschland nur Sommergastspiele. Ab Mai 2008 ist sie auf den beliebtesten Routen Nordeuropas unterwegs. Eine große Ostseekreuzfahrt, eine Island-Spitzbergen-Route und eine Reise zu den Britischen Inseln werden flankiert von kurzen, meist einwöchigen Törns für den kleineren Geldbeutel durch Nord- und Ostsee. Ausgangshafen ist dabei stets Bremerhaven oder Kiel.

Ausgewählte Reisen

Island, Spitzbergen, Nordkap

Am 5.6. bricht die „Mona" in Bremerhaven zu einem 17-tägigen Nordlandklassiker auf. Kirkwall auf den Orkney-Inseln, zwei Häfen auf Island und Landgänge in Ny-Ålesund und Longyearbyen (Spitzbergen) stehen auf dem Plan. Via Nordkap und Norwegen geht es wieder zurück nach Bremerhaven (Ankunft am 21.6.). **17 Tage; ab € 1.996 ab/bis Hafen**

Große Ostseekreuzfahrt

Am 3.6. geht es von Kiel aus nach Danzig, Königsberg, Tallinn und Riga. Danach sind als Höhepunkt zwei Tage in St. Petersburg vorgesehen, ehe es über Helsinki, Stockholm und Bornholm nach Kiel zurückgeht (Ankunft am 15.6.). **13 Tage; ab € 1.396 ab/bis Hafen**

DATEN & FAKTEN

BRZ	28.891	Bordsprache	Deutsch
Länge	201,00 m	Kabinen	379 (291 außen,
Breite	26,50 m		88 innen),
Tiefgang	8,50 m		davon 8 Suiten
Indienststellung	1966	Passagierdecks	7
Passagiere	max. 730	Restaurants	2
Crew-Mitglieder	330	Bars	5

Sport & Wellness	3 Pools (2 außen, 1 innen), 2 Whirlpools, kleiner Saunabereich, Fitnesscenter, tägliche Sportangebote (Gymnastik, Walk-a-mile), Massage und Beauty-Salon gegen Gebühr
Info-/Entertainment	Shows mit Tänzern, Sängern etc., Musikprogramme, Lektorate
Dresscode	leger, dreimal pro Reise elegant
Info	Lord Nelson-Seereisen GmbH Erkelenz, Tel. (02431) 943 30 www.lord-nelson-seereisen.de
Preis pro Tag	€ 108 bis € 330 Durchschnitt € 195

PROFIL

Info-/Entertainment	⚓ ⚓ ⚓ ⚓
Sport & Wellness	⚓ ⚓ ⚓
Gastronomie	⚓ ⚓ ⚓
Familienfreundlichkeit	⚓ ⚓ ⚓
Service	⚓ ⚓ ⚓

Unterwegs auf der Ostsee

MSC Lirica

Ein Schnäppchenschiff – auch
für Kreuzfahrtneulinge geeignet

Die Lirica ist ein legeres Schiff mit familienfreundlichen Preisen. Festliche Kleidung mit Jackett und Krawatte ist nur an wenigen Abenden angesagt, ansonsten geht es locker zu. Kinder bis 17 Jahre reisen in der Kabine der Eltern umsonst mit, dementsprechend sind vor allem in der Ferienzeit viele Familien auf dem italienischen Schiff, worüber sich Ruhe suchende Urlauber klar sein sollten. Im Kinderclub I Pirati spielen die Kleinen ab drei Jahren, man kann sich allerdings nicht darauf verlassen, dass einer der Kinderbetreuer Deutsch spricht. Deshalb schickt der Veranstalter Kuf-Reisen, der mit MSC zusammenarbeitet, zu bestimmten Terminen eigene Betreuer mit, die sich mit dem

In der Lounge; Suite mit Balkon

Nachwuchs beschäftigen, wenn die Eltern einen Landausflug machen oder in Ruhe zu Abend essen wollen. An Bord treffen viele Nationalitäten aufeinander, voran Deutsche, Österreicher, Italiener und Spanier; wer dabei Spitzenreiter ist, hängt vom Abfahrtsort ab. Die Küche bietet mediterrane Kost; zur kulinarischen Spitzenklasse zählt keines der vier Restaurants. Die Mitarbeiter sind aber freundlich und sorgen immer auch dafür, dass die Kleinen ruckzuck ihre Spaghetti auf dem Tisch haben. Nach dem Essen trifft man sich in einer der sieben Bars oder spaziert über das großzügige Außendeck. Beliebter Treffpunkt dort ist die Poolbar La Canzone del Mare. Gelungen ist auch der Fitnessbereich vorn auf demselben Deck. Von dort hat man fast eine bessere Sicht als der Käpt'n auf der Brücke.

Weitestgehend baulich mit der Lirica ist die **MSC Armonia**. Sie verkehrt wie die Lirica im Sommer 2008 in Nord- und Ostsee. Ihr Start- und Zielhafen ist dabei Bremerhaven.

Fahrgebiete 2008

Zu Jahresbeginn kreuzt das Schiff in der Karibik. Danach fährt es wie schon 2007 den Sommer über in Nord- und Ostsee, auf zwei Turnusrouten ab Kopenhagen oder Kiel: Die eine führt über Oslo zu den norwegischen Fjorden, die andere zu den schönsten Häfen der Ostsee. Nach Herbstreisen im Mittelmeer kehrt das Schiff zum Winter in die Karibik zurück.

Ausgewählte Reisen

MSC Lirica: Metropolen der Ostsee
Ab Kiel am 11.5. nach Visby, Stockholm, Tallinn, St. Petersburg und Kopenhagen, Rückkehr nach Kiel am 18.5. **8 Tage; ab € 799 (Frühbucher; Katalogpreis ab € 1.199) ab/bis Hafen**

MSC Armonia: Norwegische Fjorde
Ab Bremerhaven am 19.7. über Olden, Alesund, Bergen und Kristiansand nach Oslo; zurück über Dover/England und Amsterdam/Holland nach Bremerhaven am 29.7. **11 Tage; ab € 1.149 (Frühbucher-; Katalogpreis ab € 1.549 ab/bis Hafen**

DATEN & FAKTEN

BRZ	59.058	Bordsprache	Italienisch,
Länge	251,25 m		Englisch, Deutsch,
Breite	28,80 m		Französisch
Tiefgang	6,45 m	Kabinen	765 (489 außen,
Indienststellung	2004		276 innen), davon
Passagiere	max. 2.065		134 Suiten mit Balkon
Crew-Mitglieder	700	Restaurants	4
Passagierdecks	9	Bars	7

Sport & Wellness	2 Pools, Fitnesscenter, Minigolf, Health Center, Dampfbad/Sauna, Solarium
Info-/Entertainment	Diskothek, Kasino, Theater, Kino, Kinderclub
Dresscode	kein Dresscode
Info	MSC Kreuzfahrten, München Tel. (089) 85 63 55-0 www.msc-kreuzfahrten.de
Preis pro Tag	€ 98 bis € 250 Durchschnitt ca. € 140 2 Kinder bis 17 Jahre kostenfrei

PROFIL

Info-/Entertainment	⚓ ⚓ ⚓ ⚓
Sport & Wellness	⚓ ⚓ ⚓ ⚓
Gastronomie	⚓ ⚓
Familienfreundlichkeit	⚓ ⚓ ⚓ ⚓
Service	⚓ ⚓ ⚓

Das jüngste der MSC-Schiffe

MSC Orchestra

Großzügigkeit ist Trumpf: Mit der Orchestra (und ihren Schwestern **MSC Musica** und **MSC Poesia**) setzt MSC Crociere Maßstäbe

Der jüngste Neubau der MSC-Flotte fällt vor allem durch seine Großzügigkeit auf. Die Flächen rund um die Poolanlage bieten wie auch die benachbarten Decks viel Platz für Sonnenhungrige; selbst an Seetagen gibt es bei den Liegen kaum Engpässe. Zwei große Pools und ein Tennis- und Basketballplatz sorgen auf den oberen Decks für Abkühlung beziehungsweise für sportlichen Ausgleich. Fast schon Standard bei Schiffen dieser Größe sind der gigantische LED-Bildschirm über dem Pooldeck, das große Theater und die Diskothek, in der Glas und Stahl dominieren. Auch der Spa-, Wellness- und Fitnessbereich lässt keine Wünsche offen: MSC Crociere macht mit professionellen Trainern an ebenso professionellen Ge-

räten auch hier deutlich, wohin der Weg führen soll. Das fast riesige „Reich der Kinder" zeigt zudem, dass die Reederei auf Familienurlaub setzt. Die Kabinen wurden mit interaktivem Fernsehen ausgestattet, so dass die Passagiere in allen Bereichen den Überblick behalten. Bei den Hauptrestaurants (zwei Sitzungen) ist es den Designern gelungen, Großraumatmosphäre zu vermeiden. Einziger Kritikpunkt: Die gelobte Großzügigkeit spiegelt sich nicht in der Qualität der Speisen wider; hier hat die Orchestra noch nicht das gehobene Niveau erreicht, das in allen anderen Bereichen herrscht. – Das Schiff ist baugleich mit der **MSC Musica** von 2006 und mit der **MSC Poesia**, die im Mai 2008 erstmals in See stechen wird.

Das große Theater

In der Eingangshalle

DATEN & FAKTEN

BRZ	89.600	Bordsprache	Italienisch,
Länge	293,80 m		Englisch, Deutsch,
Breite	32,20 m		Französisch
Tiefgang	8,00 m	Kabinen	1.275 (1.000
Indienststellung	2006		außen, 275 innen), davon
Passagiere	max. 2.550		809 mit Balkon, 18 Suiten
Crew-Mitglieder	987	Restaurants	4
Passagierdecks	13	Bars	11

Sport & Wellness	2 Pools, Fitnesscenter, Minigolf, Golfsimulator, Sportdeck, Joggingpfad, Health Center, Yoga, Solarium, Dampfbäder/Saunas etc.
Info-/Entertainment	Disco, Kasino, Theater, Kino, Kinderclub, Teens Club, Internetcafé, Vinothek u. v. m.
Dresscode	kein Dresscode
Info	MSC Kreuzfahrten, München Tel. (089) 856 35 50 www.msc-kreuzfahrten.de
Preis pro Tag	€ 88 bis € 250; Durchschnitt € 150 2 Kinder unter 17 Jahren kostenfrei

PROFIL

Info-/Entertainment	⚓ ⚓ ⚓ ⚓
Sport & Wellness	⚓ ⚓ ⚓ ⚓ ⚓
Gastronomie	⚓ ⚓
Familienfreundlichkeit	⚓ ⚓ ⚓ ⚓
Service	⚓ ⚓ ⚓

Fahrgebiete 2008

Die MSC Orchestra fährt ganzjährig im Mittelmeer ab/bis Genua, zunächst im östlichen Mittelmeer (Griechenland, Türkei, Ägypten), danach im westlichen Mittelmeer unde zu den Kanaren.

Ausgewählte Reisen

Westliches Mittelmeer

Ab Genua (4.5.) über Neapel und Palermo nach Tunis; weiter über Mallorca, Barcelona und Marseille; Rückkehr nach Genua am 11.5. **8 Tage; ab € 699 (Frühbucher; Katalogpreis ab € 1.099) ab/bis Hafen**

Östliches Mittelmeer

Ab Genua (3.3.) über Neapel, Katakolon und Athen nach Rhodos; weiter über Limassol nach Alexandria; über Marmaris und Heraklion zurück nach Genua (14.3.) **12 Tage; ab € 800 (Frühbucher; Katalogpreis ab € 1.500) ab/bis Hafen**

Blauer Rumpf, klassische Linien: das Flaggschiff der Holland America Line

Noordam

Ein stilvolles Kreuzfahrtschiff aus den USA, auf dem sich Kosmo-politen besonders wohlfühlen. Die Bordsprache ist Englisch

Amerikanischen Kreuzfahrtschiffen sagt man eine Tendenz zum Kitsch nach. Die fast neue Noordam – Anfang 2006 ging sie in Dienst – macht da eine Ausnahme: In ihrem Inneren dominieren ruhige, gedeckte Farben; in den Kabinen und den öffentlichen Räumen wurden hochwertige Materialien verarbeitet; die Wände der Restaurants und Lounges zieren Gemälde im Wert von mehreren Millionen Dollar. Somit ist die Noordam ein stilvolles, fast dezentes Schiff. Man reist luxuriös, Entertainment und Gastronomie erreichen ein hohes Niveau. Auch der große Wellnessbereich lässt kaum Wünsche offen. Er beherbergt sogar einen überdachten Meerwasser-Hydro-therapie-Pool mit Gegenstromanlage. Die 959

Kabinen präsentieren sich durchweg sehr geräumig, zwei Drittel verfügen über einen eigenen Balkon. Allerdings: Die Passagiere sollten gut Englisch können; die meisten Gäste stammen aus den USA, und das Bordpersonal spricht kein Deutsch. Für kosmopolitische Liebhaber der klassischen Kreuzfahrt aber dürfte die Noordam die richtige Wahl sein. – Im Sommer 2008 erhält die dann 14 Schiffe zählende Holland-America-Flotte mit der **Eurodam** für 2.104 Passagiere erneut Zuwachs.

Fahrgebiete 2008

Von Januar bis März ist die Noordam in der südlichen und östlichen Karibik unterwegs.

Penthouse-Suite

Hydro-Pool

DATEN & FAKTEN

BRZ	82.500	Bordsprache	Englisch
Länge	292,50 m	Kabinen	959 (806 außen,
Breite	32,25 m		153 innen), davon
Tiefgang	2,80 m		641 mit Balkon, 162 Suiten
Indienststellung	2006	Passagierdecks	11
Passagiere	max. 1.918	Restaurants	4
Crew-Mitglieder	800	Bars	8

Sport & Wellness	Pool, Fitnesscenter, Basketball, Volleyball, Greenhouse Spa & Saloon mit Thermal- und Hydrotherapie
Info-/Entertainment	Kinder- und Teenagerbetreuung, riesige Bordbibliothek, Lektorate, verschiedene Kurse (z. B. Kochen)
Dresscode	leger, abends mitunter formell
Info	UC Unlimited Cruises Tel. (04244) 96 62 59 www.unlimited-cruises.de www.hollandamerica.com
Preis pro Tag	ab € 170 bis € 650 Durchschnitt € 210

Die meist zehn- oder elftägigen Reisen beginnen in New York. Von April bis Ende September kreuzt das Schiff dann im westlichen und östlichen Mittelmeer, Basishafen ist dort Civitavecchia bei Rom. Anfang Oktober erfolgt die Rückkehr nach New York – erneut stehen die südliche und die östliche Karibik auf dem Fahrplan.

Ausgewählte Reisen

Östliches Mittelmeer

An sieben Terminen (29.4., 19.5., 8.6., 26.7., 15.8., 4.9., 24.9.) geht es ab/bis Civitavecchia ins östliche Mittelmeer. Angelaufen werden Dubrovnik, Korfu, Katakolon, Santorin, Kuşadası, Valletta und Messina. **10 Tage; ab € 1.712 ab/bis Hafen**

Westliches Mittelmeer

Sechsmal (9.5., 29.5., 16.7., 5.8., 25.8., 14.9., jeweils ab/bis Civitavecchia) fährt die Noordam ins westliche Mittelmeer. Stationen sind Livorno, Monte Carlo, Barcelona, Mallorca, La Goulette/Tunis, Palermo und Neapel. **10 Tage; ab € 1.793 ab/bis Hafen**

PROFIL

Info-/Entertainment	⚓ ⚓ ⚓ ⚓
Sport & Wellness	⚓ ⚓ ⚓ ⚓
Gastronomie	⚓ ⚓ ⚓ ⚓
Familienfreundlichkeit	⚓ ⚓ ⚓ ⚓
Service	⚓ ⚓ ⚓ ⚓

Typisch NCL: der bunt bemalte Bug

Norwegian Gem mit Jewel, Pearl & Jade

Legere, ungezwungene Kreuzfahrten: Auch auf den vier Schiffen der Jewel-Klasse bietet Norwegian Cruise Lines „Freestyle Cruising" an

Norwegian Jewel, Pearl, Gem und Jade: Wie alle anderen 14 Schiffe der NCL-Flotte stehen auch die vier neuesten „Edelsteine" für „Freestyle Cruising" *at its best*. Das heißt: Essen, wann, wo und mit wem man will – zwölf Restaurants machen's möglich. Büffet oder à la carte, drinnen oder draußen? Pastavariationen in Mama's Italian Kitchen oder richtig amerikanisch mit Burgern, Spare Ribs und French Fries? Asiatisch oder mexikanisch? Steak, Sushi, Teppanyaki oder Tapas? Das Le Bistro lockt mit französischer Haute Cuisine, die beiden Hauptrestaurants mit mehrgängigen Menüs. Höhepunkt jeder Reise ist das „Chocoholic Buffet": Süßes im Überfluss. Damit man bei all der Auswahl nicht den Über-

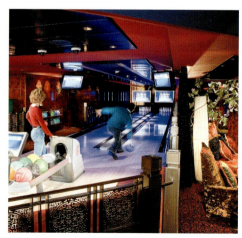

Einzigartig: Bowlingbahn in der Sports Bar

blick verliert, gibt ein computergestütztes Infosystem Auskunft über die Auslastung der einzelnen Restaurants; Wartezeiten lassen sich in den elf Bars und Lounges verkürzen. Doch damit sind die Gemeinsamkeiten des Quartetts noch nicht erschöpft. Alle Schiffe verfügen mit den „Garden Villas" über die größten schwimmenden Unterkünfte weltweit; jede davon ist stattliche 311 Quadratmeter groß und hat drei Schlafzimmer, ein privates Sonnendeck sowie einen Whirlpool. Die einzigen beiden Bowlingbahnen auf See dagegen finden sich exklusiv auf der Pearl und der Gem.

Fahrgebiete 2008

Die **Norwegian Gem** kehrt nach ihren Premierenreisen jenseits des Atlantiks im Winter 2007/08 nach Europa zurück und befährt im Sommer das westliche Mittelmeer ab Barcelona. Im November fährt sie über den Atlantik, um im Winter Karibik-Kreuzfahrten ab New York anzubieten. Die **Norwegian Jewel** ist im Sommer in der Ostsee anzutreffen; im Winter kreuzt sie in der Karibik (ab Miami). Die **Norwegian Pearl** ist bis zum April und ab Oktober in der Karibik unterwegs; von Mai bis September fährt sie von Seattle nach Alaska. Die **Norwegian Jade**, die zuvor als **Pride of Hawaii** im Pazifik fuhr, ist 2008 ebenfalls in Europa zu buchen; Schwerpunkte sind Reisen ins Nordland und zu den Britischen Inseln.

Ausgewählte Reisen

Mittelmeer mit Norwegian Gem

Zwischen 4.5. und 9.11. jeden Sonntag ab/bis Barcelona über Malta, Neapel, Civitavecchia (Rom), Livorno (Florenz & Pisa) und Villefranche bei Nizza. **8 Tage; ab € 699, plus Flüge ab/bis Deutschland (ab € 219)**

Ostsee mit Norwegian Jewel

Ab 5.5. zu mehreren Terminen ab/bis Dover auf zwei Routen mit den schönsten Häfen der Ostsee, darunter St. Petersburg, Tallinn, Oslo, Stockholm und Rostock-Warnemünde. **13 Tage ab € 1.399; 14 Tage ab € 1.449; plus Flüge ab/bis Deutschland (ab € 269)**

DATEN & FAKTEN

BRZ	93.502	**Bordsprache**	Englisch
Länge	295,00 m	**Kabinen**	1.197 (243 außen,
Breite	33,00 m	412 innen, 360 m. Balkon),	
Tiefgang	8,00 m	davon 178 Suiten	
Indienststellung	2007	**Passagierdecks**	12
Passagiere	max. 2.394	**Restaurants**	12
Crew-Mitglieder	1.154	**Bars**	11

Sport & Wellness	2 Pools, bis zu 6 Whirlpools, Kinderpool, Spa- & Fitnessbereich, Tennis, Jogging, Basketball, Volleyball, Golf, Pearl & Gem auch mit Bowlingbahn und Kletterwand
Info-/Entertainment	Show, Casino, Tages- und Abendprogramm, Kinderbereich
Dresscode	kein vorgeschriebener Dresscode
Info	NCL (Bahamas) Ltd. Niederlassung Wiesbaden Tel. 01805 62 55 26 (€ 0,12/Min.) www.ncl.de
Preis pro Tag	€ 85 bis € 1.159 Durchschnitt € 163

PROFIL

Info-/Entertainment	⚓ ⚓ ⚓ ⚓ ⚓
Sport & Wellness	⚓ ⚓ ⚓ ⚓
Gastronomie	⚓ ⚓ ⚓
Familienfreundlichkeit	⚓ ⚓ ⚓ ⚓
Service	⚓ ⚓ ⚓

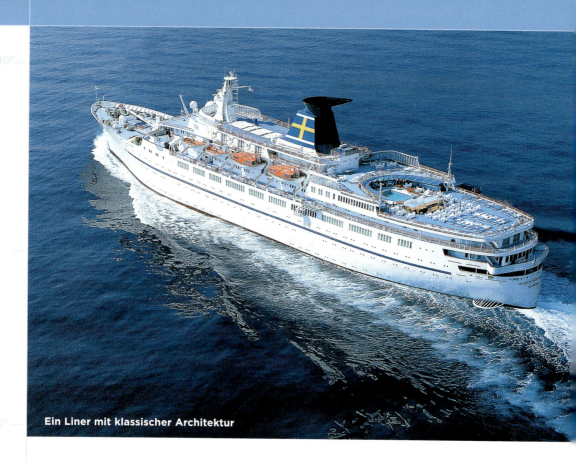

Ein Liner mit klassischer Architektur

Ocean Monarch

Nach zweijähriger Pause wieder für Hansa auf großer Fahrt:
ein klassischer Oceanliner, mehrfach geschickt renoviert

Der eine kennt den 1972 zum Kreuzfahrt-schiff umgebauten Oldtimer noch unter dem Namen **Daphne**, der andere unter dem Namen **Switzerland**. Dass das Schiff alt ist, bedeutet freilich nicht, dass es nicht mehr *up to date* ist. Angesichts des Baujahrs (1955) erstaunlich sind auf jeden Fall die sechs Balkonkabinen, zudem wurde beim letzten Umbau im Jahr 2002 aus dem Kino ein modernes Spa mit Meerblick. Die weitläufigen Deckflächen – mit Swimmingpool und Jacuzzi – laden zum Relaxen ein, die mit Holz belegte Rundumpromenade zum Flanieren. Das lichtdurchflutete Restaurant Montreux offeriert Frühstück, Lunch und Dinner in jeweils einer Tischzeit; zu den Hauptmahlzeiten sind ein Viertel Liter

Tischwein und Tafelwasser im Preis inbegriffen. Die Admiral's Lounge dient bei schlechtem Wetter als Aussichtslounge und verwandelt sich abends zu einer großen Bühne für die mitreisenden Künstler. Die Rendezvous Bar, die Vinothek Piazza Vino, das (kleine) Kasino und eine Bibliothek komplettieren das Angebot. Nach einer erneuten Renovierung im Herbst 2007 präsentiert sich die „OMO" nun als Drei-Sterne-Produkt.

Fahrgebiete 2008

Die Saison beginnt mit der Côte d'Azur und der Toskana; nach einer Fahrt rund um Westeuropa erreicht das Schiff die Ostsee. Zur idea-

Superior Suite

Penthouse-Suite

BRZ	15.833	**Bordsprache**	Deutsch
Länge	162,37 m	**Kabinen**	237 (207 außen,
Breite	21,34 m		30 innen), davon 35 Supe-
Tiefgang	7,80 m		rior-/ Penthouse-Suiten
Indienststellung	1955	**Passagierdecks**	7
Passagiere	max. 450	**Restaurants**	1
Crew-Mitglieder	250	**Bars**	4

Sport & Wellness	Fitnessstudio mit Meerblick, Pool, Shuffleboard, Joggingpfad, Wellnessbereich mit Sauna, Whirlpool, Solarium, Massage
Info-/Entertainment	Show- und Unterhaltungspro- gramme, Disco, Tanz, Vorträge und Lektorate, Satelliten-TV
Dresscode	leger, elegant an zwei Abenden
Info	Hansa Kreuzfahrten, Bremen Tel. (0421) 334 66–78 www.hansakreuzfahrten.de
Preis pro Tag	€ 100 bis € 170 Durchschnitt: k. A.

len Reisezeit geht es anschließend auf Post-schiffkurs zur Mitternachtssonne ans Nordkap. Es folgen Kurzrouten nach Südnorwegen und zwei besondere Törns im Spätsommer: eine Themenreise „Whiskey und Lachs" nach Eng-land, Irland und Schottland sowie eine große Schwarzmeerkreuzfahrt mit Odessa und Jalta.

Ausgewählte Reisen

England, Irland und Schottland

Ab/bis Bremerhaven (26.8.) über Plymouth nach Dublin und Douglas/Isle of Man, dann weiter zu den schottischen Häfen Oban, Kirk-wall, Invergorden und Rosyth/Edinburgh. **11 Tage; ab € 1.299 ab/bis Hafen**

Metropolen der Ostsee

Ab/bis Kiel (28.5.) über Bornholm, Stockholm und Helsinki nach St. Petersburg (zwei Tage Aufenthalt). Weiter über Tallinn, Riga, Klai-pėda und Danzig zurück nach Kiel. **11 Tage; ab € 1.299 ab/bis Hafen**

Info-/Entertainment	aktuell noch nicht bewertet
Sport & Wellness	
Gastronomie	
Familienfreundlichkeit	
Service	

Die älteste der Queens vor Madeira

Queen Elizabeth 2

Die Grand Old Lady der Kreuzfahrtschiffe nimmt Abschied: Die „QE2", wie ihre Fans sie nennen, absolviert 2008 ihre letzte Saison

Mit ihren knapp 40 Dienstjahren ist die Queen Elizabeth 2 eine Legende. Als erstes Passagierschiff überhaupt hat sie mehr als fünf Millionen Seemeilen zurückgelegt. Bis 2004, als ihre Cunard-Schwester **Queen Mary 2** diese Route übernahm, fuhr sie im Transatlantik-Liniendienst; seither unternimmt sie Kreuzfahrten in aller Welt – im November 2008 jedoch endgültig zum letzten Mal: Ab dann wird die „QE2" als Hotelschiff an der Pier im Golfemirat Dubai liegen. Wer die Einzigartigkeit der alten Dame noch erleben möchte, muss dies also jetzt tun. Was ihn erwartet? Immer noch spürt man an Bord einen Hauch von British Empire. Etwa wenn pünktlich um fünf Uhr nachmittags zur Tea-

time geläutet wird und weiß behandschuhte Kellner Tee und Gebäck servieren. Das lieben gerade die britischen Passagiere, von denen viele – darunter durchaus einige exzentrische Herrschaften – über die Jahre zu Stammkunden geworden sind. Die Atmosphäre ist gediegen (mit traditioneller Kleiderordnung), aber nicht steif – dafür sorgt schon der Pianist im Golden Lion Pub. Für weiteres Entertainment steht neben sieben anderen Bars und sechs Restaurants auch ein Kinosaal mit 481 Sitzen zur Verfügung. Wichtig zu wissen: Die Kabinen sind, wie bei Cunard üblich, in Kategorien unterteilt (hier sind es fünf); für die einzelnen Klassen gibt es jeweils spezielle Restaurants und spezielle Kapitänsempfänge.

Eine Zweibettkabine innen

Eine von acht Bars

Fahrgebiete 2008

Cunard hat spezielle Farewell-Reisen konzipiert, die die „QE 2" vor ihrem Abschied noch unternehmen wird. Zwei ursprünglich geplante Reisen werden deshalb durch zwei Transatlantikpassagen und eine Tour rund um die Britischen Inseln ersetzt; hinzu kommt die letzte Fahrt in Richtung Dubai. Die Transatlantikreisen werden Tandem-Überfahrten mit der **Queen Mary 2** nach New York sein.

Ausgewählte Reisen

Farewell-Reise Britische Inseln
Ab/bis Southampton (Abreise 30.9.) über Cork, Dublin, Liverpool, Belfast, Greenock (wo die „QE2" gebaut wurde), Edinburgh und Newcastle. **10 Tage; ab € 1.910 ab/bis Southampton**

Farewell-Reise nach Dubai
Ab Southampton (11.11.) über Lissabon, Gibraltar, Civitavecchia, Neapel, Malta und Alexandria. **17 Tage; ab € 3.510 ab/bis Hafen**

DATEN & FAKTEN

BRZ	70.327	**Bordsprache**	Englisch
Länge	293,50 m	(auch deutschspr. Betreuung)	
Breite	32,00 m	**Kabinen**	950 (657 außen,
Tiefgang	ca. 10,00 m	293 innen), davon 31 Suiten	
Indienststellung	1969	**Passagierdecks**	10
Passagiere	max. 1.778	**Restaurants**	6
Crew-Mitglieder	1.015	**Bars**	8

Sport & Wellness	Driving Range/Golfabschlag, 2 Pools, Tischtennis, Laufpfad, Spa und Fitness Center
Info-/Entertainment	Kasino, Theater/Kino, Nachtclub, Kindergarten, Teen Center, täglich wechselndes Showprogramm, Bingo/Spiele etc.
Dresscode	Tagsüber „casual", abends „formal" oder „informal"
Info	Cunard Line, www.cunard.de Tel. +800 180 84 180
Preis pro Tag	€ 161 bis € 2.418 auf Kreuzfahrten, € 306 bis € 3.772 auf Transatlantik-Passagen; Durchschnitt: k. A.

✓PROFIL

Info-/Entertainment	⚓ ⚓ ⚓ ⚓
Sport & Wellness	⚓ ⚓ ⚓
Gastronomie	⚓ ⚓ ⚓ ⚓
Familienfreundlichkeit	⚓ ⚓ ⚓
Service	⚓ ⚓ ⚓ ⚓

Auslaufen aus New York

Queen Mary 2

Auf dem schon jetzt legendären Cunard-Liner Queen Mary 2 reist man komfortabel wie ein Monarch – und mit ganz viel Stil

In puncto Größe und Ausstattung sprengt die Queen Mary 2 von der Cunard Line aus England fast alle Dimensionen. Es gibt an Bord einen Hubschrauberlandeplatz, die größte Bibliothek auf See, ja sogar ein Planetarium, und das Hauptrestaurant Britannia kann fast 1.400 Gäste gleichzeitig verköstigen. Doch die Menschenmassen verteilen sich auf diesem Koloss schnell, und für Leute mit besonders dicker Geldbörse gibt es ja auch noch die Princess Grill Class und die Queens Grill Class — beide sehr exklusiv, beide mit eigenem Restaurant.

Dass die Queen Mary 2 wie ihre Vorgängerin **Queen Elizabeth 2** mehr ist als nur ein gutes Kreuzfahrtschiff, liegt an vielen liebenswerten Details. Wenn etwa zur Teatime be-

Für den „five o'clock tea": der Queen's Room

handschuhte Kellner rotgoldenen Tee in feine weiße Tassen fließen lassen oder wenn beim Schwarz-Weiß-Ball alle Gäste in schwarz-weißen Outfits tanzen, dann lebt das British Empire wieder auf. Dann verzeiht man der Queen Mary 2 auch stilistische Patzer – etwa dass der Begrüßungschampagner in Plastikgläsern vor sich hin perlt, dass ein halbes Dutzend Verkaufsstände mit Fußkettchen den Durchgang zur Lobby blockiert oder dass man beim Saunabesuch extra zur Kasse gebeten wird. Denn wegen ihrer einzigartigen Aura ist die Queen Mary 2 ein Schiff, das man erlebt haben muss. Wer die Vielfalt eines großen, klassischen Oceanliners sucht und nicht zu viel Wert auf Intimität legt, ist hier jedenfalls goldrichtig.

Fahrgebiete 2008

Die Zeit von Januar bis Mitte April verbringt die Queen Mary 2 in der Karibik; ihre Reisen in die Sonne beginnen und enden dann jeweils in New York. Vom 16. April bis Ende Oktober absolviert das Schiff seine jeweils siebentägigen Transatlantikpassagen, die nur von einigen Kreuzfahrten an der US-Ostküste und im Mittelmeer unterbrochen werden. Am 1. November schließlich wechselt es wieder in die Karibik; dann stehen zehntägige Reisen ab/bis Fort Lauderdale sowie eine 15-tägige Weihnachts- und Silvesterkreuzfahrt auf dem Fahrplan.

Ausgewählte Reisen

Von New York nach Southampton

Am 8.6. startet die Queen Mary 2 in New York auf ihre klassische Transatlantikroute. Southampton wird am 14.6. erreicht. **7 Tage; ab € 1.790 inkl. Flügen bei Buchung bis zum 30.1.2008**

Von New York nach Hamburg

Auf der am 22.7. in New York beginnenden Transatlantikreise ist Hamburg (via Southampton) das Ziel. Am 30.7. läuft das Schiff in der Hansestadt ein. **9 Tage; ab € 1.990 inkl. Flügen bei Buchung bis zum 31.1.2008**

DATEN & FAKTEN

BRZ	150.000	Bordsprache	Englisch
Länge	345,00 m	(auch deutschspr. Betreuung)	
Breite	41,00 m	Kabinen 1.310 (1.017 außen,	
Tiefgang	ca. 14,00 m	293 innen), davon 172 Suiten	
Indienststellung	2004	Passagierdecks	13
Passagiere	max. 2.620	Restaurants	9
Crew-Mitglieder	1.254	Bars	12

Sport & Wellness	Golfsimulator/Golfabschlag, diverse Pools, Basketball, Laufpfad, Spa und Fitnesscenter
Info-/Entertainment	Planetarium, Kasino, Theater/Kino, Nachtclub, Ballsaal, Kinderclub, täglich wechselndes Showprogramm, Bingo/Spiele etc.
Dresscode	Tagsüber „casual", abends „formal" oder „informal"
Info	Cunard Line, www.cunard.de Tel. +800 180 84 180
Preis pro Tag	€ 161 bis € 2.418 auf Kreuzfahrten, € 306 bis € 3.772 auf Transatlantik-Passagen; Durchschnitt: k. A.

PROFIL

Info-/Entertainment	⚓ ⚓ ⚓ ⚓ ⚓
Sport & Wellness	⚓ ⚓ ⚓ ⚓
Gastronomie	⚓ ⚓ ⚓ ⚓ ⚓
Familienfreundlichkeit	⚓ ⚓ ⚓ ⚓
Service	⚓ ⚓ ⚓ ⚓

Vor der Kulisse Venedigs (Zeichnung)

Queen Victoria

Die neueste Cunard-Queen betritt im Dezember 2007 die Bühne.
Sie ist kein Transatlantik-Liner, sondern fährt um die ganze Welt

Auch mit der neuen Königin bleibt sich die Cunard-Reederei im Hinblick auf Form und Farbe treu. Vieles, was schon von der **Queen Mary 2** vertraut ist, taucht hier wieder auf: die Grand Lobby etwa, das Royal Court Theatre (erstmals mit privaten Logen) oder der Ballsaal Queen's Room, in dem auch hier der traditionelle der Fünf-Uhr-Tee in weißen Handschuhen serviert wird. Allerdings ist auf der Queen Victoria, die auf der italienischen Werft Fincantieri bei Venedig gebaut wurde, alles etwas kleiner dimensioniert – schließlich ist diese Königin 60.000 Tonnen (BRZ) „leichter". Die Grand Lobby erstreckt sich nicht über sieben, sondern über drei Decks. Der Stil an Bord ist jedoch nahezu identisch

Eine Suite in der Grill Class (Zeichnung)

mit dem auf der Queen Mary 2: Es herrscht das Art-déco-Ambiente der zwanziger Jahre vor, beispielsweise im Restaurant Britannia, das hier ebenfalls über zwei Decks reicht. Neben der Britannia Class gibt es auch auf der Queen Victoria die luxuriöse Grill-Kategorie mit Marmorbädern in den Kabinen, Concierge-Service und personalisiertem Briefpapier. Neu in der Kreuzfahrtwelt ist dagegen das Bordmuseum Cunardia auf Deck 2. Dort kann man 165 Jahre Cunard-Geschichte nacherleben – oder nachlesen: In der zweistöckigen Bibliothek stehen 6.000 Bücher. Ein wichtiger Unterschied zur großen Schwester besteht im Routing: Die Queen Victoria fährt nicht im Transatlantik-Liniendienst, sondern geht auf Kreuzfahrt um die ganze Welt.

Fahrgebiete 2008

Ihre vorweihnachtliche Jungfernreise absolviert die Queen Victoria im Dezember 2007; dabei besucht sie Amsterdam, Kopenhagen, Oslo und am 18.12. Hamburg. 2008 fährt das Schiff rund um die Welt – zunächst über New York und die Karibik in Richtung Südsee und Südostasien, dann weiter über Arabien ins Mittelmeer, ehe es im Sommer und im Herbst in der Nord- und der Ostsee sowie im Mittelmeer kreuzt; im Winter folgen dann wieder Weihnachts- und Silvesterreisen ab Southampton.

Ausgewählte Reisen

Mittelmeer und Schwarzes Meer

Von Venedig (18.9.) über Kuşadası und Istanbul nach Odessa und Jalta; Rückreise über Athen und Messina nach Civitavecchia (Rom), wo die Kreuzfahrt am 30.9. endet. **13 Tage; ab € 2.090 (Frühbucherpreis) ab/bis Hafen**

Weihnachts- und Silvesterreise

Von Southampton (11.12.) zu den Azoren, von dort über den Atlantik nach Antigua, St. Kitts, St. Lucia, Grenada und Barbados in der Karibik. Danach Weihnachten auf hoher See und Rückreise über Madeira und Vigo in Nordspanien nach Southampton, das am 2.1.2009 erreicht wird. **23 Tage; ab € 4.990 ab/bis Hafen**

DATEN & FAKTEN

BRZ	90.000	Bordsprache	Englisch
Länge	294,00 m	(auch deutschspr. Betreuung)	
Breite	32,00 m	Kabinen	925 (796 außen,
Tiefgang	ca. 8,00 m		129 innen), davon 657
Indienststellung	2007		mit Balkon/Veranda
Passagiere	max. 2.014	Passagierdecks	12
Crew-Mitglieder	998	Restaurants 7 Bars	10

Sport & Wellness	2 Pools, Driving Range/Putting Green, Shuffleboard, Tischtennis, Laufpfad, Spa und Fitness Center (Kursangebote, Workout-Geräte etc.)
Info-/Entertainment	Computercenter, Bibliothek, Kasino, Theater/Kino, Nachtclub/Disco, Video, Kindergarten, Teen Center; das erste Museum auf See: Cunardia
Dresscode	Tagsüber „casual", abends „formal" oder „informal"
Info	Cunard Line, www.cunard.de Tel. +800 180 84 180
Preis pro Tag	€ 161 bis € 2.418 Durchschnitt: k. A.

PROFIL

Info-/Entertainment	aktuell noch nicht bewertet
Sport & Wellness	
Gastronomie	
Familienfreundlichkeit	
Service	

5.000 Quadratmeter Segelfläche

Royal Clipper

Der prachtvolle Fünfmaster hat eine für ein Segelschiff beachtliche Infrastruktur samt Wellnessbereich und exzellenter Gastronomie

Das größte Fünfmast-Vollschiff der Welt ist ein Nachbau der legendären **Preußen**, die 1910 im Ärmelkanal sank. Für ein Segelschiff spektakulär ist das Atrium an Bord. Es dient als Hauptrestaurant, reicht über drei Decks und wird oben von einem gläsernen Pool begrenzt. Wer will, kann beim Essen planschenden Passagieren zusehen – nicht immer ein appetitlicher Anblick. Ein Traum ist das Beach Barbecue an den schönsten Stränden der Karibik; dafür bootet die Mannschaft die halbe Küche aus. Für ein Segelschiff hat die Royal Clipper eine beachtliche Infrastruktur, sogar ein Wellnessbereich ist vorhanden. Vom Hometrainer aus kann man durch Bullaugen die Unterwasserwelt betrachten – oder schnorchelnde Mit-

reisende: Die ausklappbare Heckklappe der Royal Clipper dient als Basis-Plateau für den Wassersport. Ein beliebter Sport an Bord ist das „Mastklettern": Von der Crew gesichert, können Gäste hinaufkraxeln zum Krähennest, einer Plattform in luftiger Höhe. Das Publikum ist international gemischt. Bekannt wurde die Royal Clipper auch durch die TV-Serie „Unter weißen Segeln".

Fahrgebiete 2008

Von Januar bis April segelt die Royal Clipper ab Barbados im Wechsel zu den Windwards und den Grenadinen. Nach der anschließenden Atlantiküberquerung läuft sie Civitavecchia bei

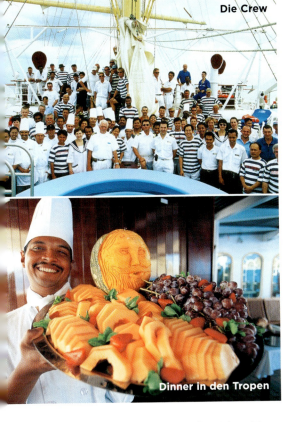

Die Crew

Dinner in den Tropen

Rom an, wo ab dem 3. Mai Sieben-Tages-Törns zu den Häfen und Inseln um Sorrent beginnen. Ab dem 28. Juni folgen Zehn-/Elf-Tages-Törns zwischen Italien und Kroatien ab Civitavecchia oder Venedig, im Oktober dann eine Reise über Spanien und Marokko nach Lissabon. Von dort kehrt das Schiff am 23.10. in die Karibik zurück.

Ausgewählte Reisen

Von Venedig nach Rom
An fünf Terminen ab dem 9.7.: Start in Venedig, von dort über Rovinj, Hvar und Dubrovnik in Kroatien nach Kotor/Montenegro und weiter über Taormina, Capri und Ponza nach Civitavecchia. **11 Tage; ab € 2.570 ab/bis Hafen**

Von Lissabon in die Karibik
Das herbstliche „Transatlantic Crossing" startet am 23.10. in Lissabon. Nach Stopps in Marokko (Safi und Essaouira) und auf Teneriffa geht es nur noch westwärts: Nach zwölf Tagen auf hoher See wird am 8.11. Bridgetown auf Barbados erreicht. **17 Tage; ab € 1.655 ab/bis Hafen**

DATEN & FAKTEN

BRZ	5.000	**Bordsprachen**	Englisch,
Länge	134,00 m		Deutsch, Französisch
Breite	16,00 m	**Kabinen**	110 (104 außen,
Tiefgang	5,60 m		6 innen), davon
Indienststellung	2000		14 Suiten mit Balkon,
Passagiere	max. 227		2 Eignerkabinen
Crew-Mitglieder	106	**Restaurants**	1
Passagierdecks	4	**Bars**	2

Sport & Wellness	2 Pools, Morgengymnastik, Tauchen, Wasserski, Surfen, Dinghisegeln, Bananaboat, Fitnesscenter
Info-/Entertainment	Captain's Storytime, Nautikkunde, Knotenkunde, Krabbenrennen, Quiz, Talentshow, Modenschau etc.
Dresscode	kein Dresscode, zum Abendessen im Restaurant lange Hosen
Info	Star Clippers Kreuzfahrten Langenhagen, Tel. (0511) 726 65 90 www.starclippers.com
Preis pro Tag	€ 246 bis € 640 Durchschnitt € 350

PROFIL

Info-/Entertainment	⚓ ⚓ ⚓
Sport & Wellness	⚓ ⚓ ⚓ ⚓
Gastronomie	⚓ ⚓ ⚓ ⚓
Familienfreundlichkeit	⚓ ⚓
Service	⚓ ⚓ ⚓

Kreuzfahrtschiff mit dem Ambiente einer Yacht

Seabourn Legend, Spirit & Pride

Glamour im großen Stil und nach amerikanischem Geschmack:
die kleinen, aber umso feineren Seabourn-Yachten

Täglich frische Rosen in der Suite, eine leichtere Daunendecke auf dem Bett, in der Minibar statt Wasser der Lieblingschampagner: Auf den Seabourn-Yachten sind solche Sonderwünsche kein Problem. Sie gehören hier zur täglichen Routine, um ihre schnelle Erfüllung kümmert sich der Butler. Betuchte Reisende aus aller Welt fühlen sich auf dem Schiff wohl; insgesamt ist das Ambiente aber amerikanisch geprägt – Bordwährung ist der US-Dollar. Vom Küchenpapst Charlie Parker, der für sie pro Saison über 200 unterschiedliche Gourmet-Menüs kreiert, werden die Gäste kulinarisch verwöhnt. Hochkarätig sind die Kulturprogramme und das Entertainment an Bord, perfekt organisiert der Spa- und der

Fitnessbereich (unter anderem mit einem Personal Trainer) sowie die Landausflüge, für die man in kleineren Häfen in Tenderbooten aus Mahagoni an Land gebracht wird. Kurzum: Die drei Yachten (von denen die Legend die jüngste und bestausgestattete ist) stehen für Luxus bis ins Detail. Allein die Plastikstühle an Deck passen nicht so recht dazu ...

Fahrgebiete 2008

Die **Seabourn Legend** startet in Mittelamerika (Belize, Costa Rica, Panama) und der Karibik (ab St. Thomas) ins Jahr. Im Sommer und im Herbst ist sie im westlichen Mittelmeer anzutreffen; zur Wintersaison kehrt sie

Die Sky Bar

Eine Suite mit Balkon

DATEN & FAKTEN

BRZ	10.000	Bordsprache	Englisch
Länge	134,00 m	Kabinen	106 Außen-
Breite	19,20 m	suiten, davon 36 mit	
Tiefgang	5,00 m	Balkon/Veranda	
Indienststellung	1992	Passagierdecks	6
Passagiere	max. 208	Restaurants	1
Crew-Mitglieder	164	Bars/Lounges	3

Sport & Wellness	Pool, 3 Whirlpools, Spa und Fitnesscenter mit Kursangeboten, Workout, Personal Training
Info-/Entertainment	Kasino, Shows, Cabaret, Lesungen, Beauty-Salon
Dresscode	tagsüber „casual", mehrere Abende „formal", ansonsten im Restaurant „informal"
Info	Seabourn Cruise Line Tel. +800 180 84 180 www.seabourn.com
Preis pro Tag	€ 420 bis € 1.303 Durchschnitt € 586

in die Karibik zurück. Die **Seabourn Pride** umrundet im ersten Quartal Südamerika. Danach geht es übers Mittelmeer nach Nordeuropa, im Spätherbst fährt das Schiff ebenfalls zurück in die Karibik. Die **Seabourn Spirit** verbringt den Winter in Südostasien und steuert dann über Indien und Ägypten das Mittelmeer an, wo sie zwischen Kroatien und dem Schwarzen Meer den Sommer verbringt, bevor sie zum Herbst wieder nach Asien aufbricht.

Ausgewählte Reisen

Frühling in der Karibik
Die schönsten Inseln der Karibik im März ab/bis Charlotte Amalie: Martinique, St. Kitts, Nevis, Jost van Dyke und Virgin Gorda. **7 Tage; ab € 2.561 ab/bis Hafen**

Sommer im Mittelmeer
An sechs Terminen ab Barcelona, u. a. über Tarragona, Le Lavandou, Marseille und St.-Tropez, nach Nizza. **7 Tage; ab € 3.459 ab/bis Hafen**

PROFIL

Info-/Entertainment	⚓ ⚓ ⚓ ⚓
Sport & Wellness	⚓ ⚓ ⚓ ⚓
Gastronomie	⚓ ⚓ ⚓ ⚓ ⚓
Familienfreundlichkeit	⚓ ⚓
Service	⚓ ⚓ ⚓ ⚓ ⚓

Im tintenblauen Wasser der Ägäis

Sea Cloud

Klein, fein, einzigartig: Sea-Cloud-
Reisen sind eine Klasse für sich

Vor zwei Jahren feierte sie ihren 75. Geburtstag: 1931 wurde diese bestaunenswerte Viermastbark in Kiel gebaut – und schon dank ihrer Geschichte ist sie einzigartig. Denn nicht als Passagierschiff wurde sie erdacht, sondern als Yacht mit schnittiger Silhouette. Ein New Yorker Börsen-Tycoon gab sie damals in Auftrag, als Geschenk für seine Gattin, die Kaufhauserbin Marjorie Merriweather Post. Turbulent verlief aber nicht nur die (bald geschiedene) Ehe der beiden, sondern auch das Leben der Yacht: Allein fünf Namen sollte sie tragen, bis sie 1978 von Hamburger Kaufleuten zum Kreuzfahrtschiff umgerüstet wurde. Und zu den Besitzern, die sich an Details wie den (bis heute vorhandenen!)

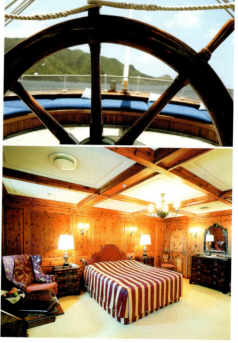

An Deck; Blick in eine der Eignersuiten

massivgoldenen Wasserhähnen in den Eignersuiten erfreuten, zählten Playboys, Diploma-
ten und Diktatoren. Diese Aura macht die Sea
Cloud zu einem besonderen Schiff – das dazu noch einen exzellenten Service und eine
erlesene Gastronomie bietet. Über das Niveau
jedenfalls kann man angesichts des engen
Raumes, auf dem die Crew arbeiten muss, nur
staunen – zumal, wenn man in einer der riesigen Eignersuiten wohnt: Wer hier (zu ent-
sprechenden Aufpreisen) residiert, spürt den
Hauch der Historie. Keinen Zuschlag zahlt
man aber für die einzigartige Windjammer-
Atmosphäre: Alle Segelmanöver werden noch
von Hand ausgeführt. Ein Erlebnis, das man
nicht wieder vergisst. – Und aktuell noch
eine Meldung für Fans: Im Herbst 2009 soll
eine neue „Seewolke" unter dem Namen **Sea
Cloud Hussar** vom Stapel laufen (Seite 18).

Fahrgebiete 2008

Die Sea Cloud segelt traditionell im Mittelmeer, in der Karibik und in den dazwischen
liegenden Atlantikrevieren. Den Winter verbringt sie in Mittelamerika und der Karibik,
den Frühling im westlichen Mittelmeer. Mitte
Juli nimmt sie Kurs auf das östliche Mittelmeer, im August auf die Adria. Kroatien, die
Riviera, die Balearen, die Kanaren und Marokko stehen auf dem Programm, bevor es im
November in die Karibik zurückgeht.

Ausgewählte Reisen

Marokko und die Kanaren

Ab Casablanca (31.10.) wird zwei Tage bis Ar-
recife auf Lanzarote gesegelt. Von dort weiter
nach Teneriffa, La Palma, La Gomera und
schließlich Las Palmas/Gran Canaria (7.11.).
8 Tage; ab € 2.475 ab/bis Hafen

Kuba, Mexiko, Jamaika

Von Havanna (5.1.2009) geht es in zwei Segel-
tagen nach Cancún (Ausflug nach Chichén
Itzá), dann zurück nach Kuba (Isla de la Ju-
ventud, Cienfuegos), zur Cayman-Insel Brac
und nach Montego Bay auf Jamaika. **11 Tage;
ab € 2.855 ab/bis Hafen inkl. Ausflügen**

DATEN & FAKTEN

BRZ	2.492	Bordsprache	Deutsch
Länge	109,50 m		und Englisch
Breite	14,94 m	**Kabinen** 32 Außenkabinen,	
Tiefgang	5,13 m	davon 2 historische Suiten	
Indienststellung	1931	**Passagierdecks**	3
Passagiere	max. 64	**Restaurants**	1
Crew-Mitglieder	60	**Bars**	2

Sport & Wellness	Wasserski, Windsurfen, Schnorcheln (Ausrüstungen an Bord)
Info-/Entertainment	landeskundliche Vorträge und Themenvorträge, Bordpianist
Dresscode	sportlich-elegant
Info	Sea Cloud Cruises Hamburg Tel. (040) 30 95 92-0 www.seacloud.de
Preis pro Tag	€ 285 bis € 850 Durchschnitt € 542

PROFIL

Info-/Entertainment	⚓ ⚓ ⚓
Sport & Wellness	⚓ ⚓
Gastronomie	⚓ ⚓ ⚓ ⚓ ⚓
Familienfreundlichkeit	⚓
Service	⚓ ⚓ ⚓ ⚓ ⚓

Westwärts, Kurs Karibik

Sea Cloud II

Auch die zweite Sea Cloud bietet Segelabenteuer de luxe – wenn auch nicht mit dem gleichen nostalgischen Charme der Vorgängerin

Wie ihre Schwester, die 1931 gebaute **Sea Cloud**, ist auch die Sea Cloud II ein Segelkreuzfahrer für höchste Ansprüche. Die Unterschiede: Die „Zwei" hat Platz für 94 statt für 64 Passagiere, und außer im Mittelmeer und in der Karibik kreuzt sie auch in Nord- und Ostsee. Und: Da sie von Beginn an als echtes Kreuzfahrtschiff und nicht als Rennyacht gedacht war, sind die Kabinen und die öffentlichen Bereiche bestmöglich auf heutige Ansprüche zugeschnitten. Puristen mögen zwar benörgeln, dass das aufgesetzte Kabinendeck etwas unelegant wirkt – Fakt ist aber, dass nur so alle Raumanforderungen zu erfüllen waren. Der Atmosphäre eines formvollendeten, von Hand navigierten Seglers tut all das jedenfalls keinen Abbruch. Höchst-

Opulent möbliert: die zwei Suiten

leistungen werden hier übrigens nicht nur in Sachen Gastronomie und Service geboten – auch die Routenplaner lassen sich immer wieder Neues einfallen: Viele Häfen, die die Sea Cloud II ansteuert, kennen selbst ausgefuchste Seebären nicht. Ausgefallen sind auch die Themenreisen-Ideen: So kann man etwa im März 2008 mit einer Feng-Shui-Beraterin durch die Karibik segeln – und im August auf einer Reise ab Hamburg vom Sternekoch Dieter Müller lernen, wie man vollendet Austern schlürft.

Fahrgebiete 2008

Im Winter segelt die Bark in der Karibik; im Wochenrhythmus kreuzt sie zwischen den Kleinen Antillen (ab St. John's auf Antigua). Anfang Mai ist sie im westlichen Mittelmeer anzutreffen, Ende Mai führt ein Schnuppertörn von Portsmouth am Ärmelkanal nach Hamburg. Von dort aus werden verschiedene Nord- und Ostseerouten befahren, ehe es im August und im September wieder nach Südeuropa geht (unter anderem Barcelona, Korsika, Nizza). Im Oktober kreuzt der Segler vor der Küste Kroatiens (ab Venedig).

Ausgewählte Reisen

Westliches Mittelmeer

Auf dem Weg von Barcelona (Reisebeginn 30.8.) nach St.-Cyr-sur-Mer in Frankreich wird gesegelt wie zu alten Zeiten. Dann Weiterreise nach St.-Tropez und Korsika (Bonifacio, St.-Florent). Die Reise endet am 6.9. in Nizza. **8 Tage; ab € 2.765 ab/bis Hafen**

Golfkreuzfahrt in der Karibik

Von Bridgetown/Barbados führt dieser Törn am 20.3.2009 zu acht Inseln der Karibik; vier davon bieten Gelegenheit zum Golfspielen. Die Stationen sind Canouan, Bequia, St. Lucia, Fort-de-France auf Martinique (mit Ausflug zu den Gärten von Balata), die Îles des Saintes vor Guadeloupe, St. Barthélemy, St. Kitts und schließlich St. John's auf Antigua, wo die Reise am 30.3.2009 endet. **11 Tage; ab € 3.655 pro Person ab/bis Hafen inklusive Ausflügen, ohne Golfpaket**

DATEN & FAKTEN

BRZ	3.849	Bordsprache	Deutsch und
Länge	117,00 m		Englisch
Breite	16,00 m	Kabinen	47 Außen-
Tiefgang	5,40 m	kabinen, davon 2 Suiten	
Indienststellung	2001	Passagierdecks	4
Passagiere	max. 94	Restaurants	1
Crew-Mitglieder	60	Bars	2

Sport & Wellness	Fitness, Sauna, Badeplattform; Windsurfen, Wasserski, Schnorcheln (Ausrüstungen an Bord)
Info-/Entertainment	Bordpianist, Konzerte, landeskundliche und kulinarische Vorträge, prominente Referenten auf Themenreisen
Dresscode	sportlich-elegant
Info	Sea Cloud Cruises, Hamburg Tel. (040) 30 95 92-0 www.seacloud.de
Preis pro Tag	€ 365 bis € 880 Durchschnitt € 540

PROFIL

Info-/Entertainment	⚓ ⚓ ⚓
Sport & Wellness	⚓ ⚓ ⚓
Gastronomie	⚓ ⚓ ⚓ ⚓ ⚓
Familienfreundlichkeit	⚓
Service	⚓ ⚓ ⚓ ⚓ ⚓

Vor der Küste Südfrankreichs

SeaDream

Zwei Yachten, ein Konzept:
Kreuzfahrt auf Kaviarkurs

Service an Deck; eine der Suiten

Auf den beiden baugleichen SeaDream-Yachten reisen jeweils maximal 110 Gäste. Der exklusive Kreis ist international: Amerikaner, Australier, Europäer, darunter wenige Deutsche. Die Passagiere schätzen den perfekten Service: Jeder Gast wird namentlich angesprochen und bekommt sogar einen eigenen Schlafanzug, der mit dem Vornamen bestickt ist. Eine SeaDream-Seereise ist „all inclusive" – Champagner und Kaviar gehören zu den Grundnahrungsmitteln. Trotzdem ist die Atmosphäre keineswegs steif, sondern locker-sportiv. Groß ist das Wassersportangebot: Kanu, Jetski, Bananaboat – alles kann an der Marina am Heck gratis ausgeliehen werden. Ein Tenderservice wird in den Reedehäfen

rund um die Uhr angeboten. Manche Landausflüge leitet sogar der Kapitän persönlich („Chef's Walk"). Beliebtester Treffpunkt an Bord ist die Top of the Yacht Bar auf Deck 6. Dort oben bezieht das Personal abends auch die balinesischen Liegen für das „Dreaming Under the Stars": Passagiere schlafen unter den Sternen – nach entsprechender Anmeldung an der Rezeption. Auch gespeist wird unter freiem Himmel: im Topside Restaurant; bei schlechtem Wetter bietet sich der Dining Room an. Wer Unterhaltung sucht, findet sie im kleinen Kasino oder dem Open-Air-Kino direkt am Pool. Im Winter befahren die SeaDream-Yachten die Karibik, im Sommer das Mittelmeer.

Fahrgebiete 2008

In den Sommermonaten (Mai bis Oktober) kreuzen die Yachten im westlichen und östlichen Mittelmeer, im Winter (November bis April) in der Karibik. Die Routen der beiden Schwesterschiffe werden sehr individuell gestaltet, weshalb fast keine Reise der anderen gleicht. Zu den Start- und Zielhäfen zählen 2008 unter anderem Monte Carlo, Nizza, Civitavecchia (Rom), Venedig, Piräus (Athen), Istanbul, St. Thomas auf den US Virgin Islands, San Juan auf Puerto Rico und Antigua.

Ausgewählte Reisen

Von Venedig nach Athen

Im September ab Venedig über die Insel Hvar und Dubrovnik in Kroatien zur Insel Korfu; weiter über Itea durch den Kanal von Korinth nach Paros, Mykonos und Santorin; Reiseende in Piräus (Athen). **8 Tage; ab € 4.126 ab/bis Hafen**

Karibische Inseln

Im Dezember ab St. John's auf Antigua nach Marigot auf St. Martin; weiter über Saba und Gustavia auf St. Barts zu den Jungferninseln Virgin Gorda und Jost van Dyke; Reiseende in San Juan auf Puerto Rico. **9 Tage; ab € 2.590 ab/bis Hafen**

DATEN & FAKTEN

BRZ	4.260	Bordsprache	Englisch
Länge	104,85 m	Kabinen	55 Außen-
Breite	14,30 m		kabinen,
Tiefgang	4,17 m		1 Eignersuite
Indienststellung	1984/85	Passagierdecks	5
Passagiere	max. 110	Restaurants	2
Crew-Mitglieder	95	Bars	3

Sport & Wellness	Fitnesscenter, Massagen, Dampfbad, Sauna, Golfsimulator, Mountainbikes, Jetski, Kajaks, Wasserski, Schnorchelausrüstung u. v. m.
Info-/Entertainment	Champagner & Caviar Splash, Kino unter den Sternen, Cocktailpartys, Vorträge auf Transatlantikreisen
Dresscode	„Yacht Casual" (kein spezieller formeller Dresscode)
Info	SeaDream Yacht Club Hamburg, Tel. (040) 60 55 94 58 www.seadream.com
Preis pro Tag	€ 250 bis € 1.500 Durchschnitt € 490

PROFIL

Info-/Entertainment	⚓ ⚓ ⚓
Sport & Wellness	⚓ ⚓ ⚓ ⚓
Gastronomie	⚓ ⚓ ⚓ ⚓ ⚓
Familienfreundlichkeit	⚓ ⚓
Service	⚓ ⚓ ⚓ ⚓ ⚓

Vor der Küste Italiens

Seven Seas Voyager

Ein amerikanisches All-inclusive-Schiff für gehobene Ansprüche.
Wichtig: Man sollte als Mitreisender des Englischen mächtig sein

Immer nur mit deutschen Mitreisenden unterwegs – das ist nicht jedermanns Sache. Wer lieber in internationaler Atmosphäre und dazu noch äußerst komfortabel kreuzen will, für den ist die Regent Seven Seas Voyager vielleicht das Richtige. Der 1999 gebaute Kreuzer der in Florida beheimateten Reederei Regent Seven Seas Cruises wartet mit viel Luxus auf. Kabinen und öffentliche Räume präsentieren sich geräumig und gepflegt. Die konservative Möblierung und die gedeckten Farben sprechen ein älteres Publikum an; nach Reedereiangaben liegt das Alter der Gäste in der Regel zwischen 40 und 60 Jahren. Mit Platz für 700 Personen ist das klassische Kreuzfahrtschiff zudem noch nicht für den Massenbetrieb aus-

gelegt. Man sollte allerdings Amerikaner und ihre Eigenheiten mögen – sie stellen den größten Teil der Passagiere; an Bord wird daher nur Englisch gesprochen. Kostenbewusste Kreuzfahrer dürfte interessieren, dass nicht nur alle Trinkgelder, sondern auch alkoholische und nichtalkoholische Getränke, eine Reiserücktrittsversicherung und der Zimmerservice rund um die Uhr bereits im Reisepreis enthalten sind – außerdem der Inhalt der Minibar.

Fahrgebiete 2008

Am 6. Januar 2008 läuft die Seven Seas Voyager von San Francisco zur 115-tägigen Weltreise aus. Diese führt über Hawaii, Sydney,

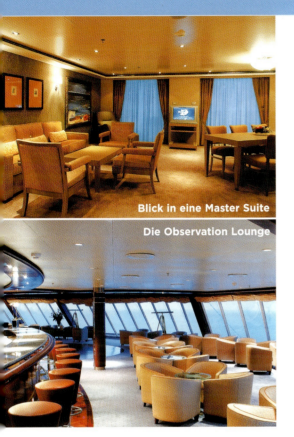

Blick in eine Master Suite

Die Observation Lounge

BRZ	46.000	**Bordsprache**	Englisch
Länge	204,00 m	**Kabinen**	353 Außensuiten
Breite	29,00 m		mit Balkon, davon 88
Tiefgang	7,00 m		mit Butler-Service
Indienststellung	2003	**Passagierdecks**	6
Passagiere	max. 700	**Restaurants**	4
Crew-Mitglieder	447	**Bars**	4

Sport & Wellness	Pool, 2 Whirlpools, Beauty- und Fitnesscenter, Golf-Driving-Netz, Joggingpfad, Shuffleboard
Info-/Entertainment	Theater, Casino, Observation Lounge, Bibliothek, Internetcafé
Dresscode	je nach Anlass „country club casual", formell oder informell
Info	Vista Travel, Hamburg Tel. (040) 30 97 98 40 www.vistatravel.de
Preis pro Tag	€ 250 (Frühbucherpreis) bis € 1.445; durchschnittlicher Frühbucherpreis € 370

Singapur und Bombay nach Athen. Im Frühjahr und im Herbst fährt das Schiff unter anderem zu den britischen und den griechischen Inseln, im Sommer ist es auf Ostsee- und Nordland-törns unterwegs. Anfang Dezember erreicht es nach der Atlantiküberquerung Fort Lauderdale, von wo aus winterliche Karibiktörns starten.

Ausgewählte Reisen

Von Athen nach Fort Lauderdale

Start der Atlantiküberquerung ist am 13.4. Zuerst stehen Malta, Tunis und Málaga auf dem Fahrplan. Via Madeira nimmt das Schiff über den großen Teich Kurs auf Hamilton (Bermudas). Die Reise endet am 30.4. in Fort Lauderdale. **18 Tage; ab € 6.580 ab/bis Hafen**

Von Dover nach Kopenhagen

Der Höhepunkt des Nordlandprogramms 2008: eine Reise entlang der norwegischen Fjorde bis nach Spitzbergen (24.6. bis 9.7.). **16 Tage; ab € 9.060 ab/bis Hafen**

Info-/Entertainment	⚓ ⚓ ⚓
Sport & Wellness	⚓ ⚓ ⚓ ⚓
Gastronomie	⚓ ⚓ ⚓ ⚓
Familienfreundlichkeit	⚓ ⚓
Service	⚓ ⚓ ⚓ ⚓ ⚓

Im Schärengarten vor Helsinki

Silja Symphony & Serenade

„Minicruises" auf der Ostsee: Die beiden Schiffe von Tallink Silja verkehren auf der Fährroute Stockholm–Helsinki–Stockholm

Kurzkreuzfahrten auf festen Fährschiffsrouten: Schon seit Anfang der neunziger Jahre hat diese Idee Erfolg. Als erste Reederei schuf damals die 2006 in die estnische AS Tallink Group integrierte finnische Silja Line ein bauliches Konzept, das dann auch andere übernahmen: Auf den Unterdecks der Silja Symphony und der Silja Serenade wurden zwar Fahrzeuge befördert, doch ansonsten wurden die beiden Schwesterschiffe als moderne Cruiseliner konzipiert, die das Borderlebnis in den Mittelpunkt stellen. Das Herzstück ist eine 142 Meter lange, glasüberdachte Promenade; um sie herum ist ein Teil der Kabinen angelegt, so dass man von dort aus jeweils das Treiben in den Bars, Shops und Boutiquen beobachten

Die Happy Lobster Bar an der Promenade

kann. Außerdem bieten beide Schiffe breit gefächerte Unterhaltungsprogramme (auch für Kinder und Jugendliche), eine Vielzahl von Einkaufsmöglichkeiten, einen Wellnessbereich mit Saunen, Massageräumen und Kosmetikstudio sowie eine professionelle Konferenzausstattung. Für das leibliche Wohl wird in Bistros, Buffet- und À-la-carte-Restaurants sowie diversen Bars (darunter eine erstklassig ausgestattete Vinothek) gesorgt. Eine beliebte Tradition ist das abendliche „Skandinavische Buffet" mit Rogen, Krabben und Meeresfrüchten. Nach dem Essen locken die Abendshow, Nachtclubs, Karaoke, Livemusik und die Disco. Wer das Risiko liebt, versucht sein Glück im bordeigenen Kasino beim Roulette oder beim Black Jack. Wichtig für die Reisekostenplanung: Bei normalen Fährüberfahrten sind die Mahlzeiten an Bord nicht im Reisepreis inbegriffen; bei den Kreuzfahrtpaketen sind sie teilweise inklusive.

Fahrgebiete 2008

Die Schwesterschiffe verkehren das ganze Jahr über täglich auf der Route Stockholm–Helsinki–Stockholm. Auf der Tour durch die schwedische und die finnische Inselwelt ist ein regelmäßiger Zwischenstopp in Mariehamn auf den Åland-Inseln fest eingeplant.

Ausgewählte Reisen

Kurzkreuzfahrt Ostsee mit Flug

Kurzurlaubspaket in Kooperation mit SAS/Blueı: Passage von Stockholm nach Helsinki (oder umgekehrt) inklusive Flügen von und zu den wichtigsten Flughäfen Deutschlands. Eine Nacht wird an Bord verbracht; je einmal wird in Stockholm und in Helsinki im Hotel übernachtet. In beiden Städten gibt es jeweils genügend Zeit für eine Stadtbesichtigung. **4 Tage; ab € 750 inkl. Flügen und Hotel; ganzjährig buchbar**

Kurzkreuzfahrt Ostsee ohne Flug

Leistungen wie oben, jedoch ohne Flüge und Hotelübernachtungen. **Ab € 174 ab/bis Hafen; ganzjährig buchbar**

DATEN & FAKTEN

BRZ	32.580	Bordsprache	Finnisch,
Länge	203,00 m		Schwedisch, Englisch
Breite	31,50 m	Kabinen	986 (569 innen,
Tiefgang	7,10 m		417 außen), 1 Suite
Indienststellung	1990/91	Passagierdecks	10
Passagiere	max. 2.825	Restaurants	7
Crew-Mitglieder	260	Bars	6

Sport & Wellness	Bellamare Sauna & Wellbeing mit Kosmetik- und Massagebehandlungen, Sunflower Oasis (tropisches Badeland), Frisiersalon
Info-/Entertainment	Silja Land für Kinder, Chill Lounge für Teens, Tanz- und Showbar, Kasino, Nachtclubs, Disco, wechselnde Shows auf der Promenade
Dresscode	leger
Info	Tallink Silja GmbH, Lübeck Tel. (0451) 58 99-0 www.tallinksilja.de
Preis pro Tag	€ 90 bis € 780 Durchschnitt € 440

PROFIL

Info-/Entertainment	aktuell noch nicht bewertet
Sport & Wellness	
Gastronomie	
Familienfreundlichkeit	
Service	

Die Silver Shadow vor New York

Silver Whisper & Shadow

All-inclusive-Kreuzfahrten auf höchstem Niveau – manchmal sogar in Begleitung der Silversea-Botschafterin Isabella Rossellini

Sie möchten sich nach Strich und Faden verwöhnen lassen – und haben das nötige Kleingeld dazu? Dann testen Sie doch einmal dies: Alle Passagiere logieren in Suiten, großenteils mit privater Veranda. Sie haben täglich die freie Tischwahl, und die Menüs werden nach Relais & Châteaux-Standard zelebriert – im eleganten The Restaurant, im italienischen La Terrazza und auch am legeren Pool Grille. Der Clou dabei: Champagner und erlesene Weine sind stets inklusive. Ebenso wie die „Silversea Experiences", hinter denen sich einmalige Erlebnisse wie ein Dinner am Lagerfeuer in der namibischen Wüste oder ein traditioneller Abend mit vietnamesischer Küche in Ho-Chi-Minh-Stadt verbergen. „State of the art" ist auch das Wellnessangebot: Zum neuen, ganzheitlichen Spa-Konzept gehört das „Body Age Assessment", bei dem unter anderem Körperfett, Stärke, Herz und Gefäßsystem untersucht werden, um das „Körperalter" im Vergleich zum „realen Alter" zu ermitteln. Und damit all dies nicht umsonst war, stellt der Trainer auch noch ein individuelles Programm für die Passagiere auf: zur zukünftigen gesunden Lebensführung.

Fahrgebiete 2008

Die **Silver Whisper** kommt im März aus dem Südpazifik in den Indischen Ozean und trifft im Mai im Mittelmeer ein. Dort fährt sie bis Ende September, um danach über Suez wieder

Silver Suite

Veranda Suite

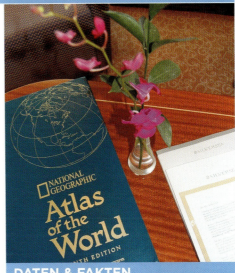

DATEN & FAKTEN

BRZ	28.258	Indienststellung	2000/01
Länge	186,00 m	Bordsprache	Englisch
Breite	24,80 m	Kabinen	180 Außensuiten
Tiefgang	6,50 m	Passagierdecks	7
mPassagiere	max. 382	Restaurants	4
Crew-Mitglieder	295	Bars	6

Sport & Wellness	Pool, 2 Jacuzzis, diverse Fitness-programme, Golf Pro an Bord
Info-/Entertainment	hochklassiges Entertainment durch ausgewählte internationale Künstler
Dresscode	leger bis elegant; ungezwungen
Info	Aviation & Tourism International Tel. (06023) 91 71 50 www.atiworld.de www.airtours.de www.silversea.com
Preis pro Tag	€ 255 bis € 2.528 Durchschnitt € 400

nach Fernost zu fahren. Die baugleiche **Silver Shadow** unternimmt 2008 eine 110-tägige Weltkreuzfahrt, die auch in Teilstrecken buchbar ist (ab 44 Tage); sie beginnt am 16. Januar in Fort Lauderdale. Von dort geht es im April ins Mittelmeer, danach über den Atlantik in die Karibik und weiter in den Pazifik bis nach Alaska sowie nach Südamerika. Ab November kreuzt das Schiff wieder in der Karibik.

Ausgewählte Reisen

Silver Whisper im Mittelmeer

Ab Monte Carlo (22.6.) über Barcelona, Marseille und St.-Tropez nach Portofino in Italien. Die Reise endet in Civitavecchia, dem Hafen Roms. **6 Tage; ab € 3.690 ab/bis Hafen**

Silver Shadow: Karibik und Mexiko

Ab Fort Lauderdale (6.5.) nach Puerto Rico, St. Bart's, St. Lucia und Antigua sowie zu den British Virgin Islands, dann zurück nach Fort Lauderdale. **10 Tage; ab € 3.721 ab/bis Hafen**

PROFIL

Info-/Entertainment	⚓ ⚓ ⚓ ⚓
Sport & Wellness	⚓ ⚓ ⚓ ⚓
Gastronomie	⚓ ⚓ ⚓ ⚓ ⚓
Familienfreundlichkeit	⚓
Service	⚓ ⚓ ⚓ ⚓ ⚓

Die beiden Schwesterschiffe unter Segeln

Star Clipper & Star Flyer

Segelromantik zum Träumen: auf originalgetreu nachgebauten
Clipper-Schiffen die schönsten Meere der Welt entdecken

Mit Kreuzfahrten auf Motordampfern haben Reisen auf diesen beiden Schwesterschiffen wenig zu tun. Im Mittelpunkt steht das Segelerlebnis: Zu etwa drei Vierteln der Fahrzeit laufen die beiden Viermaster nur mit Hilfe des Windes. Die Manöver der Crew zu beobachten (oder sogar mal mit anzufassen) ist das eigentliche Abenteuer – eine Zeitreise zurück ins 19. Jahrhundert. Die Atmosphäre ist sportlich, das Publikum jünger als auf klassischen Kreuzfahrtschiffen. Entsprechend leger ist die Kleiderordnung: Krawatten, Anzüge und Cocktailkleider bleiben zu Hause. Die Ausstattung ist dennoch gepflegt-elegant: Poliertes Holz und dezente Blautöne prägen die Kabinen. Die Badezimmer bieten Komfort und

Zwei linke Hände? Knotenkunde für Gäste

Bewegungsfreiheit; im Restaurant (eine Sitzung, freie Platzwahl) und der Piano-Lounge herrscht eine stilvolle, aber nie steife Atmosphäre. Dass auch Großsegler heute mit modernster Technik gesteuert werden, erklärt der Käpt'n auf der Brücke: Das DGPS, die fortschrittlichste Interpretation eines Autopiloten, sorgt dafür, dass unter der Meeresoberfläche liegende Riffe den Schiffen nicht mehr zum Schicksal werden. Attraktiv sind die Schiffe auch für Wassersportler: Eine ausklappbare Plattform am Heck dient als Sprungbrett für Schnorchler, Windsurfer und Taucher.

Fahrgebiete 2008

Die **Star Clipper** segelt zunächst von Januar bis März auf Acht-Tages-Törns vor den Küsten Thailands und Malaysias bis nach Singapur, von dort aus geht es zurück zum Ausgangshafen Phuket. Zwischen Mai und Oktober ist sie im Mittelmeer anzutreffen: Auf zwei Routen (acht, elf oder zwölf Tage) kreuzt sie zwischen den Kykladen sowie im Juni, Juli und August zwischen Athen und Venedig (elf oder zwölf Tage; in beiden Richtungen buchbar; Stopps unter anderem in Kroatien). Die **Star Flyer** segelt 2008 ganzjährig in der Südsee. Auf verschiedenen Sieben-, Elf- oder Zwölf-Tages-Routen ab Papeete auf Tahiti besucht sie die Gesellschaftsinseln Moorea, Bora Bora, Huahine und Raiatea sowie das Tuamotu-Atoll.

Ausgewählte Reisen

Star Clipper in der Ägäis

An acht Terminen zwischen Mai und Oktober ab Athen: Nach einem Seetag wird Rhodos erreicht, dann geht es weiter nach Bodrum und zum Fluss Dalyan in der Türkei, schließlich über Santorin und Hydra zurück nach Athen. **8 Tage ab € 1.720 ab/bis Hafen**

Star Flyer in der Südsee

An sechs Terminen ab Papeete auf Tahiti: Die Route führt über die Tuamotus (Fakarava und Tiputa) zu den Gesellschaftsinseln Bora Bora, Raiatea, Huahine und Moorea und zurück nach Papeete. **12 Tage; ab € 2.690 ab/bis Hafen**

DATEN & FAKTEN

BRZ	4.425	Bordsprache	Englisch,
Länge	115,50 m		Deutsch, Französisch
Breite	15,00 m	Kabinen	84
Tiefgang	5,60 m		(78 außen,
Indienststellung	1991/92	6 innen), davon 8 Suiten,	
Passagiere	max. 170		1 Eignerkabine
Crew-Mitglieder	70	Restaurants	1
Passagierdecks	4	Bars	2

Sport & Wellness	2 Pools, Morgengymnastik, Tauchen, Wasserski, Surfen, Dinghisegeln, Schnorcheln, Banana Boat
Info-/Entertainment	Captain's Storytime, Nautikkunde, Knotenkunde, Krabbenrennen, Quiz, Talentshow, Modenschau etc.
Dresscode	kein Dresscode, zum Abendessen im Restaurant lange Hosen
Info	Star Clippers Kreuzfahrten Langenhagen, Tel. (0511) 726 65 90 www.starclippers.com
Preis pro Tag	€ 235 bis € 510 Durchschnitt € 320

PROFIL

Info-/Entertainment	⚓ ⚓ ⚓
Sport & Wellness	⚓ ⚓ ⚓
Gastronomie	⚓ ⚓ ⚓ ⚓
Familienfreundlichkeit	⚓ ⚓
Service	⚓ ⚓ ⚓

Klassenprimus bei den „Large Ships"

Summit

Das Premium-Schiff mit dem großen X am Schornstein

Im Restaurant; auf dem Pooldeck

Geht es nach den Lesern des „Condé Nast Traveller", dann liegt das Quartett der Millennium-Klasse von Celebrity auch 2007 in seiner Kategorie ganz vorn: Die **Constellation**, die Summit (beide 90,2 Punkte), die **Infinity** (89,1) und die **Millennium** (88,7) belegen die ersten vier Plätze der Sparte „Large Ships". Zwar endete kürzlich die 15-jährige Zusammenarbeit mit dem Gourmetkoch Michel Roux; dennoch rühmt sich Celebrity, nach wie vor auf den Einsatz von Convenience-Produkten gänzlich zu verzichten. Die sechsgängigen Menüs in den Spezialitätenrestaurants sind denn auch exzellent. Auf der Summit zelebriert man sie im Restaurant The Normandie – umrahmt von zwei vor der Verschrottung geretteten Wandpa-neelen aus dem Rauchersalon des legendären gleichnamigen Liners. Die Martini-Bar offeriert zudem exakt 35 gerührte oder geschüttelte Varianten des berühmten Cocktails, und im Cova Café Milano sind die Torten- und Kuchenkompositionen „complimentary". Die Aqua Spas der vier Schiffe – jeweils mit Thalasso-Pool und (kostenpflichtigem) „Persian Garden" sowie einer Wohlfühloase mit verschiedenen Saunen, Dampfbädern und Ruhezonen ausgestattet – gehören zu den größten auf den Weltmeeren. Die Unterkünfte der „Concierge-Class" unterscheiden sich in Ausstattung und Service von den regulären Balkonkabinen.

Fahrgebiete 2008

Aus Mittelamerika und der Karibik kommend, trifft die Summit Ende April in Europa ein. Zunächst fährt sie vom englischen Hafen Southampton aus rund um Westeuropa ins Mittelmeer. Dort kreuzt sie vom Mai bis weit in den Herbst hinein auf zwei verschiedenen Routen ab Barcelona oder Venedig im gesamten Mittelmeer. Ende November kehrt sie über Málaga, Madeira und die Kanaren zu ihren Winterquartieren in der Karibik zurück.

Ausgewählte Reisen

Klassisches Mittelmeer

An sieben Terminen ab dem 11.5. fährt die Summit von Barcelona über Nizza, Pisa (Ausflug nach Florenz), Civitavecchia (Ausflug nach Rom), Neapel, Capri, Santorin, Athen und Dubrovnik nach Venedig. **13 Tage; ab € 1.490 ab/bis Hafen**

Transatlantik in die Karibik

Am 29.11. bricht das Schiff in Barcelona zur herbstlichen Transatlantikreise auf. Diese führt über Málaga nach Madeira und zu den Kanareninseln Lanzarote, Teneriffa und La Palma. Dann folgen fünf Tage auf hoher See bis zur Ankunft in Philipsburg auf St. Maarten am 12.12. Letzter Hafen ist San Juan in Puerto Rico. **15 Tage; ab € 867 ab/bis Hafen**

DATEN & FAKTEN

BRZ	91.000	Bordsprache	Englisch
Länge	294,00 m	Kabinen	975 (780 außen,
Breite	32,00 m		195 innen), davon 42
Tiefgang	8,00 m	Suiten, 2 Penthouse-Suiten	
Indienststellung	2001	Passagierdecks	11
Passagiere	max. 1.950	Restaurants	11
Crew-Mitglieder	999	Bars	7

Sport & Wellness	3 Pools, Elemis Aqua Spa mit Fitness, Sauna, Dampfbad, Massage, Sportdeck, Joggingbahn, Golfsimulator, Tischtennis u. v. m.
Info-/Entertainment	Kasino, Theater im Broadway-Stil, Livemusik, Nachtclub, Vorträge
Dresscode	zwanglos, abends mitunter formell
Info	Royal Caribbean Cruise Line A/S Tel. (069) 92 00 71-0 www.celebrity-cruises.de
Preis pro Tag	€ 62 bis € 375 Durchschnitt € 130

PROFIL

Info-/Entertainment	⚓ ⚓ ⚓ ⚓ ⚓
Sport & Wellness	⚓ ⚓ ⚓ ⚓
Gastronomie	⚓ ⚓ ⚓ ⚓ ⚓
Familienfreundlichkeit	⚓ ⚓
Service	⚓ ⚓ ⚓ ⚓

Anlandung mit Zodiacs

Vistamar

Ein Expeditionsschiff – mit gutbürgerlichem Ambiente

Mit ihrer geringen Bruttoraumzahl von 7.500 ist die Vistamar ein kleines Raumwunder. In modernen Kabinen mit übergroßen Betten, genügend Schrankraum und schicken Bädern (Waschtische aus Rosengranit) fühlen sich bis zu 300 Passagiere wohl. Die meisten von ihnen sind „Wiederholungstäter". Bei Innenkabinen wird das Fenster durch ein großes, selbstleuchtendes Dia ersetzt. Achtern befinden sich die Gesellschaftsräume: das Restaurant, der Musiksalon und ein Nachtclub. Der Clou: Weil es auf vier Decks nur drei Salons gibt, entsteht der Eindruck von Großzügigkeit, Helligkeit und Höhe. Im Restaurant Andalucia werden alle Mahlzeiten in einer Sitzung an festen Tischplätzen gereicht. Die Küche wird

Das Bücherzimmer; eine Doppelkabine

mit biederen deutschen Gerichten dem Drei-Sterne-Anspruch voll gerecht. Ein Deck höher laufen allabendlich Showprogramme mit wechselnden Gastkünstlern. Bei gutem Wetter werden das Buffet und die Party auf das dahinter liegende Pooldeck verlegt. Auf dem vorderen Aussichtsdeck stehen Liegestühle, die, hinter schützenden Plexiglasscheiben platziert, bei Wind und Wetter gern genutzt werden. Geprägt wurde die Vistamar durch ihren ersten Kapitän Raimund Krüger. Er schaffte Expeditionsschlauchboote an, mit denen die Vistamar Landgänge auf abgelegenen Routen wagt (Amazonas, Grönland, Antarktis). Entsprechend locker und weltoffen ist die Bordatmosphäre.

Fahrgebiete 2008

Die Vistamar fährt im Winter von der Antarktis nach Südamerika und weiter durch den Panamakanal in die Karibik. Zum Frühjahr kommt sie ins Mittelmeer und ins Schwarze Meer, danach fährt sie auf einer neuen Ostseeroute Häfen wie Karlskrona und Stralsund an. Nach einer Erlebniskreuzfahrt nach Kanada, Grönland und Island steuert sie im Herbst durch den Suezkanal den Indischen Ozean an und fährt über Südafrika und Namibia zum Jahresende zum Gambia River hinauf.

Ausgewählte Reisen

Ostsee
Zehn Häfen in sieben Ländern stehen auf dem Programm dieser Reise. Sie beginnt am 10.9. in Kiel, führt über Kopenhagen, Kalmar, Stockholm, Helsinki, St. Petersburg, Tallinn, Visby und Gdingen zum Nord-Ostsee-Kanal und endet am 21.9. in Hamburg. **12 Tage; ab € 2.040 ab/bis Hafen**

Südliches Afrika
Ab Walvis Bay/Namibia (Anreise am 16.2. 2009) geht es über Lüderitz, Kapstadt, Mossel Bay, Port Elizabeth und East London nach Durban in Südafrika. Die Rückkehr nach Frankfurt erfolgt am 1.3.2009. **14 Tage ab € 2.890 inkl. Flügen ab/bis Frankfurt**

DATEN & FAKTEN

BRZ	7.500	Bordsprache	Deutsch
Länge	121,00 m	Kabinen	148 (125 außen,
Breite	17,00 m		23 innen), davon 10 mit
Tiefgang	4,50 m		Balkon/Veranda, 10 Suiten
Indienststellung	1989	Passagierdecks	6
Passagiere	max. 290	Restaurants	1
Crew-Mitglieder	114	Bars	2

Sport & Wellness	Fitness, Frühsport
Info-/Entertainment	Lektorate, Showprogramme, Shuffleboard, Tanzkurse, Quiz, Radio, Bingo etc.
Dresscode	sportlich-leger, bei Galaabenden festlich
Info	plantours & Partner GmbH Bremen Tel. (0421) 17 36 90 www.plantours-partner.de
Preis pro Tag	€ 100 bis € 300 Durchschnitt € 180

PROFIL

Info-/Entertainment	⚓ ⚓
Sport & Wellness	⚓
Gastronomie	⚓ ⚓ ⚓
Familienfreundlichkeit	⚓ ⚓
Service	⚓ ⚓ ⚓

Auch 2008 fährt die Voyager wieder im Mittelmeer

Voyager of the Seas

Eislaufbahn, Golfplatz, Kletterwand, Inlineskate-Parcours – alles an Bord bei Royal Caribbean. Weshalb also noch an Land gehen?

Mit der Voyager of the Seas und ihren Schwestern **Adventurer**, **Explorer**, **Mariner** und **Navigator** (alle mit dem Zusatz „of the Seas") erhielt der Begriff Vergnügungsdampfer eine völlig neue Bedeutung. Alle fünf bieten Entertainment pur: Eislaufen in der Karibik, Freeclimbing 60 Meter über dem Meeresspiegel, Basketballturniere vor der Kulisse Palma de Mallorcas, Gambling im riesigen Kasino, Shoppen in der nicht minder riesigen Mall, Karneval in der vierstöckigen Royal Promenade im Herzen des Schiffs oder Broadway-Shows im fünfgeschossigen Theater. Längst sind nicht mehr die angelaufenen Häfen das Ziel – das Schiff selbst ist die Destination! Für das leibliche Wohl sorgt das imposante Hauptrestaurant

(zwei Sitzungen), den kleinen Hunger zwischendurch stillt man im Windjammer Café mit seinen ausladenden Buffets und beim – zuschlagspflichtigen – typisch amerikanischen Dinner im Johnny Rockets, Haute Cuisine gibt es im Portofino. Und im Kinderclub Adventure Ocean werden die Youngster zwischen drei und 17 Jahren offenbar so gut betreut, dass sie ihren Eltern und den anderen Passagieren allenfalls beim Essen begegnen.

Fahrgebiete 2008

Die Voyager of the Seas ist am Jahresanfang (bis April) auf einwöchigen Touren in der Karibik unterwegs. Start- und Zielhafen der Kreuz-

Scoreboard Lounge

Putting Green

DATEN & FAKTEN

BRZ	138.000	Bordsprache	Englisch
Länge	311,00 m	Kabinen insgesamt 1.557	
Breite	48,00 m	(939 außen, 618 innen),	
Tiefgang	8,80 m	757 mit Balkon, 119 Suiten	
Indienststellung	1999	Passagierdecks	15
Passagiere	max. 3.114	Restaurants	9
Crew-Mitglieder	1.186	Bars	15

Sport & Wellness	Kletterwand, Eislaufbahn, Jogging-pfad, Basketball, Golfsimulator, Inlineskating, Fitnesscenter/Spa (4.500 Quadratmeter) u. v. m.
Info-/Entertainment	Theater für 1.362 Gäste, Shows auf Broadway-Niveau, Konzerte, Kasino, Eisrevuen, Kinderbetreuung
Dresscode	ungezwungen, im Hauptrestaurant allerdings mitunter formell
Info	Royal Caribbean Cruise Line A/S Tel. (069) 92 00 71-0 www.royalcaribbean.de
Preis pro Tag	keine Angaben

fahrten über Jamaika bzw. über Honduras ist Galveston, Texas. Am 27. April bricht das Schiff zu einer Transatlantikreise Richtung Barcelona auf. Ab dem 10. Mai ist es dann auf Sechs- und Sieben-Nächte-Kreuzfahrten im Mittelmeer unterwegs. Start- und Zielhafen ist Barcelona.

Ausgewählte Reisen

Östliche Karibik

Am 13. und 27.1., 10. und 24.2. sowie 9. und 23. 3. ab Galveston/Texas nach Cozumel/Mexiko, anschließend nach Roatan/Honduras, Costa Maya/Mexico, Yucatán/Mexiko und zurück nach Galveston. **8 Tage; ab € 600 ab/bis Hafen (Flüge auf Anfrage)**

Westliches Mittelmeer

Am 21.7. geht es von Barcelona über Nizza, Rom, Neapel, Capri und Malta nach Palma de Mallorca und von dort wieder zurück nach Barcelona. **8 Tage; ab € 1.505 ab/bis Hafen (Flüge auf Anfrage)**

PROFIL

Info-/Entertainment	⚓ ⚓ ⚓ ⚓ ⚓
Sport & Wellness	⚓ ⚓ ⚓ ⚓ ⚓
Gastronomie	⚓ ⚓ ⚓
Familienfreundlichkeit	⚓ ⚓ ⚓ ⚓
Service	⚓ ⚓ ⚓

Mare nostrum

Nirgends auf der Welt ballen sich Kultur, Geschichte und landschaftliche Höhepunkte so sehr wie rund ums Mittelmeer. Eine Kreuzfahrt durch das Mare nostrum ist eine Begegnung mit den jahrtausendealten Wurzeln unserer Kultur

VON GERRIT AUST & JOHANNES BOHMANN

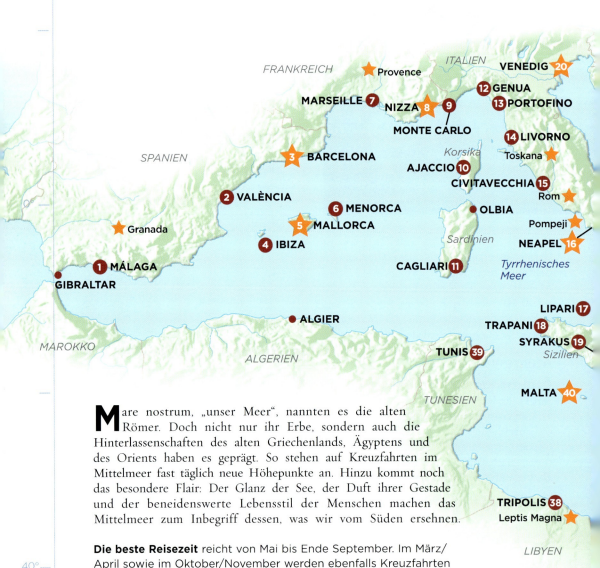

Mare nostrum, „unser Meer", nannten es die alten Römer. Doch nicht nur ihr Erbe, sondern auch die Hinterlassenschaften des alten Griechenlands, Ägyptens und des Orients haben es geprägt. So stehen auf Kreuzfahrten im Mittelmeer fast täglich neue Höhepunkte an. Hinzu kommt noch das besondere Flair: Der Glanz der See, der Duft ihrer Gestade und der beneidenswerte Lebensstil der Menschen machen das Mittelmeer zum Inbegriff dessen, was wir vom Süden ersehnen.

Die beste Reisezeit reicht von Mai bis Ende September. Im März/April sowie im Oktober/November werden ebenfalls Kreuzfahrten angeboten, doch kann es zu diesen Zeiten schon ungemütlich werden.

Griechenland

Italien

Spanien

Highlight
STADT/HAFEN

Highlight
Ausflugsziel

**Beschriebener
Zielhafen**

Stadt

KROATIEN

21 SPLIT

22 DUBROVNIK

*Schwarzes
Meer*

ALBANIEN

31 ISTANBUL

THESSALONIKI

23 KORFU

TÜRKEI

*Ionisches
Meer*

GRIECHENLAND

Ephesos
32 KUŞADASI

Olympia
24 ATHEN
KATAKOLON 25
29 MYKONOS
Aspendos
26 NAUPLIA
33 BODRUM
34 ANTALYA
Mykene,
Epidauros
Ägäis

SANTORIN 27
30 RHODOS

28 HERAKLION
ZYPERN **LIMASSOL**

Kreta Knossos

BEIRUT

Mittelmeer
LIBANON

HAIFA 35
Jerusalem

ISRAEL

ALEXANDRIA 37
36 PORT SAID

Kairo, Gizeh

ÄGYPTEN

Málaga

Barcelona

Ibiza

1 MÁLAGA

Die Wirtschafts- und Verkehrsdrehscheibe Südspaniens hat sich in den letzten Jahren herausgeputzt. Vom Boulevard am Hafen führt ein schöner Spazierweg hinauf zur maurischen Zitadelle. Und in den Gassen der Altstadt (mit ihrer wuchtigen barocken Kathedrale und dem neuen, sehenswerten Picasso-Museum) findet man gemütliche Bars, in denen köstliche Tapas zum Sherry gereicht werden.

TIPP Wer noch nie da war, sollte diesen Ausflug nicht verpassen: Die ⭐ **Alhambra von Granada** ist das besterhaltene Bauwerk der gesamten maurischen Kultur. Ein Märchen aus 1.001 Nacht – und eine Sensation der Weltarchitektur.

2 VALÈNCIA

Zu Unrecht steht Spaniens drittgrößte Stadt oft im Schatten von Barcelona, Sevilla oder Madrid. Sehenswert ist die Altstadt mit ihrem Mix aus Historie und trendigem Bar-, Restaurant- und Shopping-Ambiente. Zum Ausruhen bietet sich die mittelalterliche Plaza de la Virgen neben der Kathedrale an; am besten bestellt man dort auch eine eisgekühlte *horchata*: süße Milch aus Erdmandeln, die als valencianische Spezialität gilt und den Durst löscht.

TIPP Einen futuristischen Kontrast zur Altstadt bildet die von Santiago Calatrava gebaute Ciudad de las Artes y las Ciencias, die mit ihrer extravaganten Konstruktion ein neues Wahrzeichen ist. Vor allem das Oceanogràfic, Europas größtes Aquarium, lohnt den Besuch.

 BARCELONA

Die lebendige Hauptstadt Kataloniens verbindet mittelalterliche Tradition mit der kulturellen Vielfalt einer modernen Metropole. In der Altstadt (Barri Gòtic) schaffen schmale Gassen und schöne Plätze ein besonderes Ambiente. Sehenswert sind hier die gotische Kathedrale Santa Eulàlia mit ihrem romanischen Querschiff sowie der Königspalast Palau Reial Major. Auf den Rambles, einer breiten Allee, auf die man direkt vom zentral gelegenen Kreuzfahrtterminal spazieren kann, sorgen Straßenkünstler und Cafébesucher für ein lebhaftes Treiben (Vorsicht vor Taschendieben!). Vom Stadtberg Montjuïc hat man eine phantastische Sicht auf die Stadt.

TIPP Berühmte Werke des Jugendstilkünstlers Antoni Gaudí sind der Parc Güell und die schwindelerregende Kirche ⭐ **Sagrada Família**.

4 IBIZA

Die Hafenmole ist nicht sonderlich einladend, doch dahinter, in den Gassen der Altstadt Dalt Vila, entfaltet sich das unverwechselbare Flair der einstigen Hippie-Insel. Schrille Boutiquen sowie gemütliche Restaurants und Cafés laden zum Bummeln ein. Man geht hinauf bis zur Stadtfestung, die zum Weltkulturerbe zählt. Ein maritimes Ambiente herrscht am neuen Yachthafen Botafoc, etwa im angesagten Café Sydney.

TIPP Wenn Sie noch am Abend auf Ibiza sind, speisen Sie in der Altstadt oder in Santa Eulària (circa 20 Minuten). Unbedingt einen Tisch reservieren!

 PALMA/MALLORCA

Topreiseziel und beliebtester Zweitwohnsitz der Deutschen seit Jahrzehnten: Mallorca. Die Insel ist so bekannt wie kaum eine andere Feriendestination. Wer mit dem Schiff kommt, wird vor allem die Hauptstadt Palma besuchen (die Kreuzfahrtpier liegt drei Kilometer vom Zentrum entfernt); sie ist ideal für Erkundungen auf eigene Faust. Nicht verpassen sollte man die Kathedrale La Seu und die Altstadtgassen dahinter sowie das Llotja-

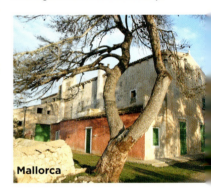
Mallorca

Viertel an der Hafenseite. Flaneure bummeln am Passeig des Born, wer einkaufen möchte, findet dazu an der Avinguda Jaume III reichlich Gelegenheit. Inselausflüge führen oft an die spektakuläre Nordküste und in die Tramuntana-Berge. Dort sind die Kartause von Valldemossa, das Städtchen Sóller und das malerische Dorf Fornalutx die Höhepunkte.

TIPP Ein unvergessliches Erlebnis ist die Fahrt mit den alten Holzwaggons der Museumsbahn „Roter Blitz" von Palma nach Sóller oder umgekehrt. Nostalgie pur!

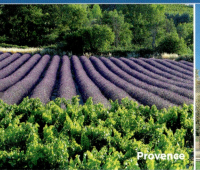

Provence

Monte Carlo

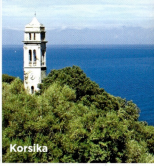

Korsika

6 MAÓ/MENORCA

Maó (oder Mahón) liegt an der Spitze eines sechs Kilometer langen Naturhafens – die Einfahrt gehört zu den schönsten im Mittelmeerraum. In der Altstadt werden im Palacio de la Casa de Cultura die Funde aus den neolithischen Tempelanlagen ausgestellt, für die Menorca bekannt ist: steinerne Tafelaltäre zum Beispiel (*talaiots*), die in die hügelige Landschaft eingebettet sind. Vom Kloster auf dem Monte Toro genießt man einen herrlichen Rundumblick über die grüne Insel.

TIPP In den weißen Fischerdörfern bei Binibèquer an der Südküste lebt noch die maurische Bautradition fort.

7 MARSEILLE

Frankreichs zweitgrößte (und älteste) Stadt ist touristisch gesehen (nicht ganz zu Recht) ein Mauerblümchen – auch Kreuzfahrtgäste passieren sie meist nur auf dem Weg in die Bilderbuchlandschaften der ⭐ Provence. Avignon, die Stadt der Päpste (80 Kilometer), Arles, einst Wohnort Vincent van Goghs (60 Kilometer), oder das Unistädtchen Aix-en-Provence (30 Kilometer) sind meistens die Ziele. Mitunter wird auch die Lagunenlandschaft der Camargue mit ihren Flamingos und den weißen Pferden besucht. Die Provence macht vor allem auf eines Lust: wiederzukommen und länger zu bleiben.

TIPP Das klassische Gericht Marseilles ist die Bouillabaisse. Am Alten Hafen (Vieux Port) werden Touristen zu ihrem Verzehr fast genötigt. Doch Achtung: Ein guter Koch zeigt vorher den Fisch, den er in die Suppe gibt.

⭐8 NIZZA

Cannes und St.-Tropez zum Trotz: Nizza ist und bleibt das mondäne Zentrum der Côte d'Azur. Einzigartig ist sein durch die Nähe Italiens inspiriertes Lebensgefühl, „superbe" sind Gastronomie und Hotellerie, Weltrang haben die Museen (unter anderem Musée Chagall, Musée Matisse). Wer die Stadt nicht zu Ausflügen in die Provence verlässt, sollte also flanieren. Vom Hafen nimmt man ein Taxi (oder wandert) zur Promenade des Anglais, dann nimmt man einen Drink (oder mehr, siehe unten) im Art-déco-Hotel Negresco und bummelt zur Altstadt unter dem Schlossberg. Am Cours Saleya findet dort dienstags bis samstags ein Markt statt, der in Sachen Farbigkeit und Ambiente am Mittelmeer seinesgleichen sucht. Am Abend verwandelt sich der Platz in ein riesiges Open-Air-Restaurant.

TIPP Im Negresco, das zu den besten Hotels Frankreichs gehört, residiert auch das nobelste Restaurant der Stadt: Le Chantecler. Abends ist es fast unbezahlbar – doch mittags gibt es drei Gänge zum erschwinglichen Festpreis.

9 MONTE CARLO

Ein Traumziel nur für Prominente? Mitnichten – auch Tagesbesuchern hat das kleine Fürstentum viel zu bieten. Atemberaubend sind die Hochhaustürme auf engstem Raum, mondän ist die Atmosphäre. Eine Sehenswürdigkeit ist der Platz vor dem Fürstenpalast, von dem aus man einen schönen Rundumblick hat. Das große Aquarium, gestiftet vom Meeresforscher Fürst Albert I., bietet Anschauliches zur Fauna und Flora des Mittelmeers.

TIPP Wer das berühmte Casino besuchen möchte, benötigt seinen Pass und angemessene Kleidung.

10 AJACCIO/KORSIKA

Die moderne Geburtsstadt Napoleons gedenkt natürlich des Kaisers: mit Monumenten und einem schlichten Museum im Haus seiner Eltern. Dabei hatte der berühmteste Korse aller Zeiten die Insel als Kind verlassen und sich später wenig um Korsika gekümmert. Direkt am zentralen Hafen gibt es Marktstände mit Spezialitäten wie zum Beispiel uraltem Käse und köstlichem Schinken.

TIPP Wanderer kennen und lieben die herrlich wilde Landschaft der Insel. Wer sie auf einem Ausflug kennenlernen will, sollte durch die Berge fahren, etwa in das typische, circa zwei Stunden entfernte Bergdorf Sartène.

Nizza

Sardinien Portofino Toskana

11 CAGLIARI

Sardiniens Hauptstadt wird von barocken Fassaden und Kuppeln dominiert, ihre Lebensadern sind die breiten Straßen im Zentrum aus der Zeit um 1900. Das Nationalmuseum in der Cittadella dei Musei eröffnet einen schönen Blick auf Stadt und Küste. Es zeigt Funde aus der geheimnisvollen Nuraghenkultur und aus der phönizischen Epoche der Insel.

TIPP Sardinien hat ein wunderschönes Binnenland und mit die schönsten Strände des Mittelmeers. In der Umgebung von Cagliari bilden diese die Costa Verde, im Norden die von Millionärsvillen gesäumte Costa Smeralda.

12 GENUA

„La Superba", die Vornehme, ist Italiens Tor zur Welt und noch heute sein wichtigster Hafen. Die einstige Seerepublik konkurrierte mit Venedig um den Handel im östlichen Mittelmeer. Man besaß Stützpunkte in der Ägäis und in Konstantinopel, auch Korsika gehörte 400 Jahre zu Genua. Seefahrer wie Columbus und Andrea Doria stammen von hier. In der eng bebauten Altstadt gibt es zahlreiche Adelspaläste, von denen einige besichtigt werden können, etwa der Palazzo Doria Tursi (Via Garibaldi 9, heute Rathaus), der Palazzo Spinola (heute Nationalgalerie) und der Palazzo Doria mit seinem herrlichen Garten.

TIPP Nahe dem Hauptbahnhof liegt die Talstation der Zahnradbahn, die auf den Granarolo (236 Meter über dem Meer) führt. Die Aussicht auf die Stadt und die Riviera ist überwältigend.

13 PORTOFINO

Der zauberhaft gelegene Hafen lädt zum Bummeln durch die Gassen und zum Verweilen in den kleinen Restaurants ein. Im Sommer liegen viele Yachten in der Marina. Im Vorgebirge erhebt sich die von einem weitläufigen Park umgebene Festung San Giorgio. Zu den Cinqueterre, fünf in Felsbuchten versteckten kleinen Orten, kann man einen Ausflug mit dem Boot oder der Bahn machen.

TIPP Per Schiff oder zu Fuß erreicht man das berühmte Kloster San Fruttuoso in einer kleinen Bucht westlich von Portofino.

14 LIVORNO

Livorno, eine moderne Stadt mit dem bedeutendsten Hafen der ⭐ Toskana, wird als Ausgangspunkt für Ausflüge in die Region angelaufen. Diese führen zum Beispiel in die reiche alte Stadtrepublik **Pisa**, wo man natürlich den Dom und den schiefen Turm besuchen sollte. Oder ins goldene **Florenz**, wo prachtvolle Renaissancebauten die Zeit der Medici-Fürsten widerspiegeln. Der Ponte Vecchio, die „alte Brücke" über den Arno, ist mit seinen Läden das fotogene Wahrzeichen der Stadt. Eindrucksvoll ist der Dom. Für die Uffizien, eine der reichsten Gemäldesammlungen Italiens, benötigt man etwas Zeit.

TIPP Wenn Sie in Livorno bleiben, sollten Sie einmal eine Spezialität der Stadt probieren: Ponce alla Livornese – das ist ein starker Kaffee mit Rum.

15 CIVITAVECCHIA

Der Hafen bietet wenig – das Ziel, zu dem man von dort aus startet (eine Stunde Fahrt), dagegen fast alles: ⭐ **Rom**, die Ewige Stadt. Sie verkörpert das Erbe des Römischen Reiches, von dessen Prachtbauten beeindruckende Ruinen überlebt haben: das Kolosseum, das Forum Romanum, der Titus-Bogen, die Caracalla-Thermen oder das Pantheon, das heute eine Kirche ist. Die Engelsburg, einst das Grabmal Kaiser Hadrians, wurde im Mittelalter zur Fluchtburg der Päpste

Rom

umgebaut. Gegenüber, im Vatikanstaat, besucht man St. Peter, die größte Kirche der Welt, und die von Michelangelo ausgemalte Sixtinische Kapelle. Das barocke Rom ist auf der Spanischen Treppe und an der Piazza Navona am schönsten. Und nicht vergessen: Eine Münze rückwärts über die linke Schulter in den Trevi-Brunnen (unser Foto) zu werfen ist ein guter, alter Brauch.

TIPP Wenn Sie Zeit haben, sollten Sie einmal die Touristenpfade verlassen und Trastevere besuchen: Das Künstlerviertel hat einen besonderen Charme.

Lipari

Neapel

Sizilien

16 NEAPEL

Geliebt und gehasst: Die einstige Kapitale der Bourbonen-Könige, die jahrhundertelang im Castel d'Ovo residierten und der Stadt das Königliche Theater, die Kathedrale und das Nationalmuseum mit einem erotischen Kabinett delikater Funde aus Pompeji hinterließen, ist so chaotisch wie faszinierend. Und mit ihrer nie versiegenden Energie ist sie für viele der Inbegriff Italiens. Hochkarätig sind aber auch die Ausflüge: In Herculaneum oder ⭐ **Pompeji** (beide Städte wurden 79 n. Chr. beim Ausbruch des Vesuv verschüttet und erst in unserer Zeit wieder ausgegraben) macht man lebendige Spaziergänge durch die Antike. An der ⭐ **Amalfiküste** erlebt man eine der spektakulärsten Küstenstraßen Europas. Und per Fähre oder per Schnellboot (auch ab Sorrent) kann man die Insel ⭐ **Capri** besuchen, deren Zauber seit über 2.000 Jahren gerühmt wird. Mit einer Zahnradbahn gelangt man dort von der Marina zur Piazza der gleichnamigen kleinen Stadt. Kleinbusse fahren zur traumhaft gelegenen Villa des Arztes Axel Munte, der Villa San Michele, und von dort weiter nach Anacapri.

TIPP Für eine Bootsfahrt zur Blauen Grotte ist sonniges Wetter zur richtigen Zeit nötig – von 11 bis 12 Uhr vormittags erlebt man ein Naturschauspiel!

17 LIPARI

Auf den paradiesischen Inseln des Windgottes Äolos, zu denen auch Stromboli (mit dem immer noch aktiven Vulkan) gehört, leben seit über 5.000 Jahren Menschen. Sie hinterließen Kunstwerke und Theaterfiguren, die im Äolischen Museum von Lipari, der größten der Inseln, präsentiert werden. Man kann Lipari in zwei Stunden umfahren. In der Zitadelle über der Altstadt ist der Dom mit dem normannischen Kreuzgang sehenswert.

TIPP Im Zentrum der kleinen, sehr sizilianisch geprägten Stadt gibt es viele typische Restaurants und Bars.

18 TRAPANI

Die Barockstadt an der Westspitze Siziliens liegt im Anbaugebiet des süßen Marsalaweins. Bei einem Ausflug in die 800 Meter hoch gelegene Bergstadt Erice fühlt man sich ins Mittelalter zurückversetzt. Ihr Ursprung ist ein phönizisches Heiligtum der Liebesgöttin Astarte. Manchmal liegt die Felsenfestung mystisch in den Wolken, während unten die Sonne glüht.

TIPP Zu den schönsten Tempeln der Antike gehört der von ⭐ **Segesta**. Ebenfalls einen Ausflug wert ist die Ruinenstadt Selinunt.

19 SYRAKUS

Im 4. Jahrhundert vor Christus war die damals griechische Stadt eine Großmacht zur See. Erhalten geblieben sind eines der größten griechischen Theater, das bis heute für Aufführungen genutzt wird, und die antiken Steinbrüche mit dem „Ohr des Dionysos". In den Gassen der Altstadt Ortygia ist die Atmosphäre typisch sizilianisch, mit kleinen Trattorien und Läden und fast morbidem Charme. In der Arethusaquelle am Hafen (sie erinnert an die Liebe zwischen dem Flussgott Alpheios und einer Nymphe) wächst der einzige Papyrus Europas.

TIPP Wenn Sie Papyrus als Souvenir kaufen wollen: Sizilianischer Papyrus zeigt – anders als der leider meistens angebotene – keine ägyptischen Motive!

20 VENEDIG

Die „Serenissima" ist immer noch eine der schönsten Städte der Welt – und eine einzigartige Mischung aus Abend- und Morgenland. 450 Brücken überspannen 177 Kanäle zwischen den 118 Inseln der Lagune. Unbedingt anschauen sollte man die bebaute Rialtobrücke, den Markusplatz, die Basilika San Marco und den Dogenpalast, das Zentrum der einstigen Seerepublik. Zu Fuß erwandert man die geheimnisvollen Gassen, mit Wasserbussen oder Gondeln fährt man über die Kanäle und durch die Lagune. Wichtig: Kreuzfahrtschiffe liegen oft einige Kilometer außerhalb der Stadt.

TIPP Ein Erlebnis ist der Bootsausflug zur Insel Torcello mit der ältesten Kirche Italiens und zu den Glasbläsereien auf Murano: Dort findet man das perfekte stilvolle Souvenir.

Venedig

Dubrovnik   Korfu

Nauplia

21 SPLIT

Zur Landseite hin säumen die Stadt noch sozialistische Plattenbauten, doch in der Altstadt am Hafen hat man das Gefühl, Diokletian sei eben erst abgezogen: Splits Zentrum ist im Grunde ein in die Relikte des Palasts, den jener römische Kaiser bewohnte, hineingebautes Mauer- und Gassengewirr mitsamt einer Kathedrale, die man dem letzten Christenverfolger bewusst auf seine Gemächer pflanzte. Auf jahrtausendealtem Marmorpflaster wandelt man hier ständig zwischen Antike, Mittelalter und Neuzeit hin und her.
TIPP Kompakter als Split, aber von ähnlicher Wirkung ist das Städtchen Trogir (circa 30 Minuten Taxifahrt).

22 DUBROVNIK

Keine Stadt am Mittelmeer hat in letzter Zeit eine vergleichbare touristische Karriere erlebt: Im Balkankrieg der 90er Jahre noch unter einem Kugelhagel begraben – die Einschusslöcher wurden teils bewusst erhalten –, steht sie heute so frisch poliert wie nie da. Die für Autos gesperrte Altstadt ist komplett von einer mittelalterlichen Mauer umgeben, innerhalb dieses Rings bieten sich dem Besucher Bilder wie für eine Filmkulisse. Zwischen Kirchen und Palästen wandelt man hier in den Gassen umher – und staunt über die Preise an der Flaniermeile, dem Stradun: Dubrovnik gehört mittlerweile zu den teuersten Städten an der Adria.
TIPP Auf der zwei Kilometer langen Stadtmauer kann man die Altstadt umrunden. Zum Fotografieren gibt es keinen besseren Standort.

23 KORFU

Schon Sissi, die „junge Kaiserin", war unsterblich in Korfu verliebt; das Ergebnis ihrer Griechenland-Sehnsucht kann man im Achilleion, ihrem Phantasiepalast südlich der Inselhauptstadt Kerkyra, bewundern. Ansonsten haben Korfu-Besucher zwei Alternativen: Sie erfreuen sich auf Inselrundfahrten an der „ungriechisch" grünen Landschaft – oder lassen mit Kerkyra ein Städtchen auf sich wirken, das im Kleinformat sämtliche Kultureinflüsse, die Griechenland je prägten, in sich vereint.
TIPP Die besten Plätze für einen Café frappé findet man unter den Arkaden des Listón von Kerkyra.

24 ATHEN (PIRÄUS)

Wiege der Demokratie und der westlichen Philosophie, Standort vom Smog bedrohter Tempel, turbulente Millionenmetropole: Athen hat viele Gesichter. Hoch über der Stadt thront die Akropolis mit dem Parthenontempel. Sie zu besuchen ist fast Pflicht; am besten steigt man zu Fuß hinauf. In der Plaka, der Altstadt unterhalb der Akropolis, kann man stimmungsvoll bei Bouzouki-Klängen Retsina und Moussaka genießen. Und danach, je nach Gusto, in der Ermou-Straße shoppen oder im Nationalmuseum antike Funde aus ganz Griechenland bewundern.
TIPP Piräus, der Hafen Athens, mag laut und schmutzig wirken, er hat aber auch stille Ecken. Zum Beispiel in den Lokalen am etwa 15 Taximinuten entfernten „kleinen Hafen" Mikrolimano.

25 KATAKOLON

Der kleine Hafen ist Ausgangspunkt der Fahrt ins antike ⭐ **Olympia**, das über ein Jahrtausend lang alle vier Jahre der Austragungsort für die panhellenischen Wettkämpfe (776 v. Chr. bis 385 n. Chr.) war – und ein Platz des Friedens. Diese Ausstrahlung hat es noch heute. Eindrucksvoll sind die Ruinen des Zeus- und des Heratempels. Schöne Funde sind in dem nahe gelegenen Museum ausgestellt: Die berühmteste Statue verkörpert das griechische Schönheitsideal, den olympischen Apoll.

Athen

TIPP Im winzigen Katakolon selbst kann man nicht viel unternehmen. Außer: einfach mal nichts zu tun – und wie die Griechen selbst den lieben langen Tag im Kafenion zu verträumen.

26 NAUPLIA

Die schöne Altstadt wird überragt von einer venezianischen Festung, viele Gassen sind mit Marmor gepflastert: Nauplia war nach Erlangung der Unabhängigkeit vom Osmanischen Reich

Santorin

Kreta

Mykonos

(1829) Griechenlands erste Hauptstadt, bis König Otto I. 1834 seine Residenz nach Athen verlegte. Zwei Ausflüge bieten sich an: In der Tempelanlage von ⭐ **Epidauros**, die dem griechischen Gott der Heilkunst geweiht war, steht das antike griechische Theater mit der am besten erhaltenen Akustik (verblüffender Hörtest). Und der Besuch der dramatisch gelegenen Königsburg von ⭐ **Mykene** mit dem berühmten Löwentor lässt Schliemanns Ausgrabungen und Homers Schilderungen von Agamemnon, Menelaos und der schönen Helena lebendig werden. Hier begann der trojanische Krieg.

TIPP Wer Ausdauer hat, steigt in Nauplia über 857 Stufen zur steilen Palamidi-Festung hinauf. Wer es beschaulicher mag, umrundet die Altstadt auf der lauschigen Uferpromenade.

⭐27 SANTORIN

Eine Reise nach Atlantis: Diese geheimnisvolle Insel ist ein Ort, den man nie vergisst. Der halbmondförmige Krater ist der Rest eines Vulkans, der vor über 3.500 Jahren explodierte und mit einer Flutwelle wahrscheinlich die minoische Kultur auf Kreta auslöschte. Der Hauptort Thira liegt in 300 Metern Höhe auf dem Kraterrand, hinauf gelangt man per Seilbahn oder auf Mulis über einen Saumpfad. Die Häuser sind weiß gekalkt und haben blaue Türen. Im gleißenden Licht der Ägais blickt man zum Horizont. Zurückversetzt in die Zeit des gewaltigen Naturereignisses wird man in der Ausgrabungsstätte Akrotiri an der Südspitze der Caldera. Die filigranen Wand-

malereien in den Ruinen des verschütteten Dorfes zeigen den Alltag der Bewohner, die die Insel offenbar kurz vor dem Ausbruch verlassen konnten.

TIPP Als malerischster Ort der Insel gilt Oia an der Nordspitze. Mit dem Taxi ab Thira ist man in 20 Minuten dort.

28 HERAKLION/KRETA

Die Hauptstadt Kretas ist der Ausgangspunkt für zwei empfehlenswerte Ausflüge: ⭐ **Knossos**, die 4.000 Jahre alte Königsstadt der minoischen Kultur, lässt der Phantasie dank einer gelungenen Teilrestaurierung viel Raum – man kann sich wunderbar in die Zeit der Minos-Könige und ihrer kultischen Stierkämpfe zurückversetzen. Die Funde aus dieser friedlichen, fast 1.500 Jahre währenden Epoche sind im Nationalmuseum in Heraklion zu bewundern. Ein anderer Tagesausflug führt über die römische Ruinenstadt Gortys an die Südküste zur zweiten minoischen Palaststadt: nach **Phaestos**. Auf dem Weg dorthin könnte man in einem typisch kretischen Dorf wie Archanes einkehren.

TIPP Minoischer Schmuck – etwa die berühmte „Biene von Malia" – wird in schönen Nachbildungen in den Juweliergeschäften der Stadt angeboten. Ein stilvolles Souvenir.

29 MYKONOS

Die karge Felsinsel ist Griechenlands Partyinsel Nummer eins, mit Bars und Discos, die bis in die Morgenstunden geöffnet sind. Tagsüber entspannt man sich beim Bummel durch weiß gestri-

chene Gassen mit Blick auf die Inselwahrzeichen: die alten Windmühlen. Zum Programm gehört oft auch ein Besuch der „heiligen", heute unbewohnten Nachbarinsel **Delos**. Dem Mythos nach wurde dort Apollo, der Gott des Lichts, der Weisheit und der Musik, unter einer Palme geboren. Im Laufe von 1.000 Jahren entwickelte sich der Mittelpunkt der Kykladen dann zu einem Kult- und Handelszentrum; jeder griechische Stamm unterhielt auf Delos einen Tempel.

TIPP Der Sonnenuntergang lässt sich am besten von den vielen stimmungsvollen Bars an der Hafenmeile „Klein-Venedig" aus erleben.

30 RHODOS

Rhodos' Altstadt spiegelt die wechselvolle Geschichte der Insel wider: Rhodos war die Bastion des Johanniterordens, bis der osmanische Sultan Süleiman der Prächtige den Rittern 1522 nach heldenhafter Verteidigung freien Abzug gewährte. Aus der Ordenszeit stammen die Stadtmauern und der Großmeisterpalast, den der „Kolonialherr" Mussolini (Rhodos war von 1912 bis 1947 italienisch) wieder aufbauen ließ. Viele Straßen wirken wie eine Kulisse für Ritterfilme.

TIPP Die Altstadt ist übervoll mit Souvenirläden. Schön und nützlich sind echte Naturschwämme.

Rhodos

Istanbul

Ephesos

Bodrum

 ISTANBUL

Blaue Moschee, Hagia Sophia, Topkapı-Serail: In der Zwölf-Millionen-Metropole auf zwei Kontinenten gibt es so viele Sehenswürdigkeiten von Weltrang, dass man sie unmöglich an einem Tag bewältigen kann. Mindestens eine der oben genannten sollte man aber in Ruhe erleben, denn weniger ist in Istanbul mehr. Und dann sollte man sich dem einzigartigen Flair dieser dynamisch-chaotischen Metropole hingeben – beim Bummel durch den Großen Basar, in einem Teehaus am Bosporus oder im Künstlerviertel Ortaköy. Wichtig: Der Verkehr ist oft so zäh, dass man für Taxifahrten reichlich Zeit einkalkulieren sollte.

TIPP Ein ungewöhnliches Hotel ist das Four Seasons unweit der Blauen Moschee: Es war vor dem Ersten Weltkrieg ein Gefängnis! Schauen Sie auf ein Tässchen Mokka vorbei.

32 KUŞADASI

Die Stadt selbst ist kein Highlight – aber eine Sensation ist ⭐ **Ephesos**, um dessen Besuch es hier eigentlich geht (circa 40 Minuten Fahrt). Denn die Ruinen dieser Stadt aus der griechisch-römischen Antike begeistern auch Nicht-Archäologen. Die Celsus-Bibliothek, die Kuretenstraße, das antike Theater – all das vermittelt einen lebendigen Eindruck vom Leben in einer Stadt, die vor 2.000 Jahren ein Brennpunkt der Kultur war. Übrigens auch der christlichen: In Ephesos predigte der Apostel Paulus, und in der Spätantike tagten dort die Konzile.

TIPP In Kuşadası lohnt der Basar, der gleich hinter der Kreuzfahrtpier den Stadthügel hinaufklettert, den Besuch. Vom Paschmina-Imitat bis zum Orientteppich bietet er alles.

33 BODRUM

Nur Schiffe, die ihre Gäste mit Tendern an Land bringen können, halten in Bodrum: Der Hafen ist eine Marina für Yachten – allerdings für die vielleicht schönsten, die das Mittelmeer zu bieten hat. Die sogenannten Gülets sind formvollendete Segler aus Pinienholz, mit denen man zur „Blauen Reise" durch die ägäischen Buchten aufbricht. In Bodrum liegen sie dicht an dicht an der Pier. Viele sind im Privatbesitz reicher Istanbuler, deren Saint-Tropez-Ersatz Bodrum ist. Entsprechend üppig ist der Lifestyle: Die Open-Air-Disco Halikarnass wird als größte ihrer Art am Mittelmeer gehandelt.

TIPP Das Top-Fotomotiv in Bodrum ist die Kreuzritterburg St. Peter am Hafen. Am besten sieht man sie vom Wasser aus, bei der Einfahrt in die Marina.

34 ANTALYA

Auch in Antalyas altem Hafen reihen sich die Gülets – die Kreuzfahrtschiffe liegen im Industriehafen, 20 Busminuten entfernt. Wenn man sich der Stadt nähert, die als Hauptferienort der Türkischen Riviera eher planlos wuchert, sollte man sich nicht irritieren lassen. Denn Antalya hütet verborgene Schätze: für historisch Interessierte eines der besten Museen der Türkei; und für Ro-

mantiker den erwähnten alten Hafen – man steigt über Treppen hinab, immer mit Blick auf das „gestreifte Minarett", das Wahrzeichen der Stadt.

TIPP Unter den Ausflugszielen ragt ⭐ Aspendos heraus: Das römische Theater ist sogar so perfekt erhalten, dass Thomas Gottschalk dort „Wetten, dass …?" aufführen konnte.

35 HAIFA

Der wichtigste Hafen Israels ist für seine schöne Lage am Berg Karmel bekannt. Im 19. Jahrhundert entstand dort durch die Zuwanderung von Europäern eine Vielvölkerstadt. Von Haifa aus (oder auch von **Tel Aviv** aus) wird meistens ⭐ Jerusalem

besucht, die heiligste Stadt dreier Weltreligionen. Vom Jaffator ausgehend, führt der dortige Rundgang durch den orientalischen Basar und dann die Via Dolorosa entlang zur Grabeskirche Jesu, in der sechs christliche Konfessionen vertreten sind. Der 691 erbaute Felsendom auf dem Tempelberg gegenüber der Al-Aksa-Moschee ist eines der schönsten Bauwerke islamischer Architektur. Die heiligste Stätte der Juden, die Klagemauer, ist die Westmauer des herodianischen Tempels, der von den Römern zerstört wurde. Das Israel-Museum liegt gegenüber dem Parlament, der Knesset.

Jerusalem

Gizeh

Tunis

TIPP Ein etwas anderes Museum: Im Dagon-Komplex in Haifa, dem einzigen Getreidesilo der Welt mit integriertem Museum, wird die Geschichte des Getreides dargestellt.

36 PORT SAID

Der Hafen am Eingang des Suezkanals ist als Umschlagplatz, Industriehafen und Tanklager von großer Bedeutung. Die Stadt (circa 530.000 Einwohner) entstand erst bei der Erbauung des Kanals und wirkt sehr westlich. Zwar wird sie auch als Urlaubsort immer beliebter; Kreuzfahrern dient sie jedoch in erster Linie als Ein- und Ausschiffungsfhafen.

37 ALEXANDRIA

Alexandria ist eine Stadt mit kolonialem Flair; englische und französische Architekten des 19. Jahrhunderts haben dort ihre Bauten hinterlassen. Das Nationalmuseum zeigt die erst vor kurzem aus dem Hafen geborgenen Funde aus dem im Meer versunkenen Palast der Kleopatra. Die neu gegründete Bibliothek soll an die größte Bibliothek der Antike anknüpfen (Museum im Untergeschoss).
TIPP Unbedingt zu empfehlen ist ein Tagesausflug zu den ★ **Pyramiden von Gizeh**. Dieses einzige noch erhaltene der sieben Weltwunder der Antike überwältigt einen immer noch durch seine Größe und die erhabene Lage am Rande der Wüste. Die älteste Pyramide der Welt ist die von Sakkara. Die Schätze aus den Pharaonengräbern befinden sich im Ägyptischen Museum in ★ **Kairo**.

38 TRIPOLIS

Ein neues Ziel auf der Mittelmeerkarte: Seit Gaddafis Libyen sich dem Tourismus öffnet, wird auch Tripolis immer häufiger angesteuert. Mit vollem Recht: Die Altstadt (drei Kilometer von der Kreuzfahrtpier) überrascht mit ursprünglich gebliebenen Basargassen, einem sehenswerten Museum (am Green Place) und überaus freundlichen Menschen. Eine Sensation ist ★ **Leptis Magna**, das wichtigste Ausflugsziel (gut zwei Stunden Fahrt): Auf dem riesigen Gelände einer Römerstadt aus dem 2. und 3. Jahrhundert n. Chr. gibt es ein Amphitheater mit Blick aufs Meer, ein exzellentes Museum – und (noch) keinerlei Rummel.
TIPP In Tripolis' Altstadt wird (noch) nicht überall mit Dollars gezahlt, und die Handwerker arbeiten noch wie in alten Zeiten. Besonders beeindruckend: die Gasse der Kupferschmiede.

39 TUNIS

Das Herz der modernen Hauptstadt Tunesiens ist noch immer der riesige Souk el-Attarine nördlich der Großen Moschee. An zwei Orten kann man sich in die Antike zurückversetzen lassen: Die Überreste **Karthagos** bestehen aus römischen Tempelruinen. Und das Bardo-Nationalmuseum zeigt die am besten erhaltenen Mosaiken aus römischen Villen der Kaiserzeit. Wichtig: Der Hafen, **La Goulette**, liegt außerhalb der Stadt.
TIPP Blaue Fensterläden, pittoreske Gassen und Cafés: Ein Ausflug in den Künstlerort **Sidi Bou Said** lässt einen Hauch von Orient aufkommen.

40 VALLETTA/MALTA

Die Einfahrt in den großen Naturhafen von Valletta ist überwältigend: Nach ihrem Rückzug aus Rhodos hatten ihn die Ordensritter zur uneinnehmbaren Festung ausgebaut. Beim Bummel durch die über dem Hafen thronende Stadt kann man sich an der Republic Street das Nationalmuseum der Archäologie und die prachtvolle St. John's Co-Cathedral ansehen, die Hauptkirche des Johanniterordens. Ebenso prächtig ist der Großmeisterpalast, der an bestimmten Tagen fürs Publikum geöffnet wird. Bei Fahrten über die Insel lassen sich geschichtliche Überreste aus sieben Jahrtausenden bestaunen. Mdina, das bis ins 16. Jahrhundert hinein die Hauptstadt der Insel war, ist heute eine barocke Festungsstadt mit schmalen Gassen und einer gewaltigen Kathedrale. Und in Tarxien stehen die Relikte einer 4.000 Jahre alten Tempelanlage der Megalithkultur.
TIPP Nicht nur für Kunstliebhaber ein Erlebnis: In der St. John's Co-Cathedral hängt „Die Enthauptung Johannes des Täufers", eines der bewegendsten Bilder des Malers Caravaggio.

Malta

Stockholm – eine der schönsten Hauptstädte der Welt

Das Baltische Meer

Mal idyllisch, mal nostalgisch: Die Ostsee ist ein Meer der Erinnerungen.
Kreuzfahrten zu ihren Häfen und Inseln sind beliebter denn je

VON BERND SCHILLER

Es ist kein Meer der großen Entdecker, kein Ozean der exotischen Gestade. Das Baltische Meer, die Ostsee, wie wir sie nennen, ist vielmehr ein Ziel für Reisende auf Spurensuche. Sie wollen ein wesentliches Stück Kultur des alten Europa entdecken, Zeugnisse großer Geschichte, eine in weiten Teilen noch heile Natur – und dabei oftmals auch ihre eigene, ganz persönliche Vergangenheit. Die Hanse hat vielen Städten rund ums Baltische Meer zu einem Wohlstand verholfen, der heute noch (oder wieder) sichtbar ist. Ziele in

Finnland, Schweden und Dänemark sind seit langem beliebt, so berühmte wie Helsinki, Kopenhagen und Stockholm, so idyllische wie die Inseln Gotland und Bornholm oder die Inselchen in der dänischen Südsee. Seit einigen Jahren locken jedoch auch die östlichen Regionen, wo eine neue Generation mit viel Elan in die Zukunft schaut, zahlreiche Besucher an. Städte wie Riga, Tallinn, Danzig und auch das nicht ganz so dynamische Königsberg werden immer häufiger angelaufen. Die beste Reisezeit ist von Mai bis Ende Oktober.

Auf der Kurischen Nehrung

**Highlight
STADT/HAFEN**

**Highlight
Ausflugsziel**

**Beschriebener
Zielhafen**

Stadt

KEMI

OULU

UMEÅ

VAASA

*Bottnischer
Meerbusen*

FINNLAND

TURKU **11** HELSINKI **10** ST. PETERSBURG **9**

12 MARIEHAMN

*Finnischer
Meerbusen*

RUSSLAND

STOCKHOLM **13**

8 TALLINN

Hiiumaa

ESTLAND

Saaremaa

SCHWEDEN

Skagerrak

GÖTEBORG

14 VISBY

GOTLAND

LETTLAND

Kattegat

7 RIGA

ÅRHUS

Öland

LITAUEN

16 KOPENHAGEN

Ostsee

6 KLAIPĖDA

VILNIUS

DÄNEMARK

Kurische Nehrung

15 BORNHOLM

17 ÆRØ

5 BALTIYSK

GDYNIA **4**

1 KIEL

3 RÜGEN

KÖNIGSBERG

2 WARNEMÜNDE

DANZIG

ROSTOCK

*Nord-Ost-
see-Kanal*

HAMBURG

STETTIN

POLEN

Kiel

Danzig

Klaipéda

1 KIEL

Keine kuschelige Altstadt, auch keine Zeugnisse großer Geschichte locken Besucher an die Kieler Förde. Der Charme der schleswig-holsteinischen Landeshauptstadt wird dennoch beim ersten Blick über die Reling klar: Das Meer reicht bis ins Herz dieser Großstadt. Immer war Kiel eine maritim geprägte Stadt. Bis heute künden gewaltige Werftkräne, der Marinestandort, der Wassersport und die Meeresforschung von Weltruf davon. Das 85 Meter hohe Ehrenmal in Laboe, das sämtliche ein- und ausfahrenden Schiffe passieren, erinnert seit über 70 Jahren an alle Opfer auf See.

TIPP Wer kann, sollte seine Route so legen, dass eine Fahrt durch den Nord-Ostsee-Kanal dazugehört. Die Ufer dieser meistbefahrenen Wasserstraße der Welt mögen nicht so exotisch aussehen wie die des Suez- oder des Panamakanals. Aber der knapp 100 Kilometer lange Törn zwischen Kiel und Brunsbüttel ist mindestens ebenso spannend.

2 WARNEMÜNDE

Seit 110 Jahren weist der Leuchtturm von Warnemünde Seeleuten den Weg in den Hafen der Hansestadt **Rostock**. Dort wiederum ist der 117 Meter hohe Turm von St. Petri eine alt-

Warnemünde

vertraute Landmarke. Warnemünde hat viel Flair bewahren können, zum Beispiel in der Gasse Vöregg am Alten Strom, die von originellen Geschäften und Kneipen gesäumt ist. Von Rostocks einstigem Reichtum zeugen Giebelhäuser, mächtige Backsteinspeicher, wuchtige Tore und Stadtbefestigungen sowie imposante Kirchen.

TIPP Um 12 Uhr machen die Apostel in St. Marien am Neuen Markt ihren „Umgang". Sie gehören zur Astronomischen Uhr aus dem Jahre 1472.

⭐ RÜGEN

Von Attributen wie „Capri des Nordens" oder Vergleichen mit Sylt halten die Bewohner von Deutschlands größter Insel nichts. Zu Recht: Rügen ist mit einer Naturvielfalt gesegnet, die Erstbesucher staunen lässt, mit Nationalparks wie Jasmund (zu dem die berühmten Kreidefelsen gehören) und der Vorpommerschen Boddenlandschaft, vor allem aber mit Stränden und Bädern, die schon zur Kaiserzeit gut besucht waren. Die wieder aufgebauten Seebrücken von Göhren, Sellin, Binz und Sassnitz und die restaurierte Bäderarchitektur sind heute Symbole für die Tradition und für den Aufschwung Rügens.

TIPP Auf Rügen bietet sich ein Abstecher nach Hiddensee an, zur „kleinen Inselschwester" im Westen. Hinter der alten Dorfkirche von Kloster liegt das Grab des Dichters Gerhart Hauptmann.

4 GDYNIA

Das ehemalige **Gdingen** ist zwar stolz darauf, Polens am schnellsten gewachsene Großstadt zu sein – 1920 wohnten dort gerade mal 1.200 Menschen, heute sind es 250.000 –, aber außer der Hafenmeile mit der Fregatte Dar Pomorza und dem Ozeanographischen Museum mit Aquarium bietet Gdynia nicht so viel, dass man deshalb den Aufenthalt in ⭐ **Danzig** abkürzen müsste. Dafür ist die Stadt, die auf Polnisch Gdańsk heißt, nämlich einfach zu attraktiv. Die meisten Sehenswürdigkeiten liegen in der „Rechtstadt": Vom Langen Markt aus bummelt man zum Rathaus, dann weiter an der Mottlau entlang zum Krantor und zur vierfachen Toranlage (Goldenes und Hohes Tor, Stockturm und Peinkammer). Beklemmung wird ein Besuch auf der Westerplatte auslösen, wo ein Ehrenmal daran erinnert, dass hier am 1.9.1939 der deutsche Überfall auf Polen – und damit der Zweite Weltkrieg – begann.

TIPP Eine Institution: Das historische Restaurant Pod Lososiem, auf Deutsch „Der Lachs" – und genau der ist hier die Spezialität. Danach ein Gläschen „Danziger Goldwasser", das an dieser Stelle „erfunden" wurde.

5 BALTIYSK

In Baltiysk, dem einstigen Pillau, gibt es wenig zu sehen. Es ist heute nur der Vorposten für einen Besuch im eine knappe Stunde entfernt gelegenen **Kaliningrad**, der westlichsten Großstadt Russlands. Diese empfängt vor allem jene Besucher mit gemischten Gefühlen, die auf der

Tallinn

Riga

St. Petersburg

Suche nach dem alten ⭐ **Königsberg** sind. Davon ist wenig geblieben. Nach der vollständigen Zerstörung und der Übernahme der Stadt durch die Sowjets 1945 war keine andere ehemals deutsche Metropole im Osten so abgeschnitten von ihrer Vergangenheit und dem Weltgeschehen. 1701 wurde hier Kurfürst Friedrich III. von Brandenburg zum ersten König Preußens gekrönt, der Philosoph Immanuel Kant trug Ende des 18. Jahrhunderts den Ruf der Universität in die Welt. Heute sind die Kant-Gedenkstätte und der Dom auf der Kneiphofinsel herausragende Sehenswürdigkeiten.

6 KLAIPĖDA

Nur ein knapper Kilometer liegt zwischen der Kreuzfahrtpier und der malerischen Stadt, die 1250 unter dem Namen **Memel** gegründet wurde. Vor allem ältere Passagiere freuen sich auf den Simon-Dach-Brunnen, dessen Figur auf der Spitze das in einem über 400 Jahre alten Volkslied besungene „Ännchen von Tharau" darstellt. Seit 1991 ist Klaipėda Freie Wirtschaftszone – der Hauptgrund für einen sensationellen Aufschwung. Schönstes Ausflugsziel ist die ⭐ **Kurische Nehrung**, ein Landstreifen von fast 100 Kilometern Länge und maximal 3,8 Kilometern Breite. Von dieser „phantastischen Welt der Wanderdünen, der Kiefern- und Birkenwälder zwischen Haff und Ostsee" war Thomas Mann so angetan, dass er sich im Hauptort Nidden (heute **Nida**) 1930 ein Sommerhaus zulegte, das heutzutage das Lieblingsziel vieler Nehrungsbesucher ist.

7 RIGA

Auch Lettlands Metropole, die einzige echte Großstadt des Baltikums (fast 800.000 Einwohner), hat deutsche Wurzeln. Sie wurde 1201 gegründet und war über Jahrhunderte eine deutsch geprägte Hansestadt. Während die Randbezirke von Plattenbauten aus sowjetischer Zeit dominiert werden, gehört die Altstadt (UNESCO-Weltkulturerbe) zu den schönsten Nordeuropas. Der Dom ist die imposanteste Kirche des Baltikums, allein die Orgel (6.768 Pfeifen) ist eine Sehenswürdigkeit. Charakteristisch für die Stadt sind die perfekt restaurierten Jugendstilhäuser – die schönsten stehen in der Albertstraße.

TIPP Das Schwarzhäupterhaus am Rathausplatz war über 600 Jahre Symbol der deutsch-baltischen Vergangenheit. Im Zweiten Weltkrieg zerstört, wurde es 1999 nach stilgetreuer Rekonstruktion wieder eingeweiht; es beherbergt auch ein sehr schönes Café-Restaurant.

8 TALLINN

Estlands Hauptstadt, im deutschen Sprachraum früher als **Reval** bekannt, steht ebenfalls auf der tourismusfördernden UNESCO-Liste. Aber neben der gepflegten Idylle von einst fallen so deutlich wie nirgendwo sonst im Baltikum die neuen High-Tech-Paläste auf, Symbole für den optimistischen Blick der kleinsten, aber wohlhabendsten baltischen Republik. Die Altstadt und neue Kultur-Highlights wie das Kunstmuseum liegen eine gute halbe Stunde zu Fuß vom Kreuzfahrtanleger entfernt.

TIPP Zum Essen einmal die Planken wechseln: Neben dem Passagier-Terminal liegt das Restaurant-Dampfschiff Admiral.

9 ST. PETERSBURG

Für viele Ostsee-Kreuzfahrer der absolute Höhepunkt: prunkvolle Paläste aus der Zarenzeit, die Isaaks-Kathedrale mit ihren goldenen Kuppeln, die legendäre Eremitage, die zu den bedeutendsten Kunstsammlungen der Welt gehört – und dennoch nur eines von 250 Museen dieser nördlichsten Millionenstadt ist. Dazu kommt im Sommer, quasi als krönende Kulisse, das Licht der langen, weißen Nächte. Und schließlich lockt auch noch der Ausflug zum Katharinenpalast von Zarskoje Selo mit seinem rekonstruierten Bernsteinzimmer ... Zwei, besser drei Tage sollten auch Seereisende ansetzen, um wenigstens die wichtigsten Sehenswürdigkeiten zu erleben.

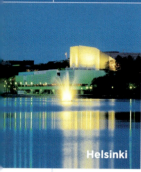
Helsinki

Stockholm

Gotland

TIPP Auf den Souvenirmärkten hinter der Auferstehungskirche und am Newski-Prospekt lassen sich neben klassischem Kitsch (Matrjoschka-Puppen und bemalte Holzeier) auch etwas anspruchsvollere Mitbringsel entdecken – zum Beispiel schöne Schachspiele und Lackarbeiten.

10 HELSINKI

„Weiße Stadt im Norden" wird Finnlands Hauptstadt gern genannt. Den Titel verdankt sie einem einmaligen Empire-Ensemble rund um den Senatsplatz, der in der ersten Hälfte des 19. Jahrhunderts von dem Berliner Carl Ludwig Engel im Auftrag des Zaren Alexander I. gestaltet wurde. Damals war Finnland noch russisches Großfürstentum. Zu den klassizistischen Gebäuden an diesem Platz gehören die Universität, das Senatsgebäude und vor allem der Dom, Helsinkis Wahrzeichen. Wer die Stadt auf originelle Weise erkunden will, nimmt die Straßenbahn der Linie 3T. Sie passiert das Kunstmuseum, das Parlament, das Olympiastadion von 1952 und eben auch den Senatsplatz.

TIPP Nicht nur an kalten Tagen lohnt sich ein Besuch der nur wenige Fußminuten vom Anleger entfernten Markthalle von 1898. In schönem Ambiente probiert man Rentierschinken und Piroggen, dazu eventuell einen finnischen Wodka.

11 TURKU

Turku (auf Schwedisch: Åbo) ist Finnlands älteste Stadt. Über Jahrhunderte, unter schwedischer und russischer Herrschaft, war es auch die wichtigste und größte Stadt des Landes. Schon bei der Hafeneinfahrt erinnert eine mächtige Festung an jene Zeiten. Heute beherbergt diese Burg von 1280 ein lokales Geschichtsmuseum. Musikliebhaber werden wohl eher das Sibelius-Museum besuchen, Heilberufler das Apothekermuseum.

TIPP Der schönste Spaziergang führt an der Aura entlang. Malerische Gebäude aus dem 19. Jahrhundert säumen dieses Flüsschen.

12 MARIEHAMN

Die **Åland-Inseln**, deren Hauptort Mariehamn ist, sind eine wunderschöne Inselgruppe mit Tausenden von Schären. Sie liegen zwischen Finnland und Schweden. Kulturell „gehören" sie beiden Ländern; die 25.000 Einwohner sprechen schwedisch, aber ihr Archipel ist ein autonomer Teil Finnlands. Man hat eigene Briefmarken und eine eigene Flagge. Mariehamn hat eine große maritime, aber auch eine lange touristische Tradition: Bereits 1890 wurde dort ein Seebad eröffnet. Die Kurgäste flanierten damals auf einer Promenade, die noch heute von vier Reihen Linden gesäumt ist. Und dort spazieren auch die Kreuzfahrtpassagiere unserer Tage gern – die Pier ist nur 15 Gehminuten entfernt.

TIPP Der Viermaster Pommern, der vor gut 100 Jahren als einer der Flying-P-Liner der Hamburger Reederei Laeisz in Dienst gestellt wurde, liegt hier seit 1953 als Museumsschiff vor Anker.

13 STOCKHOLM

14 Inseln, 50 Brücken – da kann man durchaus von einer schwimmenden Stadt sprechen. Stockholm, eine der schönsten Hauptstädte der Welt, liegt zwischen dem Mälarsee und dem Schärenhof, durch den es alle Schiffe ansteuern – schon das ist ein großartiges Erlebnis. Wer danach durch die malerische Altstadt Gamla Stan bummelt, wird sich nur zu gern in den Gassen verlieren oder von einem der Cafés am Stortorget (Großer Markt) aus das gar nicht kühle Leben und Treiben in dieser nordischen Metropole beobachten. Das Königliche Schloss liegt gleich nebenan. Zu den herausragenden Sehenswürdigkeiten gehören das Vasamuseum, das Nationalmuseum, die Deutsche Kirche und – im wahrsten Sinne des Wortes – das Stadshuset, wo das lokale Parlament

Åland-Inseln

Bornholm

Ærø

Kopenhagen

tagt. Vom 106 Meter hohen Turm dieses Stockholmer Wahrzeichens hat man den besten Blick auf die amphibische Stadtlandschaft.

TIPP Ein Abstecher nach Drottningholm, wo Silvia und Carl Gustaf im Grünen wohnen, muss sein. Wer Glück hat, erlebt dort eine Aufführung im Schlosstheater von 1766.

14 VISBY (GOTLAND)

Ein Mikrokosmos voller Zauber: die Roseninsel Gotland, die mit schönen Stränden und einer Vegetation überrascht, die man eher im Süden vermuten würde. Sogar Orchideen lässt das milde Klima wachsen. Viele kleine Wunder der Natur zeichnen die Insel aus, zum Beispiel die Raukar-Steine, bizarre Felsformationen an den Küsten. Und Kulturschätze von Weltgeltung: auf dem Lande Grabfelder aus der Bronzezeit und Gräber der Wikinger, in Visby – wo größere Schiffe auf Reede festmachen – die Handelshäuser aus der Hansezeit und ein bestens erhaltenes mittelalterliches Stadtbild.

TIPP Lohnend: ein Besuch des Fornsalen, eines der besten Museen Schwedens, mit einer Schatzkammer, in der die von heimgekehrten Wikingern vergrabenen Horte ausgestellt sind.

15 BORNHOLM

Es soll Passagiere gegeben haben, die ihr Schiff haben ziehen lassen, so angetan waren sie von Bornholm. Vier Rundkirchen aus dem 12. Jahrhundert sind die Wahrzeichen einer Insel, die sich durch eine abwechslungsreiche Natur,

Traumstrände und Puppenstuben-Städtchen wie Gudhjem und Svaneke auszeichnet. Zu den Kultur-Highlights gehört das Kunstmuseum von Helligdommen hoch über der Ostsee.

TIPP Bornholmer nennt man die goldgelb geräucherten Heringe, die am späten Vormittag überall auf der Insel frisch aus dem Rauch kommen, zum Beispiel in der Museumsräucherei von Hasle an der Westküste.

16 KOPENHAGEN

Die Schiffe legen dort an, wo Dänemarks heitere Hauptstadt am bekanntesten ist: Am Langeliniekaj werden sie von der berühmten Kleinen Meerjungfrau begrüßt. Seit 1913 schmückt die „Lille Havfrue", der See und Hans Christian Andersens Märchen entstiegen und längst zum Wahrzeichen der Stadt geworden, die Promenade. Von dort kann man in Ruhe in Richtung City bummeln, vorbei am Schloss Amalienborg (täglicher Wachwechsel um 12 Uhr; wenn die Königin zu Hause ist, mit Tschingderassabumm und 36 Bärenfellmützen, sonst ohne Musik und mit nur zwölf Gardisten). Man wird Nyhavn, der 600 Meter langen „Theke" am Hafen, einen Besuch abstatten, das Königliche Theater fotografieren, die antiken Skulpturen der Ny Carlsberg Glyptotek besichtigen, sich im Tivoli verzaubern lassen oder den Runden Turm besteigen: eine Stadt voller Leben und Toleranz, überschaubar und doch weltläufig.

TIPP Die Fußgängerzone Strøget hat an Attraktivität verloren – zu viele

Kettenläden, die es auch anderswo gibt. Witziger ist das Angebot in einigen Neben- oder Parallelstraßen, etwa in der Strædet und erst recht in der Nansensgade am Nørreport.

17 ÆRØ

Segler schwärmen schon lange von der Inselwelt südlich von Fünen. Vor allem Ærø gilt als Inbegriff dänischer Gemütlichkeit. In den Hafenstädtchen **Marstal** und **Søby** und erst recht in **Ærøskøbing** wähnt man sich in eine Zeit zurückversetzt, die noch ohne Hektik auskam. Die Insel bietet schöne Strände und eine heile Natur, ihr „Hauptstädtchen" (978 Einwohner) lädt zu einem genüsslichen Spaziergang über Kopfsteinpflaster und durch Fachwerkgassen. Dazu passt, dass die Schiffe hier auf Reede liegen und man sich der Idylle langsam mit dem Tenderboot nähert.

TIPP Im Kaffeegarten des Hotels **Ærøhus** kann man den Rundgang perfekt ausklingen lassen. Der Kuchen dort ist hervorragend – genau wie der Blick auf den Hafen mit dem „eigenen" Kreuzfahrtschiff im Hintergrund.

Kopenhagen

Mitten im Ozean: die Blumeninsel Madeira

Kurs Atlantik

Vom ewigen Frühling bis ins ewige Eis: Die atlantischen Gestade
Europas sind eines der abwechslungsreichsten Kreuzfahrtreviere

VON GERRIT AUST & JOHANNES BOHMANN

Zum Frühling und zum Herbst herrscht zwischen Gibraltar und Hamburg der regste Kreuzfahrtverkehr. In der Übergangszeit des Frühlings befinden sich viele Kreuzfahrtschiffe auf dem Weg von den Winterzielen in der Karibik oder in der südlichen Hemisphäre zu den klassischen Sommerrevieren an der Ostsee, im Nordland oder im Mittelmeer; im Herbst verläuft die Überfahrt in die entgegengesetzte Richtung. Wer mitfährt, erlebt das ganze Kaleidoskop der Kulturen und Klimabedingungen, die den „Alten Kontinent" prägen: von den auch im Winter milden Kanaren über die alten Hafenstädte Portugals, Nordspaniens und Frankreichs bis zu den rauen Küsten Schottlands oder Norwegens. Warmwasser wie in der Karibik gibt es hier nicht – kulturelle, kulinarische und landschaftliche Höhepunkte dagegen wie Perlen an einer Schnur.

Teil 1: Atlantische Inseln & Westeuropa

Atlantikszenen – in Lissabon und auf den Kanaren

Die **beste Reisezeit** für das Nordland und die Britischen Inseln ist der Hochsommer; Regenjacke und -schirm gehören hier dennoch immer zum Gepäck. Frankreich, Portugal und Spanien sind auch im Herbst und im Frühling schön. Auf den Kanaren, Madeira und den Azoren kann man ganzjährig mit gutem Wetter rechnen.

AMSTERDAM **15**
ANTWERPEN **14**
● ST.-MALO
BELLE-ÎLE **13**
NANTES **12**   ● PARIS
★ Loire-Tal
Biskaya   *FRANKREICH*
LA CORUÑA **9**   BORDEAUX **11**
SANTIAGO ★
SANTANDER **10**   ● BILBAO
PORTO **8**
PORTUGAL
LISSABON **7**   *SPANIEN*
6 AZOREN
Atlantik   ● SEVILLA
5 MADEIRA   ● CÁDIZ
● GIBRALTAR
★ RABAT
4 CASABLANCA
ESSAOUIRA
1 TENERIFFA   ★ MARRAKESCH
2 GRAN CANARIA   **3** AGADIR
MAROKKO

500 km

★ Highlight
STADT/HAFEN

★ Highlight
Ausflugsziel

● Beschriebener
Zielhafen

● Stadt

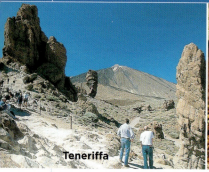
Teneriffa

Marrakesch

Casablanca

1 TENERIFFA

In **Santa Cruz**, der Hauptstadt der größten Kanareninsel, lohnen der Wochenmarkt Nuestra Señora de África (vormittags) und das Museum zur Naturgeschichte der Kanaren und ihrer Ureinwohner, der Guanchen, den Besuch. Ein erhebendes Landschaftserlebnis ist die Fahrt zum schneebedeckten Gipfel des Teide, des mit 3.718 Metern höchsten Bergs Spaniens. Im Nationalpark Las Cañadas jenseits der Baumgrenze blickt man über eine Hochebene mit bizarren Lavaformationen. Malerisch sind auch das Tal von Orotava mit dem Küstenort Puerto de la Cruz und im Norden das Anaga-Gebirge.

TIPP Der von Thor Heyerdahl entworfene archäologische Park bei Güimar (40 Min. Taxifahrt ab Santa Cruz) ist mit sechs länglichen Pyramiden aus Vulkanlava ein eindrucksvolles Monument der Glaubenswelt der Guanchen.

2 GRAN CANARIA

In der Großstadt **Las Palmas** kann man vom Hafenviertel Santa Catalina bequem bis in die Altstadt La Vegueta bummeln. Die Casa de Colón beherbergt eine Ausstellung über Christoph Kolumbus, alte Seekarten und die Verbindungen zwischen den Kanaren und Südamerika. Ausflüge ins Inselinnere führen zum Bandama-Krater, der Felsnadel Roque del Nublo und den Städtchen Arucas und Teror. Kulinarische Genüsse aus dem Meer bietet das Fischerdorf Agaete. Der Badetourismus beschränkt sich auf den Inselsüden; dort vermitteln die Dünen von Maspalomas ein Sahara-Erlebnis.

TIPP In Fußnähe des Hafens liegt der durch ein Riff geschützte Strand Las Canteras. Auch für Kinder geeignet!

3 AGADIR

Sonnenanbeter lieben Agadir wegen der Strände und der vielfältigen Vergnügungen. Das echte Marokko aber findet man zwei Stunden nördlich, im malerischen Atlantikhafen **Essaouira**. Oder drei Stunden landeinwärts, in ⭐ **Marrakesch**, der „Roten Stadt" am Atlasgebirge. Ihre Medina ist eine der besterhaltenen Altstädte des gesamten Orients. Legendär ist dort der „Platz der Gaukler", der sich mit seinen Garküchen, Wahrsagern, Akrobaten und Schlangenbeschwörern allabendlich in eine magische Szenerie aus 1.001 Nacht verwandelt.

TIPP Dank der Touristenpolizei muss man vor allzu aufdringlichen Händlern in Marrakesch keine Angst mehr haben. Lassen Sie sich also im Basar ruhig treiben – er ist einzigartig.

4 CASABLANCA

Marokkos größte Stadt ist auch die modernste; Orient-Flair gibt es kaum. Dafür liegt ⭐ **Rabat**, eine der alten Königsstädte (und die heutige Hauptstadt) Marokkos, in Ausflugsnähe. Dort zeugen Paläste, Moscheen und Museen von der Pracht der alten Maurenreiche, die einst eine Weltkultur prägten.

TIPP Ein Muss ist in Casablanca der Besuch der Moschee Hassan II. Das Mammutbauwerk direkt am Atlantik ist das zweitgrößte Gotteshaus der gesamten islamischen Welt.

5 MADEIRA

Blumeninsel mit ewigem Frühling: Vor allem die Landschaft macht Madeira zum Erlebnis. Auf dem 1419 von Portugiesen entdeckten Eiland wurden über Jahrhunderte hinweg Terrassen angelegt und mit Quellwasserkanälen (*levadas*) bewässert, an denen ganzjährig Kartoffeln, Obst, Früchte und die berühmten Trauben für den Madeirawein gedeihen. Verkostungen bieten die Kellereien der Hauptstadt **Funchal** an. Dort

Madeira

kann man mit der Seilbahn nach Monte hinauffahren und die Grabkapelle des letzten Habsburger Kaisers Karl I. besuchen, der hier 1922 im Exil verstarb.

TIPP Wer britisches Ambiente mag, könnte einen „five o'clock tea" auch schon um 15 Uhr zu sich nehmen: auf der Terrasse des Hotel Reid's in Sichtweite der Kreuzfahrtpier.

6 AZOREN

Der entlegene Archipel gehört seit 1427 zu Portugal. Seit Beginn der Dampfschifffahrt im 19. Jahrhundert erlebten die Inseln einen Aufschwung als Versorgungs-

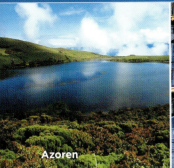

Azoren

Lissabon

La Coruña

station; auch der Anbau von Ananas und Tabak wurde profitabel. Die Hauptstadt **Ponta Delgada** liegt auf der Vulkaninsel São Miguel; ihre Gassen sind mit farbigen Vulkankieseln ausgelegt, die Fassaden zeigen portugiesischen Barock. Fahrten durch die grüne Berglandschaft führen zu den Kraterseen Sete Cidades (Sieben Städte) oder den Meerwasserbecken bei Ribeira Grande, die in Lavablasen hineingebaut wurden.

7 LISSABON

Schon wenn man bei der Einfahrt über die Tejo-Mündung den Turm von Belém passiert, das Denkmal der Entdeckungen, spürt man den Glanz vergangener Epochen: Portugals Hauptstadt lebt mit und von seiner Geschichte. Ob in der Oberstadt Bairro Alto, an den Boulevards der Unterstadt oder im Gassengewirr der maurischen Altstadt Alfama – überall erzählen die Fassaden vom Reichtum eines verblühten Weltreichs. Diese Patina gehört zu Lissabon wie seine multikulturelle Bevölkerung – und wie seine hochrangigen Sehenswürdigkeiten: die Kathedrale, das Carmo-Kloster, das Kastell São Jorge (beste Aussicht!) und die Museen und Monumente in Belém.

TIPP Viele größere Lokale in der Oberstadt (Rua Norte) bieten traurigschönen Fado-Gesang zum Abendessen. Einlass 21 oder 23 Uhr, mit Glück auch ohne Reservierung.

8 PORTO

Der Hafen liegt draußen am Meer – per Bus gelangt man in einer halben Stun-

de in die Stadt, die schon immer mit Lissabon konkurrierte. Zumindest als Weinmetropole (der Portwein lagert in alten Fässern in den Kellereien am Südufer des Douro) ist ihr der erste Platz sicher; eine Degustation sollte man sich deshalb gönnen. Dramatisch ist die Lage der Altstadt am Steilufer des Flusses; durch hübsche Gassen steigt man hinauf zu alten Kirchen und Klöstern, deren Fassaden zum Teil großflächig mit handbemalten Kacheln, den berühmten *azulejos*, bedeckt sind. Ein Kleinod verbirgt sich in der Rua das Carmelitas nahe dem Archäologischen Museum: „Lello & Irmão", die vielleicht schönste Buchhandlung Europas.

TIPP Der ideale Platz für eine *bica* (portugiesischer Espresso) sind die Cafés am Flussufer Cais da Ribeira.

9 LA CORUÑA

Die Häuser der alten galicischen Hafenstadt haben wegen der Atlantikwinde verglaste Balkone. Die Altstadt hat ihren eigenen Reiz. Über der Hafeneinfahrt

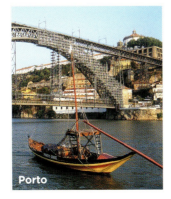

Porto

steht der Herkules-Turm, der als ältester Leuchtturm der Welt gilt. Der eigentliche Höhepunkt des Besuchs ist aber der Ausflug in Spaniens „heilige Stadt" **Santiago de Compostela** (circa 60 Kilometer). Der Legende nach liegt hier Jakobus der Ältere (span. Santiago), der „Apostel Spaniens", begraben. Die über dem Grab erbaute Kathedrale (UNESCO-Welterbe) ist seit dem Mittelalter Ziel von Pilgern aus ganz Europa (und neben Rom und Jerusalem eine der heiligsten Stätten des Christentums). Wer sich der Atmosphäre dieser einzigartigen Stadt öffnet, fühlt sich – trotz allen Rummels – fast ins Mittelalter zurückversetzt.

TIPP Kulinarisch ist Galicien ein Mekka der Meeresfrüchte. Auch das Symbol der Pilger, die Jakobsmuschel (*vieira*), gehört dazu. Am besten schmeckt sie mit einem Weißwein aus der Region (Ribeiro oder Albariño).

10 SANTANDER

Das mondäne Seebad hat alle Attribute einer beliebten Sommerfrische aufzuweisen: große Hotels, ein Spielkasino, schöne Promenaden. Auf der vorgelagerten Halbinsel La Magdalena befindet sich ein Schloss der spanischen Königsfamilie, die sich hier in heißen Sommern gern aufhält. Ein Ausflug führt entlang der Küstenstraße nach **Bilbao** zum spektakulären Guggenheim-Museum für moderne Kunst.

TIPP Die Felszeichnungen von Altamira (die älteste Kunst der Menschheit!) können in einer Kopie der Originalhöhle bewundert werden.

Bordeaux

Nantes

Amsterdam

11 BORDEAUX

Die 2.300 Jahre alte Hauptstadt Aquitaniens liegt 45 Kilometer vom Atlantik entfernt an der Garonne. Ihr Name steht für die besten Rotweine der Welt. Der Reichtum aus dem Weinhandel ist in der mittelalterlichen Kirchenarchitektur und den spätbarocken Fassaden allgegenwärtig. Die Einkaufsstraße Rue Sainte-Cathérine durchzieht die ganze Altstadt. Vom Hafen aus lohnt sich ein Bummel durch die Gassen bis zur Kathedrale St.-André, deren frei stehender Turm 1450 hinzugefügt wurde. Der schönste Ausflug führt ins mittelalterliche **St.-Émilion**, Zentrum eines legendären Weinbaugebiets.
TIPP Die Bordelaiser Küche genießt auch unter Franzosen einen hervorragenden Ruf (Spezialität Austern, Muscheln). In den Vierteln Quinconces und Hôtel de Ville gibt es exzellente Restaurants. Roter, aber auch weißer Bordeaux ist dort zum Mahl Pflicht.

12 NANTES

Die einstige Residenz der bretonischen Herzöge liegt im Mündungsgebiet der Loire. Das gewaltige Schloss unweit der Kathedrale war oft Schauplatz französischer Geschichte. Hier endete die Unabhängigkeit der Bretagne durch die Heiraten der Anne, Erbtochter des letzten Herzogs, mit den französischen Königen Karl VIII. (1491) und Ludwig XII. (1499); und hier wurde 1598 das Toleranzedikt unterzeichnet, das die Religionskriege beendete. Die mittelalterliche Altstadt um die Kirche Sainte-Croix und den Cours des 50 Otages besteht aus einem Gewirr kleiner Häuser und gewundener Gässchen. An der Place Graslin liegt das Theater im griechischen Stil (1783). Das Musée Dobrée beherbergt die märchenhaften Sammlungen eines Reeders.
TIPP Den Zauber des Loire-Tals und seiner Schlösser erlebt man bei Ausflügen nach Angers zum Schloss der Herzöge von Anjou oder nach Brissac.

13 BELLE-ÎLE

Die magisch „schöne Insel" zog schon vor 200 Jahren Maler und Dichter an. Claude Monet und Sarah Bernhardt schwärmten von ihr und verbrachten dort, 14 Kilometer vor der bretonischen Küste, viele Sommer in dem milden Klima. Die Zitadelle in Le Palais ist ein Werk des Festungsbaumeisters Vauban; sie wurde unter Ludwig XIV. gegen die feindlichen Engländer errichtet.

14 ANTWERPEN

Im Frühmittelalter am Südufer der Schelde gegründet, galt Antwerpen im 16. Jahrhundert als die reichste Handelsstadt Europas. In der Renaissance-Architektur der Bürgerhäuser spiegelt

Antwerpen

sich diese Epoche wider; Künstler wie Brueghel (Vater und Sohn), van Dyck oder Jordaens wirkten in dieser Zeit. Das prunkvoll eingerichtete Wohnhaus von Peter Paul Rubens ist ein sehenswertes Museum. Heute ist Antwerpen der wichtigste Diamantenhandelsplatz der Welt, die Branche wird von dort ansässigen jüdischen und indischen Händlern dominiert. Sehenswert sind das Diamantenmuseum, die Kathedrale und der Grote Markt mit dem Rathaus.
TIPP Antwerpen ist weltberühmt für Schokolade und Pralinen. Wer kalorienreichen Genuss nicht scheut, sollte beides dort in einem Café oder einer Confiserie verkosten und genießen.

15 AMSTERDAM

Die schönste Stadt der Niederlande ist mit ihren Grachten, 1.300 Brücken und fast 7.000 alten Kaufmanns- und Lagerhäusern ein besonderes Erlebnis. Amsterdam löste 1602 mit der Gründung der VOC (Vereinigte Ostindische Compagnie) Antwerpen als Handelsmetropole ab und wurde das Weltzentrum des kolonialen Gewürzhandels. Von den über 40 Museen sind das Rijksmuseum und das Van-Gogh-Museum die bedeutendsten. Es gibt in dieser liberalen Stadt ein reges Nachtleben mit ungezählten „Coffee Shops", Bars und Klubs, zum Beispiel um die Plätze Rembrandtplein und Leidseplein.
TIPP Wer Antikes sucht, wird außer in den zahlreichen Antiquitätengeschäften auch auf dem ständigen Flohmarkt am Waterlooplein fündig.

500 km

32 REYKJAVÍK
ISLAND

Atlantik

TROMSØ **31**

NORWEGEN

Färöer

TRONDHEIM **30**

SHETLANDS **26**

★ Geirangerfjord

ORKNEYS **25**

Hebriden ★

BERGEN **29**

PORTREE **24**

OSLO **28**

★ Highlands

OBAN **23**

Schottland

27 EDINBURGH

GLASGOW **22**

Nordsee

IRLAND

21 DUBLIN

GROSSBRITANNIEN

DÄNEMARK

★ **Highlight STADT/HAFEN**

20 CORK

Wales   *England*

★ **Highlight Ausflugsziel**

DEUTSCHLAND

★ **16** LONDON

Land's End

19 PLYMOUTH

17 DOVER

● **Beschriebener Zielhafen**

Ärmelkanal

18 KANALINSELN

● **Stadt**

FRANKREICH

Teil 2: Britische Inseln & Nordland

Fjordfahrt in Norwegen; Oldtimer-Treffen in England

London   Dover   Dublin

⭐16 LONDON

Kleinere Schiffe können bis an die Tower Bridge fahren; größere legen in Southampton oder Dover an, die Gäste werden per Bus nach London gebracht. In jedem Fall gilt: An einem Tag kann man London unmöglich kennenlernen. Doch schon der Schnupperkurs – mit Big Ben, St. Paul's Cathedral, Tower und Tower Bridge, Piccadilly, Hyde Park und Buckingham Palace – hat viele dazu gebracht, bald wiederkommen zu wollen. Für mindestens drei Tage.

TIPP Weltstadtatmosphäre herrscht in London an zahllosen Plätzen. Nur einer sei hervorgehoben: das Shopping-, Kneipen- und Straßenkunstviertel Covent Garden Market – ein Stündchen zuschauen und Tee trinken.

17 DOVER

Wenn man die weißen Klippen sieht, ist England erreicht. Dover, seit alters das Tor zu den Britischen Inseln, hat einen riesigen Fährhafen – und eine lange Geschichte: Mit dem Bau der mächtigen Burg über der Stadt begannen schon die Römer. Ansonsten ist Dover nicht sonderlich sehenswert, dafür aber gibt es lohnende Ausflugsziele: das malerische **Canterbury**, dessen Kathedrale Sitz des Erzbischofs der Anglikanischen Hochkirche ist. Oder Schlösser wie Leeds Castle und Gärten wie Vita Sackville-Wests Sissinghurst: Nirgends ist England englischer.

TIPP Apropos „very british": In Dovers Fußgängerzone gibt es noch richtig handfeste Pubs. Mit Dartscheibe, Fish and Chips und Ale vom Fass.

18 JERSEY

Die liebliche Insel mit ihrem subtropischen Klima (an den Stränden wachsen Palmen!) ist ein beschauliches Urlaubsparadies. Die Dörfer sind durch schmale, von Hecken gesäumte Straßen miteinander verbunden. Der Hauptort **St. Helier** ist wegen der Steuerfreiheit ein Bankenplatz außerhalb der EU; entsprechend hoch ist der Lebensstandard. Nicht minder hübsch ist die Nachbarinsel **Guernsey**, in deren Hauptort **St. Peter Port** der französische Autor Victor Hugo im Exil lebte; sein exzentrisches Hauteville House steht Besuchern offen.

TIPP Ein Schauspiel der besonderen Art: Im Hafen von St. Helier beträgt der Gezeitenunterschied neun Meter!

19 PLYMOUTH

Plymouth ist eng mit dem Aufstieg der britischen Marine verbunden. Francis Drake war hier Bürgermeister, als sich 1588 die spanische Armada näherte; sein Landsitz Buckland Abbey ist heute zu besichtigen. Ein Tor an der Pier markiert die Stelle, von der die Pilgerväter,

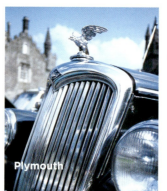

Plymouth

die ersten englischen Siedler, im Jahre 1620 nach Neuengland in Amerika absegelten. Eine Fahrt durch die grüne Landschaft **Cornwalls** lässt keltische Mythen wie die Sage von König Artus und seiner Tafelrunde lebendig werden. Viele Adelssitze, meist mit herrlichen Gärten, kann man besuchen, etwa das zauberhafte Lanhydrock Castle.

TIPP Nördlich von Plymouth liegt das sagenumwobene Dartmoor. Auf Ausflügen dorthin kann man sich überzeugen: Die Landschaft ist tatsächlich eine schaurig-schöne Krimikulisse.

20 CORK

Corks Hafen liegt eine halbe Stunde vor der Stadt am Meer. Er heißt **Cóbh** (sprich: Kof), ist ein pittoresker Ort – und jedem Seefahrtshistoriker ein Begriff: Hier legte die Titanic 1912 zum letzten Mal vor ihrer tragischen Fahrt an. Das damalige Büro der White Star Line dient heute als Restaurant. Ebenfalls von Cóbh aus verließen von 1848 bis 1850 zweieinhalb Millionen Auswanderer Irland, das von einer Hungersnot geplagt wurde.

TIPP Im Queenstown Heritage Center ist die Zeit der großen Auswanderungen dokumentiert. Sehr sehenswert!

⭐21 DUBLIN

Wenige Städte Europas haben sich in den letzten Jahrzehnten so verändert: Dublin wurde von einer armen zu einer Wirtschaftswunderstadt; überall ist dieser Aufschwung zu spüren. Aber auch Irlands Vergangenheit bleibt allgegenwärtig: in den Nationalmuseen, auf dem

Oban

Orkneys

Shetlands

Campus des Trinity College (wo das legendäre „Book of Kells" zu sehen ist), in der St.-Patrick's-Kathedrale. Das Nebeneinander von Geschichte und Zukunft macht Dublins Reiz aus. Und natürlich die Freude der Dubliner an Musik, guten Gesprächen und einem Pint Guinness.
TIPP Im Ausgehviertel Temple Bar gibt es schon tagsüber echt irische Atmosphäre. Und oft tolle Livemusik.

22 GLASGOW

Von zwei Häfen aus, **Ayr** und **Greenock**, kann man Schottlands größte Stadt besuchen. Und die ist nicht nur schöner, als ihr weit verbreitetes Image es erwarten lässt, sondern auch ein veritables Kunstmekka. Hochklassige Museen sind die Kelvingrove Gallery, die Burrell Collection und die Gallery of Modern Art, einzigartig ist die Hunterian Art Gallery im Westend: Sie zeigt die betörend schönen Jugendstilmöbel und Architekturentwürfe des Glasgower Designers Charles Rennie Mackintosh (gest. 1928).
TIPP Wer britische Mode mag, kauft in Glasgow günstiger ein als in London oder Edinburgh. Die besten Adressen: Buchanan und Sauchiehall Street.

23 OBAN

Das hübsche Hafenstädtchen gilt als inoffizielle Hauptstadt der schottischen ⭐ Highlands – Ausflüge dorthin sind Erlebnisse für jeden Landschaftsfreund. Die *lochs* (Seen) sind glasklar, die *bens and glens* (Berge und Täler) von rauer Schönheit. Ein bewegender Ort ist **Glencoe** (gut zwei Stunden entfernt):

Hier ereignete sich eines der blutigsten Massaker der schottischen Geschichte. Und auf der Rückfahrt passiert man noch ein Postkartenmotiv: Castle Stalker, eine der hübschesten schottischen Burgen.
TIPP Ein skurriler Beleg schottischen Humors thront hoch über Oban: McCaig's Tower – ein Nachbau des Kolosseums von Rom.

24 PORTREE

Die **Isle of Skye**, deren Haupthafen Portree ist, vereint alles, was die schottischen ⭐ Hebriden einzigartig macht: majestätische Landschaften, magische Lichtstimmungen – und leider sehr viel Regen. Doch auch bei schlechtem Wetter sollte man eine Rundfahrt zur Felsnadel „Old Man of Storr" oder in die Cuillin Hills nicht verpassen: Skye ist wirklich „himmlisch" schön.
TIPP Vergessen Sie bei Schottland-Reisen Ihre Regenkleidung nicht. Dort welche zu kaufen ist teurer als daheim.

25 ORKNEYS

Kirkwall, die Hafenstadt auf der Orkney-Hauptinsel Mainland, entstand zu Wikingerzeiten; dieses Erbe pflegt man mit Stolz. Ebenso wie die zahllosen Steinzeitrelikte, von denen die Großsteingräber Skara Brae und Maes Howe sowie der Steinkreis Ring of Brodgar die üblichen Ausflugsziele sind: Sie sind 3.000 bis 5.000 Jahre alt.
TIPP Bei schönem Wetter ist Kirkwall auch für einen beschaulichen Spaziergang geeignet. Nicht verpassen: die altehrwürdige St. Magnus Cathedral.

26 SHETLANDS

Klimatisch und kulturell sind sie den Orkneys ähnlich: Auch hier sind prähistorische Stätten, voran die bronzezeitliche Siedlung Jarlshof, die Highlights. Man besucht sie vom Haupthafen **Lerwick** aus. Immer wieder begegnet man dabei frei laufenden Shetland Ponys, jener zwergwüchsigen Pferderasse, die hier zu Hause ist und das raue Klima liebt.
TIPP Im Frühjahr 2007 eröffnete in Lerwick ein neues Museum zur Kultur und Geschichte der Inseln: das New Shetland Museum and Archives.

27 EDINBURGH

Schottlands schönste Stadt – daran besteht kein Zweifel. Reich ist ihr bauliches Erbe (Castle Hill, Holyrood Palace, die georgianische New Town), bedeutend sind ihre Universitäten, und zutiefst schottisch ist das Ambiente in Geschäften, Pubs und Restaurants. Wer einen Kilt kaufen will, findet an der Princess Street alle Devotionalien – wer lieber Geschichte erlebt, lässt die Führung über den Burgberg nicht aus. Und wer im August hier ist, kann Europas wohl kreativstem Theater-Event, dem Edinburgh Festival, beiwohnen.
TIPP Für Kreuzfahrt-Nostalgiker: In Edinburghs Hafen Leith ist die königliche Yacht Britannia zu besichtigen.

Oslo

Bergen

Reykjavík

28 OSLO

Norwegens Hauptstadt begrüßt Kreuzfahrer mit einer eindrucksvollen Silhouette: Der Hafen wird überragt von der Festung Akershus, die bis 1814 Sitz der dänischen Statthalter war. Wahrzeichen der Stadt ist das 1950 fertiggestellte Rathaus, daneben beginnt das Boutiquenviertel Aker Brygge. Von der Pier vor dem Rathaus startet die Fähre zur Halbinsel Bygdøy, wo das Wikingerschiffsmuseum, das Kon-Tiki-Museum und das Fram-Museum mit dem Originalschiff der Polarforscher Nansen und Amundsen zu besichtigen sind. An der Karl Johans gate liegt das Parlament (Storting), in dem auch die Friedensnobelpreise verliehen werden.
TIPP Eine tolle Aussicht hat man von der noch im Stadtgebiet gelegenen Skisprungschanze am Holmenkollen.

29 BERGEN

Villen und Holzhäuschen prägen das Bild der Stadt, die sich zwischen sieben Bergen ausdehnt. Von 1350 bis 1750 lebten norddeutsche Kaufleute im Viertel „Deutsche Brücke" und trieben Handel mit den Hansestädten. Gut erhalten sind ihre Holzhäuser im Wohnquartier Schøtstuene neben der vormals deutschen Marienkirche und einem alten Patrizierhaus, dem heutigen Hanseatischen Museum. Die zweitgrößte Stadt Norwegens ist auch die kulturelle Metropole des Landes; das Bergener Musikfestival findet im Juli statt. Sehenswert sind das Aquarium auf der Halbinsel westlich des Vågen, der tägliche Fischmarkt, das

Freilichtmuseum Gamle Bergen, das Wohnhaus des Komponisten Edvard Grieg und die Stabkirche in Fantoft.
TIPP Meist am Tag nach dem Bergen-Besuch steht die Fahrt durch den ⭐ Geiranger, Norwegens schönsten Fjord, auf dem Programm. Allein die Einfahrt ist ein grandioses Erlebnis: In die bis zu 800 Meter hohen, steilen Felshänge am Ufer schmiegen sich verlassene Bergbauernhöfe, und malerische Wasserfälle („Der Freier", „Die sieben Schwestern") stürzen zu Tal.

30 TRONDHEIM

Die Hauptstadt Mittelnorwegens liegt in einer sanft hügeligen Landschaft. Der eindrucksvolle Nidarosdom ist der größte Kirchenbau Skandinaviens; er war im Mittelalter ein Wallfahrtsziel vieler Pilger zum Grab König Olafs II. des Heiligen. Von Trondheim aus eroberte der Gründer der Stadt, der Wikinger Olaf Tryggvason, England. Sein Denkmal steht auf dem Platz Torget.
TIPP Das Ringve Museum zeigt eine Sammlung von 2.000 Musikinstrumenten, die teils auch von den Führerinnen gespielt werden.

Trondheim

31 TROMSØ

Die Universitätsstadt auf der Insel Troms weit nördlich des Polarkreises ist ein Ausgangspunkt für Polarreisen. Die eindrucksvolle Eismeer-Kathedrale von 1965 erinnert an übereinandergeschobene Eisschollen. In alten Holzhäusern am Hafen befindet sich das Polarmuseum; multimedial werden die Polgebiete im 1997 eröffneten Polaria präsentiert.
TIPP Bier aus Tromsø: In der nördlichsten Brauerei der Welt wird das Mack Øl produziert – nach deutschem Rezept.

32 REYKJAVÍK

Weiß gestrichene Holzhäuser prägen das historische Bild von Islands Hauptstadt, darunter auch das staatliche Gästehaus Höfdi, in dem 1986 beim Treffen Reagan-Gorbatschow Weltgeschichte geschrieben wurde. Sehenswert ist die Hallgrimskirche, die den Basaltsäulen der Westküste nachempfunden ist; vor ihr steht ein Denkmal für den isländischen Entdecker Amerikas, Leif Eriksson. Vom Dach des silbernen „Perlan", eines Warmwassertankgebäudes mit Restaurant, hat man einen schönen Ausblick. Ausflüge führen zum mystischen Thingvellir in einer großen Lavaschlucht, die wegen ihrer Akustik von den Wikingern vor 1.100 Jahren zum Versammlungsplatz gewählt wurde, sowie zum Feld der Geysire und zu den Wasserfällen Gullfoss und Godafoss.
TIPP Wenn Ihr Schiff über Nacht bleibt, lohnt sich ein Besuch der lebhaften (Jazz-)Musikszene, die sich neuerdings in Reykjavík gebildet hat.

ÖSTERREICHS BESTE THEMENGUIDES

Mit detaillierten Informationen zum jeweiligen Thema, jählich überarbeitet!

CONRAD SEIDL

BIER GUIDE

ÖSTERREICHS BESTE BIERLOKALE IM VERGLEICH

CHRISTOPH PAYER

GOLF GUIDE

ALLE ÖSTERREICHISCHEN GOLFPLÄTZE IM VERGLEICH

KGV | VERLAG

MARION BREITER-D´DONOVAN

FAMILIEN GUIDE

DER WEGWEISER FÜR FAMILIEN IN ÖSTERREICH

KGV | VERLAG

BERND TSCHILTSCH

FITNESS GUIDE

333 FITNESS-STUDIOS
PLUS PROFI-TIPPS & FITNESS-NEWS

KGV | VERLAG

WILLY LEHMANN · FRITZ STIEFSOHN

GENUSS GUIDE

DIE BESTEN
LEBENSMITTELGESCHÄFTE ÖSTERREICHS

KGV | VERLAG

MICHAEL LYNN · ALFRED MINASSIAN

SEGEL GUIDE

WIE & WAS & WO FÜR ALLE SEGLER
VOM EINSTEIGER BIS ZUM BOOTSEIGNER

KGV | VERLAG

JOSEF RUHALTINGER

JAGD GUIDE

DER WEGWEISER DURCH
DIE ÖSTERREICHISCHE JAGD-SZENE

KGV | VERLAG

ANNA M. DEL MEDICO

GARTEN GUIDE

PROFI-TIPPS UND TRICKS FÜR DEN GARTEN
UND DIE BESTEN ADRESSEN ÖSTERREICHS

ANNA M. DEL MEDICO

MÖBEL & DESIGN GUIDE

ÖSTERREICHS KREATIVE EINRICHTUNGSSZENE
TOP-INFORMATIONEN, TIPPS & ADRESSEN

KGV | VERLAG

HELLY AU TSCHIMP? GER?

OLDTIMER GUIDE

DIE BESTEN ADRESSEN, TERMINE UND TIPPS
FÜR LIEBHABER AUTOMOBILER TRADITION

KGV | VERLAG

JAMIE SCHOCH-SCHAMBURKE

SHOPPING GUIDE

660 TOP-LIFESTYLE-GESCHÄFTE
IN WIEN UND UMGEBUNG + BEST OF ÖSTERREICH

KGV | VERLAG

DR. GÜNTER FRITZ · MAG. GERALD STEFAN

UNTERNEHMER HANDBUCH

ISBN 978-3-9502146-5-9

DER GUIDE FÜR KMU UND UNTERNEHMENSGRÜNDER

KGV | VERLAG

KGV | Verlag

Amerikas Mittelmeer

Was für Europäer das Mittelmeer, das ist
für Amerikaner die Karibik: ein Badeparadies
unter Palmen, direkt vor der Haustür. Der Unterschied:
Historische Bauwerke und Städte gibt es nur wenige.
Traumstrände und malerische Buchten dafür umso mehr

VON GERRIT AUST, JOHANNES BOHMANN & CLAUS-PETER HALLER

Dominikanische Republik

FLORIDA
(USA)

TAMPA

1 MIAMI
★ South Beach

HAVANNA **3**
KUBA

Golf von Mexiko

● CANCÚN

MÉRIDA ●   **4** ● COZUMEL
★
Chichén Itzá
★ Tulúm

MEXIKO

● BELIZE CITY
BELIZE

HONDURAS

● TEGUCIGALPA

NICARAGUA

● SAN BLAS **26**
MANAGUA

COSTA RICA

SAN JOSÉ ●

Auf Antigua behaupten sie, rund um das kleine
Eiland, das gerade einmal halb so groß ist wie Ibiza,
gebe es 365 Strände. Und auf Cayo Levantado, einem zur
Dominikanischen Republik gehörenden Inselchen, das kaum
größer sein dürfte als Hamburgs Binnenalster, soll der berühmteste Rum-Werbespot aller Zeiten gedreht worden sein:
glückliche Menschen im türkisfarbenen Paradies. Dass die
Alltagswirklichkeit der Karibikbewohner häufig völlig anders
aussieht, wird man auch auf Kreuzfahrten nicht übersehen.
Und man wird darüber staunen, mit welcher Leichtigkeit der
Alltag dennoch – meistens – gemeistert wird. Zum Beispiel so:
Wenn es regnet, spricht man nicht von „rain", sondern von
„liquid sunshine". Willkommen in der Karibik!

Highlight
STADT/HAFEN

Highlight
Ausflugsziel

**Beschriebener
Zielhafen**

Stadt

Mexiko   Bahamas

2 NASSAU

BAHAMAS

Atlantik

10 ST. THOMAS
US Virgin Islands

11 TORTOLA
British Virgin Islands

ANTIGUA **12**
English Harbour

KUBA

Labadee Isl.

CAYO
LEVANTADO

*DOMINI-
KANISCHE
REPUBLIK*

7

*PUERTO
RICO*

9

SAN JUAN

GUADELOUPE **13**

5 SANTIAGO
PORT-AU-PRINCE

HAITI

8 SANTO DOMINGO

DOMINICA **14**

MARTINIQUE **15**

ST. LUCIA **16**

BARBADOS **22**

ST. VINCENT **17**

BEQUIA **18**

6 MONTEGO BAY
KINGSTON

JAMAIKA

GRENADA **19**

TOBAGO **20**

Karibisches Meer

TRINIDAD **21**

CURAÇAO **24**
Willemstad

ISLA MARGARITA **23**

VENEZUELA

MARACAIBO

CARTAGENA **25**

COLÓN
PANAMA CITY

PANAMA

KOLUMBIEN

Die beste Reisezeit ist in den Monaten von
November bis April, wenn die Luft- und
Wassertemperaturen bei 25 bis 27 Grad Celsius
liegen. Im Juni oder Juli beginnt die Regenzeit,
allerdings nur mit meist kurzen Schauern. Ab
August treten die gefürchteten Hurricanes auf.

Miami

Bahamas

Cozumel

1 MIAMI

Spätestens seit dem Kino-Remake von „Miami Vice" ist es wieder in aller Munde: Miami verteidigt mit Erfolg seinen Ruf als coolste Stadt der USA – und das auch, weil es, dem Leinwand-Image zum Trotz, schon lange nicht mehr als Verbrechenshauptstadt Schlagzeilen macht. Gleichwohl begibt man sich als Tourist kaum auf eigene Faust in die Downtown. Meist betrachtet man ihre rapide wachsende Skyline von den Schiffen aus, die fast im Minutentakt aus dem Kreuzfahrthafen auslaufen. Nördlich davon führt der Mac Arthur Causeway hinüber zum schönsten Stadtteil: dem Art-déco-Viertel ⭐ **South Beach**. Genau dort ist Miami so, wie man es sich erträumt: jung, trendy, stylish. Und man trifft jede Menge „beautiful people", die am perlweißen Strand ihre Modelfiguren präsentieren.

TIPP **Die schönsten Art-déco-Gebäude von South Beach kann man auch zu Fuß erkunden. Sie liegen am Ocean Drive, der Collins Avenue und der Washington Avenue längs der acht Häuserblocks zwischen 8th Street und Española Way.**

2 NASSAU/BAHAMAS

Die Hauptstadt des ehemals britischen Archipels ist Heimathafen vieler Kreuzfahrtschiffe aus Florida. Die Hauptstraße ist daher eine einzige Einkaufszone mit einem bunten Markt und pastellfarbenen Häusern. Koloniale Sehenswürdigkeiten sind der Gouverneurspalast und das Fort Charlotte. Etwas außerhalb liegt ein Flamingogarten (mit Vorführungen). Wer Spiel und Spaß liebt, fährt nach Paradise Island zum Luxushotel Atlantis: ein karibisches Las Vegas mit riesigen Spielhallen, aber auch einem sehenswerten Meerwasser-Aquarium.

TIPP **„Pirates of Nassau" heißt ein Erlebnismuseum im Stadtzentrum zum Thema Piraten: Nassau war um 1700 das größte Piratennest der Karibik.**

3 HAVANNA

Keine Frage: Havanna ist die fotogenste Stadt der Karibik. Die Altstadt mit ihren barocken und neoklassizistischen Monumenten gilt schon seit 1982 als UNESCO-Weltkulturerbe. Hier scheint stellenweise die Zeit vor 50 Jahren stehen geblieben zu sein – zumindest legen die alten Autos, die aus heutiger Sicht antike Leuchtreklame und die verblichenen Farben vieler arg renovierungsbedürftiger Fassaden diese Vermutung nahe. Havanna ist eine interessante Mischung aus alter Grandezza, „Buena Vista"-Charme und „DDR in der Karibik". Dass die Wirtschaftslage desolat ist, bleibt auch dem Kurzbesucher nicht verborgen. Die Bürger Havannas warten ständig in irgendwelchen Schlangen: für eine Speckschwarte beim Metzger, für ein Brot beim Bäcker, für einen Stehplatz im überfüllten Bus.

TIPP **Zum Pflichtprogramm gehören in Havanna der Besuch einer Zigarrenfabrik und ein Mojito in den legendären Hemingway-Bars Bodeguita del Medio oder Floridita.**

4 COZUMEL

Die zauberhafte Insel der Maya-Mondgöttin liegt vor der mexikanischen Ostküste der Yucatán-Halbinsel. Cozumel hat schöne Strände und kleine Buchten. Der Hauptort ist mit seinen Läden und seiner Gastronomie ganz auf Touristen eingestellt. Für Tagesausflüge zu den berühmten Mayastädten ⭐ **Tulúm** und ⭐ **Chichén Itzá** setzt man mit der Fähre nach **Puerto del Carmen** über (Überfahrt etwa eine Stunde), dessen Strände ebenfalls zum Baden einladen. Wer nach Tulúm weiterfährt, erlebt die einzige der großen Mayastädte Mexikos, die direkt am Meer liegt. Sie soll im 13. Jahrhundert die größte Stadt der Maya gewesen sein. Mystischer aber wirkt Chichén Itzá: Zum Komplex gehören unter anderem eine 30 Meter hohe Pyramide, ein düster wirkendes „Castillo" – und vor den Kultstätten der Tisch mit der Figur des Chac Mol, dem die Ureinwohner Mexikos Menschenopfer dargebracht haben sollen. Schaurig-schön blickt der Gott noch heute von seinem Altar.

Havanna

UDE 875 CUBA

Santiago

Jamaika

Cayo Levantado

5 SANTIAGO

Die alte Hauptstadt Kubas versprüht kreolischen Charme; die reichen Zucker- und Tabakpflanzer aus der Provinz Santiago besaßen hier einst Stadtvillen. Die Bevölkerung hat überwiegend afrikanische Wurzeln – weshalb Santiago einst zur Wiege der kubanischen Musik wurde. Der son ist hier entstanden, und der Karneval gilt als der bunteste auf Kuba. An dem zentralen Platz Parque Céspedes steht das älteste Haus Kubas, die Residenz des ersten Gouverneurs Diego Velázquez von 1522. Über der Einfahrt zur Bucht liegt die eindrucksvolle spanische Festung Castillo del Morro; sie beherbergt ein Piratenmuseum.

TIPP Montecristo, Romeo y Julieta, Cohiba – die bekanntesten Zigarren der Welt stammen aus Kuba. Man wird ständig von Schwarzhändlern angesprochen, die angebliche Markenzigarren zu einem Bruchteil des offiziellen Preises anbieten. Doch Vorsicht: Oft ist nur die Verpackung echt! Außerdem können die Behörden erheblichen Ärger machen, wenn man bei der Rückkehr auf das Schiff nicht nachweisen kann, dass die Zigarren in einem offiziell lizenzierten (und entsprechend teuren) Geschäft gekauft wurden.

6 MONTEGO BAY

Der Name klingt nach Sunshine Reggae, Piratenversteck und Bilderbuchkaribik. Aber bis auf den Sonnenschein und die allgegenwärtige Reggae-Musik hält der Ort an der Nordküste Jamaikas nicht, was der Name verspricht. Montego Bay ist weder schön noch romantisch, sondern laut und hektisch – ein bisschen das Lloret de Mar der Amerikaner und Kanadier: Massentourismus pur, mit hohen Hotelbauten, viel Nepp und teilweise schon aggressiven Straßenhändlern. Auch die Landausflüge lohnen sich kaum. Um sich die nicht sonderlich beeindruckenden Wasserfälle von Ocho Rios anzuschauen, muss man eine stundenlange Bustour auf der stark befahrenen Küstenstraße in Kauf nehmen.

TIPP Eine nette Alternative zur Fahrt nach Ocho Rios ist die häufig angebotene Flussfahrt auf Flößen nahe Montego Bay.

7 CAYO LEVANTADO

Die unbewohnte Insel vor der Nordostspitze der Dominikanischen Republik entspricht dem klassischen karibischen Traum: Kokospalmen, die sich im Wind wiegen, schneeweißer Sand, türkisblaues Meer mit sanfter Brandung, viel, viel Sonne – und etwas Dschungeldickicht neben den befestigten Wegen. Kein Wunder, dass auf Cayo Levantado schon berühmte Werbespots für Rum gedreht wurden. Ankert hier ein Kreuzfahrtschiff, kommen Einheimische mit Booten von der Halbinsel Samaná herüber und bieten Kokosnüsse, Handarbeiten und Erfrischungen an.

TIPP An der dem Anlegeplatz gegenüberliegenden Seite der Insel kann man von schattigen Aussichtsplätzen aus Pelikanen beim Fischen zusehen.

8 SANTO DOMINGO

Die Hauptstadt der Dominikanischen Republik, mit zwei Millionen Einwohnern eine der größten Metropolen der Karibik, ist die älteste von Europäern gegründete Stadt in der Neuen Welt: Kolumbus' Bruder Bartolomeo gründete sie 1496 an der Mündung des Ozama. Somit besitzt sie die älteste Kathedrale, die älteste Universität, die ältesten Kolonialpaläste und die älteste Straße Amerikas – Superlative, auf die man in dem trotz des blühenden Tourismus noch immer armen Land stolz ist. Zu Recht zählt die gut zu Fuß zu erkundende Zona Colonial zum UNESCO-Erbe. Ein eigenartiges Monument liegt östlich des Zentrums: der Faro a Colón, das bombastische Grabmal des Kolumbus, das 1992 anlässlich der 500-Jahr-Feier der Entdeckung Amerikas gebaut wurde. Neuesten Forschungen zufolge liegt der Entdecker allerdings gar nicht hier, sondern im spanischen Sevilla begraben.

TIPP Dominikanische Zigarren stehen denen aus Kuba in nichts nach, sind aber oft günstiger. Die Warnung vor unseriösen Straßenhändlern gilt jedoch hier genauso wie auf Kuba.

Santo Domingo

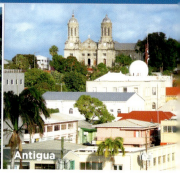

San Juan

US Virgin Islands

Antigua

SAN JUAN

Die spanischsprachige Insel **Puerto Rico**, deren Hauptstadt San Juan ist, gehört seit über 100 Jahren zu den USA, der Lebensstandard ist für karibische Verhältnisse hoch. Die schöne Altstadt von San Juan hat viel von ihrem kolonialen Charme bewahrt. Alte Stadtpaläste mit schattigen Patios (Innenhöfen) versetzen den Besucher in die Zeit der spanischen Eroberer zurück. Auch die gewaltige Festung El Morro an der äußersten Spitze der Halbinsel erzählt aus dieser Zeit: Sie diente einst der Bewachung der Hafeneinfahrt und dem Schutz der spanischen Flotten vor Piraten und englischen Freibeutern.

TIPP Das Café Barrachina in der Altstadt behauptet von sich, dass dort 1963 die Piña Colada erfunden worden sei, der ideale Vitamin- und Stimmungsspender in karibischer Hitze.

10 ST. THOMAS

Die kleine, zu den **US Virgin Islands** zählende Insel gehörte bis 1917 zum dänischen Kolonialreich. Einigen Häusern sieht man das noch an: Sie haben gelbe Klinkerfassaden. Auf St. Thomas wurde der Zucker für den dänischen Rum angebaut. Die nach einer dänischen Königin getaufte Hauptstadt **Charlotte Amalie** ist heute ein steuerfreies Einkaufsparadies für Kreuzfahrtgäste, die vor allem auf den Megacruisern der US-Reedereien anreisen; entsprechend lebhaft ist der Hafen bis in die Nacht. Auf der Inselrundfahrt genießt man schöne Ausblicke auf die Küsten und Strände.

TIPP St. Thomas hat einen der besten Golfplätze der Karibik: Mahogany Run (20 Minuten vom Hafen). Selbst Könner fürchten die Abschläge am „Devil's Triangle" – Loch 13, 14 und 15.

11 TORTOLA

Die bekannteste der rund 60 **Britischen Jungferninseln** war lange als Freibeuternest berüchtigt – heute überrascht sie mit einer Mischung aus karibischen Holzhäusern, modernen Glasbauten und englischen Pubs in der Hauptstadt **Road Town**. Lohnend ist die Besichtigung des britischen Gouverneurs-

British Virgin Islands

palasts. Rundfahrten über die reizvolle Insel werden in bequemen, offenen Bussen unternommen, so dass einem der Fahrtwind Kühlung verschafft.

TIPP Die Callwood Rum Distillery in einem Plantagengebäude in der Cane Garden Bay produziert ihren Rum seit über zwei Jahrhunderten in einer kaum veränderten Vorgehensweise.

12 ANTIGUA

Angeblich verfügt die ehemals britische Insel für jeden Tag des Jahres über einen anderen Strand – also über exakt 365. Kreuzfahrer gehen in der Regel in der Hauptstadt **St. John's** an Land; neben den Shops und Bars am Hafen besuchen sie dort die anglikanische Kirche auf dem Stadthügel und das kleine Nationalmuseum. Spektakulärer ist aber ⭐ **English Harbour** auf der anderen Seite der Insel: Man nähert sich der traumhaften Hafenbucht über die Anhöhe Shirley Heights, wo man eine der schönsten Aussichten der Karibik genießt. Unten im Hafen schwelgt man dann im historischen Nelson's Dockyard in Empire-Erinnerungen: Horatio Nelson persönlich, der Held von Trafalgar, legte die Docks im späten 18. Jahrhundert an.

TIPP Auch 2008 findet das Top-Event für Segler in der Karibik wieder vor English Harbour statt: die legendäre Antigua Sailing Week (27.4. bis 3.5.)

13 GUADELOUPE

Kolumbus nannte sie die Smaragdinsel, gab ihr als offiziellen Namen aber dennoch den eines bekannten Klosters in Spanien. Die Hauptattraktion der schmetterlingsförmigen, heute zu Frankreich gehörenden Insel (Hauptstadt und Hafen: **Pointe-à-Pitre**) ist der schlummernde Vulkan La Soufrière im Südteil Basse-Terre, dessen 1.487 Meter hoher Gipfel sich oft in Wolken hüllt. In den grünen Hangwäldern gibt es Naturlehrpfade. Der reichliche Regen begießt die Bananen- und Kaffeeplantagen und den üppigen Tropenwald.

Dominica

Martinique

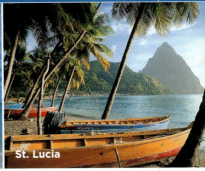

St. Lucia

TIPP Die Insulaner sind französische Staatsbürger, und Guadeloupe zählt (wie Martinique) zum Territorium der Europäischen Union. Praktisch daran: Es wird mit Euro gezahlt!

14 DOMINICA

Roseau, die Inselhauptstadt, ist nicht gerade eine Schönheit – das Land dahinter umso mehr: Auf Dominica, der „Naturinsel der Karibik", erlebt man eine spektakuläre Tier- und Pflanzenwelt (unter anderem mit 135 Vogelarten), die durch ein vorbildliches System von Naturparks geschützt wird. Hier befinden sich einige der höchsten Berge der Kleinen Antillen, geothermisch aktive Seen (etwa der Boiling Lake im Morne-Trois-Nationalpark) sowie über 300 Flüsse und Bäche. Naturfreunde sollten also unbedingt an den Ausflügen teilnehmen.

15 MARTINIQUE

Auch beim Anblick Martiniques geriet Kolumbus ins Schwärmen: Er beschrieb es als „den fruchtbarsten und lieblichsten Flecken der Erde". In der Tat blühen überall Hibisken, Bougainvilleen, Magnolien und Oleander, und in der Luft schwirren Kolibris. In der Hauptstadt **Fort-de-France** werden die Gebäude aus dem 19. Jahrhundert von hohen Palmen überragt. Vor dem interessanten Inselmuseum steht eine kopflose Marmorstatue der Kaiserin Josephine, die 1763 als Pflanzerstochter in Petite Guinée geboren wurde und 1796 Napoleon heiratete. Sehenswert sind die täglichen Marktstände, die von tropischen Früchten überquellen. Der In-

selnorden wird geprägt vom 1.400 Meter hohen Vulkan Montagne Pelée, dessen gewaltige Explosion 1902 das Handelszentrum Saint-Pierre innerhalb von drei Minuten vernichtete. Im Vulkanologischen Museum der längst wieder aufgebauten Stadt werden die Naturgewalten und die Katastrophe erklärt.

TIPP Die kreolische Küche der Karibik bietet oft nicht viel mehr als die Wahl zwischen Huhn und Fisch. Anders auf Martinique: Hier kocht Frankreich mit! Dementsprechend hoch ist das Niveau der besseren Restaurants: *délicieux*!

16 ST. LUCIA

Die paradiesische Vulkaninsel ist landschaftlich eine der reizvollsten der Karibik: wilder Dschungelwald, hügeliges Ackerland, herrliche Strände. Die Wahrzeichen St. Lucias sind die Pitons, zwei fast 800 Meter hohe vulkanische Bergkegel in der Nähe des Hafenstädtchens **Soufrière**. In Mulden zu Füßen der Pitons steigen Schwefeldämpfe aus kochendem Schlamm auf. Südlich der Inselhauptstadt **Castries** liegt die **Marigot Bay**, eine der schönsten Buchten der Karibik; mehrfach diente sie bereits als Kulisse für Hollywood-Filme. Einen Besuch wert ist auch der lauschige botanische Garten im Süden der Insel, in dem der ganze Reichtum der karibischen Flora gezeigt wird.

TIPP Die schönste Annäherung an die Marigot Bay ist die vom Wasser aus. Manchmal werden Fahrten ab Castries mit Katamaranen angeboten.

17 ST. VINCENT

St. Vincents lebhafter Hauptort **Kingstown** schmiegt sich in eine schützende Bucht. Unterhalb des Gouverneurspalasts liegt ein 1765 angelegter Tropengarten – der älteste der westlichen Hemisphäre. Hier wurde auch der durch den Bounty-Captain William Bligh berühmt gewordene Brotfruchtbaum aus dem Südpazifik zum ersten Mal in der Karibik angepflanzt. Das Inselinnere lernt man am besten im Südosten kennen: Oberhalb von **Mesopotamia** schmiegen sich schmucke Dörfer an die Hänge. Vom einst britischen **Fort Charlotte** hat man aus 200 Metern Höhe eine wunderbare Aussicht auf Kingstown und den Hafen sowie auf den Archipel der Grenadinen. In den Festungsräumen wird die Geschichte der sogenannten „schwarzen Kariben" (aufständische Indianer und entlaufene Sklaven) auf Gemälden nacherzählt.

TIPP St. Vincent kennen viele aus dem Kino: Teile des Kassenschlagers „Fluch der Karibik" mit Johnny Depp wurden hier gedreht. Seither haben „Pirate Cruises" und Ähnliches Hochkonjunktur. Sie dauern einen halben Tag oder gleich eine Woche. Für Anschlussaufenthalte durchaus eine Anregung.

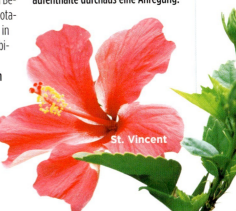

St. Vincent

Bequia · Grenada · Trinidad

 BEQUIA

Diese malerische kleine Insel im Archipel der Grenadinen gilt vielen als der Inbegriff der Karibikromantik. Sie ist vor allem das Ziel von Seglern, die in der weiten Admiralty Bay ankern. Die Straße des kleinen Hafenorts **Port Elizabeth** wird von Geschäften, Bars und Restaurants gesäumt. Nimmt man hier am Ufer bei Sonnenuntergang einen Cocktail, stellt sich das klassische Bequia-Feeling ein. Ein herrlicher Platz für den Sundowner ist zum Beispiel die Terrasse des einfachen und urtümlichen Hotels Frangipani. 15 Autominuten vom Hafen entfernt gibt es übrigens ein Schildkrötenhospital, in dem Jungtiere gepflegt werden, bis sie wieder ausgesetzt werden können.
TIPP Von Port Elizabeth aus verkehrt ein Wassertaxi zu der wunderschönen Princess Margaret Bay mit weißen Stränden und einem Korallenriff.

19 GRENADA

Bis im September 2004 der Hurricane Ivan kam, war Grenada eine der schönsten Inseln der Karibik. Und so unvorstellbar die Verwüstungen auch waren, so sehr staunt man doch heute, wie rasch die Vegetation sich erholen konnte. Auch Plantagen gehören dazu: Grenada ist der zweitgrößte Muskatnussproduzent der Welt. Das aromatische Gewürz wird hier überall und in den verschiedensten Formen angeboten, und auf den Plantagen kann man etwas über die Verarbeitung von Kakao und Muskatnüssen lernen. Am Eingang des Hafens der Hauptstadt **St. George's** steht ein altes französisches Fort; von dessen Mauern aus hat man eine schöne Aussicht über die Stadt und den Hafen. Im Nationalpark am Kratersee Grand Etang überblickt man aus 530 Metern Höhe das Inselinnere. An der Grand Anse südlich der Hauptstadt gibt es schöne Strände.

20 TOBAGO

Auf Tobago verläuft das Leben in ruhigeren Bahnen als auf der größeren Schwesterinsel Trinidad. Oberhalb der Kleinstadt **Scarborough** liegt malerisch das Fort King George, das ein Museum beherbergt. An der Westküste gibt es herrliche Strandbuchten, etwa von Great Courland Bay und Buccoo Bay bis Pigeon Point. Die Nordküste ist felsiger.
TIPP Im Arnos Vale Hotel in Plymouth (20 Minuten von Scarborough) gibt es jeden Nachmittag um fünf eine Teatime der besonderen Art: Während man an seiner Tasse nippt, werden Hunderte exotischer Vögel gefüttert, die im Garten des Hauses leben.

21 TRINIDAD

Das bunte Völkergemisch aus Europa, Indien und Afrika, das die Gesellschaft Trinidads prägt, ist das Ergebnis großer Einwanderungswellen während der britischen Kolonialzeit. Der Literaturnobelpreisträger V. S. Naipaul, der hier aufwuchs, hat das multikulturelle Trinidad in seinen Büchern beschrieben. In der Haupt- und Hafenstadt **Port of Spain** besucht man die große Grünfläche des Queen's Park Savannah. Dort stehen die prächtigen Villen der Plantagenbesitzer und Kaufleute von einst. Und dort beginnt auch jedes Jahr der bunteste Karneval der Karibik. Dann wird getanzt und gefeiert, zu den Rhythmen des Calypso und der Steelbands, die auf Trinidad erfunden wurden. Zum Bummel durch die tropische Pflanzen- und Vogelwelt Trinidads lädt der botanische Garten neben dem Präsidentenpalast ein.
TIPP Das gibt es nur auf Trinidad: In der Ethel Street in Port of Spain steht der Hindutempel Paschimkashi Hindu Mandir. Außer an Sonntagen sind Besucher willkommen.

Barbados

22 BARBADOS

Die ziemlich flache Kalkinsel Barbados liegt weit vor dem Inselbogen der Kleinen Antillen im Atlantik. Sie war ein strategisch wichtiger Stützpunkt des British Empire – und ist, wenngleich seit 1966 unabhängig, bis heute sehr britisch geprägt. Sonntags sieht man Cricket-Turniere, und auf dem Trafalgar Square der Hauptstadt **Bridgetown** begrüßt eine Lord-Nelson-Statue die Besucher. Unbritisch sind dagegen die

Curaçao

Cartagena

Panama

traumhaften Strände: Schon im Stadt-gebiet gibt es einen an der Carlisle Bay, und längs der gesamten Westküste mit ihren kleinen Ortschaften und Hotels reiht sich ein schneeweißer Beach an den nächsten. Ganz anders als auf der Atlantikseite im Osten: Dort gibt es rau-schende Brandungen und – im Süd-osten – genügend Wind zum Surfen.
TIPP Für Golfer: Barbados verfügt über sechs herrliche Plätze, darunter Westmoreland, der leider nur für Mitglieder zugänglich ist, aber auch Sandy Lane oder Barbados Golf, wo auch Tagesbesucher spielen können.

23 ISLA MARGARITA

Im Südosten der Insel liegt mit den gro-ßen Hotels von **Porlamar** ein vor allem von Venezolanern besuchtes Urlaubsziel; das Eiland ist nur 40 Kilometer von der Festlandsküste Venezuelas entfernt und somit eines der beliebtesten Badeziele des Landes. Mehr Ursprünglichkeit findet man in den kleineren Orten, etwa im al-ten Haupthafen **Pampatar**, und im Insel-inneren in der alten Hauptstadt **La Asun-ción**, wo man das spanische Castillo de Santa Rosa, die Wallfahrtskirche Virgen del Valle und das schöne ehemalige Wohnhaus des nationalen Freiheitshel-den Santiago Mariño besuchen kann.
TIPP Im Nationalpark La Restinga an der Nordseite des Isthmus, der die beiden Inselhälften miteinander verbindet, war-ten besondere Naturerlebnisse: der mit 23 Kilometern wohl längste Sandstrand der Karibik – und Mangrovenwälder, die auf Bootsfahrten erkundet werden.

24 CURAÇAO

Die bekannteste der Niederländischen Antilleninseln (Aruba, Bonaire und Cura-çao, auch bekannt als ABC-Inseln) zeigt reizvolle, karge Landschaftsbilder mit sturmgebeugten Divi-Divi-Bäumen und bizarren Felsformationen. Die Hauptstadt
⭐ Willemstad teilt sich in die Altstadt Punda und das indisch geprägte Otro-banda; die holländischen Wurzeln der Architektur sind hier unverkennbar. Der berühmte, aus Pomeranzen gewonnene Curaçao-Likör kann in der Destillerie verkostet werden. Den schwimmenden Wochenmarkt bestimmen Lieferanten aus Venezuela. Ein gutes Museum zur Kolonialgeschichte ist die Kurá Hulanda.
TIPP Die ABC-Inseln sind bekannt als gute Tauchreviere. Wer lieber über Wasser bleibt, kann auch die Fütte-rungen von Haien und Hummern in Willemstads Aquarium beobachten.

25 CARTAGENA

Die frühere Hauptstadt des spanischen Vizekönigreichs Neu-Granada (heute Kolumbien) hat in der weitgehend res-taurierten Altstadt (UNESCO-Welterbe) noch Spuren ihres einst unermesslichen Reichtums bewahrt. Der Handel mit Gold aus Peru und Silber aus Bolivien ließ sie im 16. und 17. Jahrhundert zu einer der schönsten Städte Lateinamerikas wer-den. Von jenen Zeiten erzählen das Gold-museum, die Kathedrale und die Fes-tung San Felipe de Barajas. Wegen der zahlreichen Touristen wird in Cartagena sehr viel Wert auf Sicherheit gelegt: Die Stadt gilt als die sicherste Kolumbiens.

26 SAN BLAS

San Blas ist ein Archipel vor der Küste Panamas. Exakt 365 teilweise winzige Inseln soll er zählen. 30 davon sind bewohnt. Dort leben die Kuna-Indianer. Nach langen Kämpfen und der Vertrei-bung vom Festland wurde ihnen der Archipel als halbautonomes Gebiet zu-gestanden. Die Flagge ist gelb mit je ei-nem orangenen Streifen oben und un-ten. In der Mitte prangt ein schwarzes Hakenkreuz. Es symbolisiert einen Ok-topus, der laut Kuna-Glauben einst die Welt erschaffen hat. Die rund 25.000 Kuna leben vom Fischfang, der Kokos-nussernte und dem Tourismus.
TIPP Die Kuna fertigen sogenannte Molas, farbenfrohe Applikations-stickereien. Es gibt nicht nur traditio-nelle, sondern auch zeitgenössische Motive. Viel Spaß beim Handeln mit den selbstbewussten Damen!

San Blas

IRAN

40°

Beste Reisezeiten
Die meisten Kreuzfahrten
in diese Region werden im
Winterhalbjahr (November
bis März) angeboten. Dies
ist die ideale Saison für alle
Küsten von Südafrika bis
Thailand. Auf den Inseln im
westlichen Indischen Ozean
sorgt dann der Nordost-
Monsun fast täglich für
Regenschauer, die aber in
der Regel als Erfrischung
willkommen sind. Der Sommer
ist weniger angenehm: zu
heiß (vor allem in Arabien),
zu nass (besonders in Indien).
Nur auf Bali lohnt sich dann
das Vor- oder Nachprogramm:
Es fällt kaum Regen, und es
ist nicht zu heiß.

DUBAI **15**
14 MUSCAT

SAUDI-ARABIEN

OMAN

JEMEN

13 SALALA

San'a ⭐ ⭐ Wadi Hadramaut

ÄTHIOPIEN

12 MUKALLA

11 ADEN

*Arabisches
Meer*

SOMALIA

KENIA

*Indischer
Ozean*

⭐ Masai Mara

4 MOMBASA

5 SANSIBAR

⭐ Vallée du Mai
9 SEYCHELLEN

⭐ **Highlight
STADT/HAFEN**

⭐ **Highlight
Ausflugsziel**

⬤ **Beschriebener
Zielhafen**

● **Stadt**

TANSANIA

Komoren   ⭐ Nosy Be

6 MADAGASKAR

ANTANANARIVO ●

MAURITIUS **8**

LA RÉUNION **7**

MOÇAMBIQUE

⬤ MAPUTO

SÜDAFRIKA

40°

⭐ Weinroute

3 DURBAN

1 KAPSTADT   **2** PORT ELIZABETH

⭐

⭐ Tsitsikamma

Kap-Halbinsel

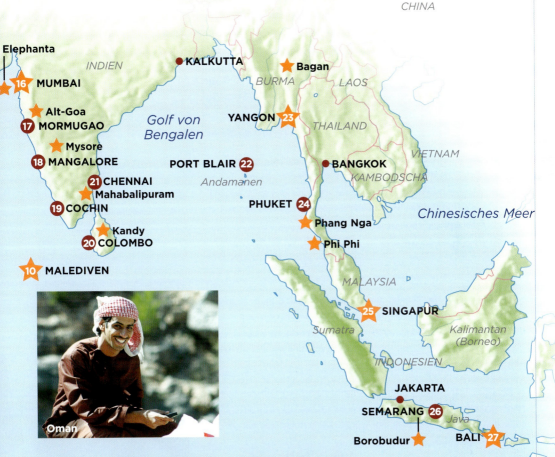

CHINA

Elephanta

INDIEN

● KALKUTTA

★ Bagan

BURMA

LAOS

★ **16** MUMBAI

Alt-Goa

17 MORMUGAO

★ Mysore

YANGON ★ **23**

THAILAND

VIETNAM

Golf von
Bengalen

18 MANGALORE

PORT BLAIR **22**

Andamanen

● BANGKOK

KAMBODSCHA

21 CHENNAI

Mahabalipuram

PHUKET **24**

Chinesisches Meer

19 COCHIN

★ Phang Nga

Kandy

20 COLOMBO

★ Phi Phi

★ **10** MALEDIVEN

MALAYSIA

Sumatra

★ **25** SINGAPUR

Kalimantan
(Borneo)

INDONESIEN

Oman

JAKARTA

SEMARANG **26** Java

Borobudur ★ BALI **27**

Sindbads Reich

Vom Süden Afrikas bis ins tropische Herz Asiens: Der schier endlos
große Indische Ozean ist ein Meer der blauen Wunder

VON BERND SCHILLER

Kein anderes Weltmeer bietet so viel atemberaubende Schönheit: Inseln
wie schwimmende Träume, Palmenstrände, die Sehnsucht wecken, aufregende Tauchreviere, Häfen wie aus einer anderen Zeit, Küsten, an denen man
mühelos den Spuren der Entdecker, Gewürzhändler und arabischen Seefahrer
folgen kann. Aber auch in diesem Paradies gibt es Probleme: Armut, mangelnde Hygiene, in manchen Regionen Kriminalität. Andernorts wiederum
hat die Zukunft längst begonnen; besonders augenfällig ist das in den Emiraten, vor allem in Dubai. Wir haben uns auf jene Ziele zwischen Kapstadt und
Bali konzentriert, die von vielen Schiffen angelaufen werden. Die Entdeckernaturen, unterwegs mit Expeditions- und anderen Spezialveranstaltern, wissen ohnehin, dass es hinterm Horizont immer weiter geht.

AUSTRALIEN

● PERTH

Kapstadt

Durban

Mombasa

KAPSTADT

Südafrikas älteste Stadt gehört zu den schönsten der Welt. Die meisten Schiffe legen dort an, wo es am interessantesten und – in Kapstadt nicht unwichtig – am sichersten ist: vor der Waterfront. Vor dreißig Jahren war Victoria & Alfred, wie das Viertel heißt, eine verrufene Werftgegend, heute ist es ein Erlebnis- und Einkaufscenter. Das Highlight im Wortsinn ist natürlich der **Tafelberg**. Mit der Seilbahn fährt man auf 1.100 Meter hinauf – wenn nicht gerade ein Tischtuch auf der Tafel liegt. So sagen die Kapstädter, wenn ihr Wahrzeichen sich in Nebel hüllt. Sehenswert im Zentrum: die Long Street (Häuser aus viktorianischer Zeit, Antik- und Buchläden, Bistros), der Blumenmarkt mit den fotogenen Flower Ladies, der Greenmarket sowie Bo-Kaap, das malaiische Viertel. Zwei Ausflüge sind fast Pflicht: erstens der ans ⭐ **Kap der Guten Hoffnung**, hin über den **Chapman's Peak Drive**, eine der schönsten Küstenstraßen der Welt, zurück über **Simon's Town**, wo meist bei der einzigen Pinguinkolonie Afrikas gehalten wird. Großartig auch der Ausflug auf der ⭐ **Weinroute** zu so malerischen Orten wie Stellenbosch und Paarl, mit Kostproben auf den Weingütern, deren weiße kaphollländische Häuser für diese wunderschöne Landschaft typisch sind.

TIPP Setzen Sie sich auf einen Drink in die Bar des Hotels Mount Nelson. Dort schrieb Winston Churchill als Reporter seine Berichte über den Burenkrieg. Atmosphäre pur.

2 PORT ELIZABETH

Die Industriestadt, meist kurz „PE" genannt, hat selbst nicht viel zu bieten, allenfalls ein Opernhaus im Kolonialstil und ein Denkmal für die ersten Siedler. Kreuzfahrer starten aber von hier zu Touren in nahe Nationalparks, etwa nach ⭐ **Tsitsikamma**. Die Grenzen dieses Parks reichen fünf Kilometer ins Meer hinaus (Delfine!), der Landteil (65.000 Hektar Urwald) ist von Wanderwegen durchzogen.

TIPP Wer Großwild live erleben möchte, fährt in Reservate wie Shamwari oder Kariega Game (dort unbedingt die Bootsfahrt durch das idyllische Vogelschutzgebiet mitmachen). Elefanten bis zum Abwinken bietet der malariafreie Addo-Park (knapp 70 Kilometer von „PE").

3 DURBAN

Die Jugend lebt ihre Surflust aus, Zulus führen ihre Traditionen vor, die große Zahl der Inder verleiht der Stadt ein besonderes Flair (Gandhi hat hier bis 1915 gelebt), und die Architektur zeigt viel Art déco. Aber hinter der Goldenen Meile am Ozean geht es oft ruppig zu. Ein Stadtbummel auf eigene Faust ist nicht ratsam, schon gar nicht am Abend. Auch auf die Fahrt mit den Zulu-Rikschamännern kann man verzichten: blanker Nepp.

TIPP Wer nicht bis Indien weiterreist, kann hier Kostproben der besten indischen Köche genießen, zum Beispiel im House of Curries im Hotel Holiday Inn Court. Auch Westler versuchen hier, auf Besteck zu verzichten und mit der (rechten!) Hand eines der 95 angebotenen Curries zu essen.

4 MOMBASA

Der wichtigste Hafen Ostafrikas ist vor allem Ausgangspunkt für Safaris in die schönsten Nationalparks der Welt. Seit Kenia wieder etwas sicherer geworden ist, lassen manche hier auch noch einen Strandaufenthalt folgen. Sehenswert: das von zwei Elefantenzähnen flankierte Tor zur City, der Gewürzmarkt und das **Fort Jesus**, das die Portugiesen zum Schutz des Handelswegs nach Indien errichteten. Auch für Mombasa gilt: keine Extra-

Sansibar

touren ohne landeskundige Begleitung, am besten immer in der Gruppe.

TIPP Am Rande des ⭐ **Masai-Mara-Parks** wurde die neue Nobellodge Camp Bateleur eröffnet: traumhaft schön in hoher Lage – so hoch wie die Preise.

5 SANSIBAR

Was für ein Name – die ganze Magie ferner tropischer Inseln und der Duft exotischer Gewürze schwingt darin mit. In **Stone Town**, der Altstadt von Zanzibar City, treffen sich in der Architektur Arabien, Indien und Schwarzafrika. Nirgends sonst kann man sich auf den Inseln vor Ostafrika so

40°

Madagaskar

Mauritius

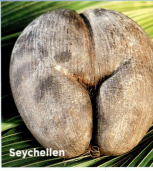

Seychellen

mühelos in die Zeiten von Sindbad dem Seefahrer zurückträumen. Jeder wird sich den Palast des Sultans anschauen, aber auch die Relikte aus der britischen Zeit, die Alte Apotheke oder das Africa House: Auf der Terrasse des einst feinsten Clubs der Engländer lässt es sich dem Sonnenuntergang so träge entgegendösen, wie es der Atmosphäre des Orts gebührt.

TIPP Als Sundowner empfiehlt sich der Palmschnaps Mnazi, an dem auch die Einheimischen, obwohl mehrheitlich Muslime, gern mal nippen.

MADAGASKAR

Ein kleiner Ur-Kontinent, eine Welt für sich, die im Süden besonders fremd und exotisch wirkt. Vor dem Hafen **Taolanaro**, beim alten Fort Dauphin, liegen die Kreuzfahrtschiffe auf Reede – wenn es die Wetterlage zulässt (bei hohen Wellen muss die Anlandung ausfallen). Beliebtes Ausflugsziel im Süden: das Berenty-Reservat, wo Lemuren und exotische Vögel bestaunt werden können. Mehr als 1.200 Seemeilen sind es bis an die Nordspitze, zum Beispiel nach **Antsiranana**, das früher mal Diégo Suarez hieß. Dort schwitzen Naturliebhaber im schönsten Bergregenwald der Insel (Montagne d'Ambre): Wasserfälle, Riesenfarne, Lemuren – ein Garten Eden. Weiter im Westen liegt die Ferieninsel ⭐ **Nosy Be**, auf der man – 500 Kilometer vom Festland entfernt – endlich singen kann: „Wir lagen vor Madagaskar ..."

7 LA RÉUNION

Die zur Maskarenen-Gruppe gehörige Insel wird selten angelaufen, da sich die dramatische Berg- und Vulkanlandschaft im Inselinneren nicht leicht erschließen lässt. Wer aber etwas Zeit investiert und dorthin vordringt, wird noch lange von der Fahrt zum (2.632 Meter) Vulkan Piton de la Fournaise schwärmen.

8 MAURITIUS

Mauritius ist landschaftlich weniger reizvoll als die übrigen Inseln dieser Weltgegend; das Bild wird stark vom Zuckerrohranbau geprägt. Naturfreunde kommen dennoch zu ihrem Recht: im **Pamplemousses Garden**, einem der schönsten botanischen Gärten der Welt.

TIPP Port Louis ist ein wichtiger Austauschhafen für Kreuzfahrer; Mauritius hat ein breites Angebot an Hotels und Stränden. Einer der schönsten Strände ist Belle Mare an der Ostküste, eines der besten Hotels das La Résidence.

SEYCHELLEN

Sie gelten als Inbegriff luxuriöser Inselferien – und tatsächlich entsprechen vor allem die kleineren Inseln **La Digue**, Curieuse und Praslin dem Klischee vom Paradies. Auf **Praslin** kann man eine botanische Sensation bestaunen: Im ⭐ **Vallée du Mai** (UNESCO-Weltnaturerbe) wächst die frivol aussehende Frucht der zweigeschlechtlichen Seychellenpalme Coco de Mer. Schönster Strand der Inseln ist die Anse Source d'Argent auf La Digue, wo noch Ochsenkarren das Tempo bestimmen. Auch in **Victoria** auf Mahé fließt das Leben tropisch-träge dahin. Rund um den alten englischen Uhrturm trifft man, so

sagen die Insulaner, irgendwann jeden Seychellois.

TIPP Der Clarke Market ist klein, aber wer früh dort ist, am besten samstags, kann ein buntes Treiben erleben. Die Frauen erledigen dann ihren Wochenendeinkauf und posieren gern für Fotos.

⭐10 MALEDIVEN

Eines der merkwürdigsten Länder der Erde: 26 Atolle, fast 2.000 Inseln beiderseits des Äquators, keine zehn Prozent davon bewohnt. Es sind winzige Eilande, die man bequem zu Fuß umrunden kann. In **Malé**, der Hauptstadt der islamischen Republik, schaut man sich die Freitagsmoschee an – und die Dhonis im Hafen: Segler, die wie in alten Zeiten bis nach Sri Lanka, Südindien und sogar Arabien Lasten transportieren. Obwohl es eine Pier gibt, legen viele Kapitäne ihre Schiffe gern vor Malé auf Reede. Von dort pendeln die Tender zum Beispiel nach **Bandos**, wo vor 30 Jahren der Tourismus begann. Die meisten anderen Hotelinseln sind für Kreuzfahrer tabu. Neuerdings ankern manche Schiffe auch vor **Gan** ganz im Süden.

TIPP Falls Sie es noch nie probiert haben: Hier sollten Sie schnorcheln! Schon nach kurzer Zeit verstehen Sie die Faszination der blauen Wunderwelt. Achtung: Nie ohne T-Shirt schnorcheln; die Äquatorsonne ist unbarmherzig, auch bei bewölktem Himmel.

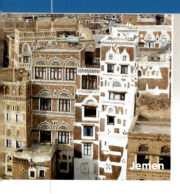

Jemen

Salala

Muscat

11 ADEN/JEMEN

Hier wurden der Legende nach vor über 2.000 Jahren die Juwelen aus Ceylon für die Königin von Saba ausgeladen, hier befand sich der große Umschlagplatz für Weihrauch und später, zu britischer Zeit, der drittgrößte Seehafen der Welt. Die Passagiere auf den Dampfern jener Zeit schwitzten tagelang: Aden ist ein Glutofen. Heute liegen die Schiffe an schwimmenden Pontons vor einem modernen Terminal. Mitunter starten dort Überlandtouren (zwei bis drei Tage, zum Beispiel nach ⭐ San'a mit seinen legendären Lehmhochhäusern). In Aden selbst wird man eine kurze Stadtrundfahrt machen und sich Moscheen, die Festung Seerah sowie das Altstadtviertel Crater anschauen, das in einem erloschenen Vulkan liegt.

12 MUKALLA/JEMEN

Das einstige Fischerdorf ist das Tor zum ⭐ Wadi Hadramaut. Das uralte Königreich, heute Teil des Jemens, birgt Kulturschätze und Fotomotive, die den Erwartungen an das Land aus 1.001 Nacht sehr nahe kommen – sowohl in den fruchtbaren Tälern, die das Hochland durchschneiden, als auch in den märchenhaften Lehmstädten **Shibam** und **Tarin**. Auch Mukalla selbst bietet viel Orient auf wenig Raum: schöne Moscheen, farbenfrohe Souks, einen Dhau-Hafen und die Festung Husn al-Ghuwayzi.

13 SALALA/OMAN

Der Hafen dieser Hauptstadt der Provinz Dhofar heißt **Raisud**, früher wurde er Port Rashid genannt. Er liegt ein paar Kilometer westlich von Salala, einer netten Stadt mit üppiger Vegetation. Wer keinen Strandtag einlegen will, schaut sich die letzten Korallensteinhäuser in der Altstadt an oder kauft Kunsthandwerk und Weihrauch ein. Wer das Alte Testament und dort vor allem das Buch Hiob schätzt, wird eher einen Ausflug ins Hinterland machen, wo das Grab von Nabi Ayoub verehrt wird; so nennen die Muslime den Mann, der trotz seiner Gottesfurcht so viel Leid auf sich zog. Den Trip zu den Ruinen des antiken Hafens Balid kann man sich schenken.

14 MUSCAT/OMAN

Die Metropole des Landes, das Sultan Qabus ibn Said binnen weniger Jahrzehnte vom Mittelalter in die Zukunft geführt hat, ist eine sehr saubere und dennoch orientalische Stadt. Die Große Moschee ist nach dem Herrscher benannt; Frauen müssen sich für die Besichtigung verschleiern. Ein lohnendes Ausflugsziel ist **Nizwa** (130 Kilometer westlich im Hajar-Gebirge) mit einem alten Fort und bunten Basargassen. Und freitags morgens gibt es einen Viehmarkt, von dem man noch den Enkeln erzählen wird.
TIPP Schauen Sie auf einen Kaffee im Hotel The Chedi in Muscat vorbei. Das Design und der Garten des Luxushotels sind eine Augenweide.

15 DUBAI

Bescheiden ist man in Dubai nicht: „Die Erde hat ein neues Zentrum", so plakatiert man es entlang breiter, palmengesäumter Boulevards – in einer Region, in der vor dreißig Jahren nichts als Wüste war. Das „Übermorgenland", in dem die Zukunft längst begonnen hat, lässt einen in der Tat staunen: Hier stehen die spektakulärsten Wolkenkratzer der Welt, zum Teil aberwitzig ins Meer gebaut, und luxuriöseste Hotels, in denen alles glitzert und verführt, der alte Orient aber weitgehend wegsaniert wurde.

Längst ist Dubai auch ein wichtiger Austauschhafen. Es steigen dort Leute ein, die vielleicht zuvor unter dem Sieben-Sterne-Himmel des 320 Meter hohen Hotels Burj

Dubai

Al Arab geträumt oder im Wüstencamp Al Maha ein Luxusabenteuer mit Vollpension zelebriert haben. Andere werden sich nach langen See- und Erlebnistagen in Afrika oder Asien einfach nur an einem der schönen Strände erholen wollen. Oder bei einer Jeep-Safari in die Wüste die Räder durchdrehen lassen.
TIPP In der Bar QD's am Creek blickt man auf das letzte Stück des alten Dubai: Hier liegen noch Dhaus und andere alte Segler. Das Lokal gehört zum Dubai Creek Golf- und Yachtclub, steht aber auch Besuchern offen.

Mumbai

Mangalore

Kochi

16 MUMBAI (BOMBAY)

Ein Moloch und doch eine faszinierende Metropole – mit 20 Millionen Einwohnern. In dieser (funktionierenden) Anarchie werden die alten Götter Indiens verehrt; die neuen, die des Geldes und des Erfolges, sind längst eingemeindet. Man trifft auf Glanz und Glitzer, aber auch auf Elend, Schmutz und Menschenmassen. Und auf diese Sehenswürdigkeiten: das Gateway of India, monumentale Erinnerung an den Besuch von King George und Queen Mary; das daneben gelegene Hotel Taj Mahal von 1903, überragt von einem neuen Hochhausflügel; das Gandhi-Museum in dem Haus, in dem der Wegbereiter des unabhängigen Indien von 1917 bis 1934 wohnte; die Tempel verschiedener Religionsgruppen auf den Hügeln über der City; den Höhlentempel auf der Insel Elephanta, ein Weltkulturerbe. Manche Ausflüge führen zu den Filmstudios von Bollywood, andere zu den buddhistischen und hinduistischen Höhlen von Ajanta und Ellora – Kult ist beides.

TIPP Nur wer Indien kennt, sollte sich allein ins Gewühl stürzen. Für alle anderen gilt: Der Stadtbummel in der Gruppe schützt vor einem allzu heftigen Kulturschock.

17 MORMUGAO

Vor die Besichtigung des kleinen, ehemals portugiesischen Bundesstaats Goa haben die Götter eine fast einstündige Busfahrt vom Industriehafen ins Hauptstädtchen Panaji (Panjim) gesetzt. Dort kann man in Alt-Goa (Velha Goa) die fast vom Urwald verschluckte Kathedrale aus der Portugiesenzeit bestaunen. Das Städtchen Mapusa im Norden erinnert noch an die Kolonialzeit, die Nehru 1961 mit dem Einmarsch indischer Truppen beendete.

TIPP Goa ist heute als internationales Badeziel bekannt. Der schönste und ruhigste Strand (35 Kilometer entfernt, mit vielen netten Beachbars) ist Palolem.

18 MANGALORE

Man ankert entweder auf Reede vor dem malerischen Dhau-Hafen dieser indischen Distriktstadt oder aber, nicht so romantisch, zwölf Kilometer weiter nördlich in einem gesichtslosen Hafenbecken an modernen Kaianlagen. Von Mangalore aus werden Ausflüge ins nahe Mudapiri, ein Pilgerzentrum der Jainas, in die High-Tech-Metropole Bangalore oder nach Mysore angeboten. Die dortige alte Maharaja-Residenz steht für vieles, was Indien legendär gemacht hat: Jasmin, Seide, Sandelholz und märchenhafte Paläste.

19 KOCHI (COCHIN)

Der alte Name klingt magischer als der neue. Und wirklich haben einige Viertel Kochis noch viel Flair zu bieten: Kirchen aus der Portugiesenzeit, Herrenhäuser aus der Epoche der holländischen Pfefersäcke, vor allem aber das koloniale Fortviertel mit seiner schönen Seepromenade, davor die viel fotografierten chinesischen Fischernetze. Zehn Minuten mit dem Tuk Tuk (der dreirädrigen Motorriksha) entfernt: Mattancherry, das schon früh bei der Modernisierung der Millionenstadt Kochi ausgeklammert wurde. Dort finden sich Gassen mit Gewürzlagern, die Reste eines jüdischen Quartiers (mit der ältesten Synagoge östlich von Jerusalem) und ein Palast aus dem 16. Jahrhundert, ein Geschenk der Portugiesen an den Raja von Cochin.

TIPP Zum Lunch oder zum Dinner in den Innenhof des wohl schönsten Hotels der Stadt gehen. Das Malabar House im Fortviertel wird von dem Deutschen Jörg Drechsel und seiner baskischen Frau liebevoll geführt.

20 CHENNAI (MADRAS)

Von der modernen Sechs-Millionen-Metropole im Bundesstaat Tamil Nadu aus startete die East India Company einst den Handelsfeldzug zur Eroberung Indiens. Aus dieser Zeit stammt das Fort St. George mit dem Gouverneurssitz und der Assembly Hall, die heute vom Parlament und von Ministerien genutzt werden. In Strandnähe erinnert die Thomas-Kathedrale (1899) an die Kolonialzeit.

TIPP Einen Eindruck von den alten Hochkulturen Südindiens vermittelt der Tagesausflug zu den Strandtempeln von Mahabalipuram (70 Kilometer). Im Dezember 2004 spülte dort übrigens der Tsunami rund 1.000 Jahre alte Tempelfriese der Pallava-Herrscher frei.

Chennai

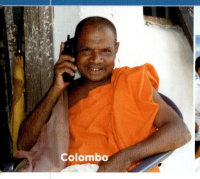

Colombo

Andamanen

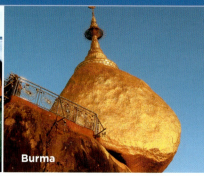

Burma

21 COLOMBO

„Wahrlich, dies ist das Paradies!", rief Hermann Hesse aus, als er 1911 nach Ceylon kam. Die Insel heißt längst Sri Lanka, das Paradies ist fragil geworden – aber Colombo ist noch immer eine faszinierende Hafenstadt, und die Kreuzfahrer legen an denselben Kais wie damals an. Das Fortviertel aus britischer Zeit wird zwar von Hochhäusern überragt, aber ein Bummel durch das Basarviertel Pettah vermittelt nach wie vor einen Eindruck vom Völkermix der Stadt: Hindu-Tamilen, Muslime, hier „Moors" genannt, und buddhistische Singhalesen bieten dort neben ihren Tempeln alle Waren Asiens an. Auf Rundfahrten werden das Nationalmuseum und das Rathaus angesteuert, das vor 80 Jahren im Stil des Kapitols gebaut wurde. Beliebtestes Tagesausflugsziel ist die letzte Königsstadt ⭐ **Kandy** im Hochland, wo das wichtigste Heiligtum der Insel steht: ein Tempel, der einen Zahn Buddhas birgt.
TIPP Den besten Blick auf den Hafen hat man vom Restaurant Flag & Whistle im fünften Stock des Setmil-Gebäudes. Es wird von dem Deutschen Paul Bischoff geführt.

22 PORT BLAIR

Es ist noch nicht lange her, da galten die zu Indien gehörenden Andamanen als weltenferne Inseln: Einige waren Strafkolonien, auf anderen wurden Besucher mit Pfeilschauern begrüßt. Keine Sorge: Heute ist alles sicher und friedlich. Spätestens seit dem Tsunami hat sich eine Infrastruktur entwickelt, die auf sanften Tourismus abzielt. Selten liegen große

Schiffe länger als einen halben Tag an der Pier der Hauptstadt Port Blair (100.000 Einwohner). Zeit genug für einen von Nostalgie geprägten Abstecher nach **Ross Island**: Bis ein Erdbeben den Ort 1914 zerstörte, feierten dort die Briten rauschende Feste in prunkvollen Ballsälen und ergingen sich in üppigen Gärten. Ruinen und ein Museum erinnern an jene Epoche.
TIPP Als Alternative zu den Buffets an Bord bietet sich ein lustvoll-fauler Nachmittag im Balkonrestaurant des Fortune Resort an: Seafood, wie es frischer und feiner nicht geht – mit Traumblick über den Ozean.

23 YANGON

In Burma (heute: Myanmar) ist viel vom alten Asien erhalten geblieben. Das gilt auch noch für die Hauptstadt Yangon. Zwar ragen ein paar Hochhäuser aus der City, aber noch immer prägen die goldenen Kuppeln der buddhistischen Pagoden die Stadt, allen voran die 100 Meter hohe **Shwedagon**. Man darf diese ebenso märchenhaft wie erhaben wirkende wichtigste Andachtsstätte der Burmesen mit Fug und Recht zu den Weltwundern zählen. Bei einem Rundgang über die Plattform erschließt sich zu wenig von der besonderen Atmosphäre; wer kann, sollte sich bis zum Einbruch der Dunkelheit in aller Ruhe das Treiben der frommen Besucher anschauen (Taxis zum Hafen sind am Fuß der Pagode leicht zu bekommen). Kleinere Schiffe legen im alten Kolonialhafen an, größere müssen eine Busstunde flussabwärts festma-

chen. Die Fahrt auf dem Yangon River ist von der Tide abhängig, langfristige Planungen können sich daher ändern. Überlandtouren führen meistens in die letzte Königsstadt **Mandalay** und/oder die magische Ruinenstadt ⭐ **Bagan**, in der es über 2.000 Pagoden gibt.
TIPP Ein Bummel durch das Kolonialviertel zur Sule-Pagode, in den indischen Basar (Gewürze und Stoffe) sowie ins Chinesenviertel lässt sich problemlos per Taxi auf eigene Faust arrangieren. Yangon ist die sicherste Großstadt Südostasiens.

Phuket

24 PHUKET

Weniger die Kultur, dafür umso mehr die üppige Natur und die traumhaften Strände sind hier die Sehenswürdigkeiten. Man will den James-Bond-Felsen in der ⭐ **Phang-Nga-Bucht** gesehen haben, eine bizarre Felslandschaft im Meer, und vielleicht noch einen Bummel durch Phuket Town machen. Spätestens dann aber sind Sonne, Beach und ein Mai Tai unter der Palme angesagt. Weil viele Strände in Phuket sehr belebt

Singapur

Borobudur

Java

sind, weichen manche Kreuzfahrer auf benachbarte Inseln aus, etwa auf Reede vor die ⭐ **Phi Phi Islands**. Auch dort wird man sich nicht mehr als Robinson fühlen, aber der Mix aus feinstem Sand, glasklarem Meer und etwas Shopping in flippigen Boutiquen macht den Abstecher zu einem Tag der Entspannung.

⭐ 25 SINGAPUR

Eines vorweg: Die Stadt ist viel bunter und spannender, als es das hartnäckige Vorurteil von der sterilen Metropole vermuten lässt. Wer unvoreingenommen durch diese so blitzsaubere wie aufregende und supermoderne Stadt bummelt, wird feststellen, wie exotisch sie doch immer noch ist. Der Hafen, in dem die Schiffe an geradezu perfekten Terminals festmachen, ist übrigens der größte Containerhafen der Welt. Selbst Chinatown, oft totgesagt, ist wieder da: In die Shophouses von einst sind Hotels, Restaurants, Bars, aber auch Anwälte, Designer, Künstler eingezogen. Was man gesehen haben muss: das koloniale Viertel mit dem Historischen Museum und dem Asian Civilizations Museum, natürlich das legendäre Raffles Hotel, Little India, die Restaurants und Bars an den Quais am Singapore River, aber auch das neue Kulturzentrum Esplanade. Und, wirklich aufregend: den Zoo bei Nacht!

TIPP Nicht mal im Raffles lässt sich der Vergangenheit so schön nachträumen wie im Restaurant Alkaff Mansion: einem Herrenhaus, das eine arabische Kaufmannsfamilie 1920 auf einem Hügel einrichtete. Sehr gutes, sehr teures Essen – und der Million-Dollar-View auf die Stadt.

26 SEMARANG/JAVA

Von diesem wichtigsten Hafen im Norden Javas aus lässt sich der Ausflug zum Weltkulturerbe Borobudur gut organisieren. Semarang selbst hat eine Altstadt mit Basaren, eine alte christliche Kirche und einen chinesischen Tempel. Der ⭐ **Borobudur** („Berg der guten Tugenden"), das größte buddhistische Heiligtum der Welt, wurde 1814 unter einer dicken Lavaschicht entdeckt; mit der Restaurierung fing man erst fast hundert Jahre später an. Über viele Terrassen auf einem runden Fundament, vorbei an unzähligen Buddhastatuen, nähert sich der Pilger sozusagen Stufe für Stufe der Erleuchtung. Zu dem Erlebnis mit diesem steinernen Glaubensbekenntnis von Weltruf kommen noch die Fahrt durch eine üppige Reislandschaft und der Blick vom Borobudur in das fruchtbare Tal. Nicht weit entfernt, in der **Prambanan**-Ebene, liegen weitere bedeutende Sehenswürdigkeiten: die Tempel der Hindugötter Brahma, Shiva und Vishnu.

TIPP Nach so viel Kultur etwas ganz Banales: Probieren Sie doch mal eine Nelkenzigarette („kretek"), eine Spezialität dieser Region. Sie riecht gut – und knistert wunderbar!

⭐ 27 BALI

Das Sehnsuchtsziel hat in den letzten Jahren viel erlitten: Die Anschläge und die oft wiederholten Drohungen der Islamisten aus Java (Bali selbst ist fast nur von Hindus bewohnt) haben viele Bali-Fans verunsichert. Bis zu den Attentaten herrschte Sorge, dass der Tourismus irgendwann den Charakter der Insel und ihrer Bewohner verändern würde. Sie war aber immer ein Wunder und ist es heute noch. Keine fünf Kilometer von den oft sehr vollen Stränden in **Kuta** und **Sanur** entfernt lebt das alte Bali: Frauen in bunten Sarongs balancieren kunstvoll aufgeschichtete Pyramiden aus Früchten und Blumen auf dem Kopf, unterwegs zu den vielen Tempeln. Unbedingt ansteuern: das Künstlerdorf **Ubud**, in dem es noch immer Volks- und große Malerei zu entdecken gibt, und den „Muttertempel" Pura Besakih unterhalb des Gunung Agung (über 3.000 Meter), auf dem nach Meinung der Balinesen die Götter wohnen.

TIPP Warnung: Der Sonnenuntergang am Meerestempel Tanah Lot kann so schön sein wie auf den schönsten Postkarten. Es kann aber auch desillusionierend sein, mit tausend anderen Besuchern das Ah und Oh zu teilen, wenn die Sonne neben dem Tempel in den Ozean plumpst.

Bali

40°

Flussreisen

Auf Flüssen lernt man, die Welt anders zu sehen. Die folgenden
Seiten laden dazu ein: mit Reportagen, Porträts der beliebtesten
Schiffe und Routeninformationen zu den schönsten Flüssen

0°

40°

FLUSSREISEN

Reportagen Seite 232

Schiffe   Seite 254

Reviere   Seite 286

Die American Queen | **Blick in die Lobby**

Nostalgie auf dem Mississippi

Kaum ein Schiffstyp ist so untrennbar mit seinem Fahrgebiet verbunden wie dieser: Schaufel-raddampfer gehören zum Mississippi wie Eisbrecher zum Pol. So glaubten wir, bis der Harp-stedter Veranstalter UC Unlimited Cruises uns eines Besseren belehrte. Zumindest einer der sechs Dampfer der Majestic America Line, für die UC jetzt als Generalagent in Deutschland fungiert, fährt auch auf hoher See: durch die Inside Passage vor der Küste Alaskas. Die anderen fünf jedoch, voran das weltgrößte „Mississippi Steamboat", die **American Queen** (436 Gäste), verkehren auf dem „Ol' Man River". Tom Sawyer, wir kommen! **www.Unlimited-Cruises.com**

Wie zu Pharaos Zeiten

Wer bei Nilreisen nur an große Motorschiffe denkt, hat jetzt eine Alternative: Mit der **Samira** und der **Jasmina** sind zwei Segelschiffe unterwegs, mit denen sich die Landschaft auf langsame Weise entdecken lässt. Die „Daha-beyas" sind Neubauten und segeln seit Herbst 2006 unter der Flagge von OFT Reisen. Nur bei Flaute hilft ein Schlepper aus. Statt große Piers anzulaufen, ankern die Boote bei Dörfern und kleinen Inseln. Das ist Reisen wie zu Pharaos Zeiten, aber mit heutigem Komfort. Die Segler sind 47 Meter lang und haben acht Außenkabinen (mit Duschbädern und Klima-anlage) für 16 Passagiere. Eine Woche ab 618 Euro pro Person plus Flug. **www.oft-reisen.de, Tel. (07156) 16 11 15**

Neuer Yangzi-Diamant

Die Zahl der Premium-Schiffe auf dem längsten Fluss Chinas wächst: Nach Viking und Victoria Cruises hat jetzt auch der Stuttgarter Veranstalter Nicko Tours ein Flussschiff der Luxusklasse auf dem Yangzi. Die nagelneue **Century Diamond** hat zwei Restaurants, einen Wellnessbereich – und 132 Außenkabinen mit Balkon; 14 davon sind Juniorsuiten mit 31, zwei sind „Diamond-Suiten" mit stolzen 45 Quadratmetern. Weitere Info: **www.nicko-tours.de**

FOTOS: Unlimited Cruises (1). A. Schmutte (1). Nicko Tours (1)

Einschalten und Entspannen.

 **Nur Klassik Hits:** von Anna Netrebko bis Nigel Kennedy
Von 6 bis 18 Uhr

 **Beste Filmmusik:** von Star Wars bis Herr der Ringe
Von 18 bis 20 Uhr

 **New Classics:** von Ludovico Einaudi bis Sting
Von 20 bis 22 Uhr

 **Klassik Lounge:** sanfte Downbeats von London bis Ibiza
Von 22 bis 2 Uhr

 **Das Aktuellste aus Wirtschaft und Kultur**
Alle 30 Minuten

Bundesweit über UKW und Kabel, europaweit über Satellit und weltweit im Internet.

Alle Infos und Frequenzen unter www.klassikradio.de

Russisch
für Anfänger

Elf Tage auf den Wasserwegen der Zaren, zwischen
Sankt Petersburg und Moskau: Eine bessere Art, das
größte Land der Erde kennenzulernen, gibt es nicht

VON JOHANNES BOHMANN (TEXT & FOTOS)

Begegnung in Goritzy; Kirche in Uglitsch

Die Viking Lomonosov auf der Newa

Das Gold der Städte: die Eremitage in St. Petersburg (o.); Kirche im Moskauer Kreml

D ie erste Nacht ist keine. Erst weit nach Mitternacht finde ich, trotz strapaziöser Anreise, ins Bett – und dennoch kaum Schlaf. Dass es erst fünf ist, als ich über das längst taghelle, aber seltsam menschenleere Deck spaziere, begreife ich erst, als ich die Uhr über der Rezeption anstarre. Die „weißen Nächte" von Ende Mai bis Ende Juli, in denen der Himmel über dieser Weltgegend niemals dunkel wird, haben mich überlistet! Merke also: Man ziehe, wenn man im Sommer in Sankt Petersburg schlafen will, alle Vorhänge fest zu.

Sommerhäuser am Swir: Im Winter stehen die Dörfer leer

Das gilt besonders, wenn am nächsten Tag ein Mammutprogramm geboten wird, das man nicht verpassen will: Katharinenpalast mit Bernsteinzimmer, Stadtrundfahrt, Peter-und-Paul-Festung, am Abend „Schwanensee". Ich stehe alles wacker durch, bis hin sogar zu der spätabendlichen Diskussion darüber, dass der Siegfried „springfaul",

die Truppe ansonsten aber großartig war. Dann jedoch ziehe ich den Vorhang fest zu.

Tag zwei sieht mich also ausgeruhter. Am Morgen vor den Fontänen im Peterhof, am Nachmittag in der Eremitage, wo ich trotz Massenandrangs ein paar Minuten finde, um die Gauguins zu bestaunen. Und dann, wieder im schattenlosen Licht dieser mystischen Nächte, stehe ich nach Mitternacht an Deck, als die Viking Lomonosov die Pier verlässt und zu ihrer Reise durch dieses unermesslich weite Land aufbricht. 1.800 Kilometer liegen vor uns – und doch werden wir nur einen Zipfel Russlands sehen. Zehn Zeitzonen sind es bis Wladiwostok ...

Was das bedeutet und bedeutete, in der Geschichte wie heute, werden Nelly und Vera, unsere beiden grauhaarigen Reiseleiter-Eminenzen, nicht müde zu reflektieren. Mit diversen Vorträgen – von „Russisch für Anfänger" über „Geschichte der Romanows" bis hin zu

**Das Gold der Natur: In den „weißen Nächten"
ziehen sich die Sonnenuntergänge Stunden hin**

„Gorbatschow und Perestroika" oder „Putin und Demokratie" – begleiten sie unsere Reise. Und zwischendurch erleben wir, dass vor allem Vera, im Hauptberuf Unidozentin für Geschichte, zu Höchstform aufläuft, wenn es um Politik und die Vorurteile des Westens gegenüber Russland geht. Zumindest so viel bleibt hängen: So groß, wie dieses Land ist, so schwer ist es zu begreifen.

Doch noch gleiten wir unbekümmert auf der Newa hinaus, lassen die Viereinhalb-Millionen-Metropole, deren Glanz sich im Regen des ersten Tages nicht jedem erschloss, hinter uns und begeben uns unter strahlendem Sommerhimmel in die Arme von Mütterchen Russland. Wasser, Wälder, hoher Himmel ... Hin und wieder kreuzt ein rostiger Frachtkahn, meist mit Holz beladen, unseren Weg. Stets in Sichtweite mit uns zieht die Viking Pakhomov, ein weiteres der fünf Flussschiffe, die Viking in Russland betreibt, ihre Bahn. Holzhäuser stehen am Ufer, manchmal ein Dorf, auf dessen Wiesen ein Pferd grast – Menschen sehen wir kaum. „Doch", sagt Vera, „im Sommer sind diese Dörfer schon bewohnt. Aber im Winter, wenn es hier bis zu vierzig Grad unter Null sein können, ist

meist nur noch einer da. Er passt auf, dass kein Wolf in die Häuser kommt."

Wir passieren eine Schleuse – die erste von 18, die wir bis Moskau vor uns haben – und erreichen den Ladogasee: ein Meer. Mit 200 Kilometern Länge und 120 Kilometern Breite ist er Europas größter Süßwassersee, vor dem Onegasee, der noch vor uns liegt (und dem Bodensee, der uns ab jetzt wie ein Dorfteich erscheinen wird). Schon bald aber tauchen wir wieder in die Wälder ein: An den idyllischen Ufern des Swir entlang fahren wir nach Mandrogy, zum ersten Ausflugsstopp.

Und zur ersten Enttäuschung: Ein russischer Millionär hat hier ein Disneyland für Flusstouristen errichtet, mit Souvenir-Shops, die mit marterpfahlähnlichen Balken verziert sind, und mit Scheunen voller Biertische, an denen Massenspeisungen im Oktoberfeststil stattfinden: Sechs Flussdampfer liegen an der Pier. Doch zum Glück dauert der Aufenthalt nur kurz, und der Fluss hat uns wieder. Gegen Abend versöhnt er uns mit einem Naturspektakel der Extraklasse: Ein doppelter Regenbogen steht leuchtend über dem Wald.

Auf dem torfbraunen Onegasee fahren wir weiter in den Norden Kareliens, wie ▶

Magische Anblicke: die Kirche von Kishi und das Licht des Nordens

das Land hier bis hinauf nach Finnland heißt, um am Morgen darauf endlich auf Kishi zu blicken: Die Museumsinsel, von der UNESCO als Welterbe gelistet, gilt als Höhepunkt der Flusspartie. Tatsächlich bieten die 22 Espenholzkuppeln, die über der berühmten, ohne einen einzigen Nagel erbauten Holzkirche thronen, ein magisches Bild. Weder der Singsang der örtlichen Führerin noch die Tatsache, dass wir auch diesen Ort mit den Gästen fünf weiterer Schiffe teilen müssen, können es trüben. Selbst der ausgerechnet jetzt graue Himmel stört nicht: Wie mattes Aluminium glänzen die Schindeln. Und als für einen Moment noch die Sonne durchbricht, steht plötzlich rechts des Weges ein Bild aus einer anderen Zeit: ein Mann in alter Tracht, der mit der Sense ein fast hüfthohes Butterblumenfeld mäht.

Oberarme wie ein Ringer: Marktfrau in Jaroslawl

Kishi war der Auftakt: Ab jetzt erleben wir Zwiebeltürme, Ikonostasen, Klosterhöfe in Serie. Am Vytegra-Fluss macht ein paar Schleusen weiter Goritzy den Anfang mit dem Kirillo-Belozerskij-Kloster, einem der größten Russlands. Ein Mönchschor singt für die Flussreisenden – und verkauft seine CDs. Dann folgt Jaroslawl, das schon an der Wolga liegt, die wir nach der Fahrt durch den Rybinsker Stausee erreichen. Ein Kirchturm ragt aus dem Wasser: Stalin ließ den See fluten und vollendete damit unter großen Menschen- und Materialopfern den Wasserweg zwischen Moskau und der Ostsee, von dem schon Peter der Große träumte. In Jaroslawl besuchen wir eine Bilderbuchkirche mit grün glänzenden Kuppeln, zu deren Füßen Brautpaare posieren. Und ein paar Schritte davon entfernt eine Markthalle, in der die Marktweiber Oberarme wie Ringer haben.

Dann der letzte Halt vor Moskau: das idyllische Uglitsch. Nur 6.000 Menschen ▶

Füße hoch und Flüsse runter.

Sich einfach mal treiben lassen – für viele schon Hochgenuss pur. Bei A-ROSA erwartet Sie außerdem eines der besten Kreuzfahrtschiffe seiner Klasse mit exquisitem Service. Freuen Sie sich also auf perfekte Urlaubstage mit A-ROSA.

Und so könnte ein gelungener Tag an Bord aussehen: Nach einer erholsamen Nacht in Ihrer großzügig geschnittenen Außenkabine können Sie erholt einen schwungvollen Landgang mit den A-ROSA Bikes antreten und im Anschluss eine entspannende Massage im SPA-ROSA genießen. Zum Ausklang des Tages erwartet Sie dann ein Buffet mit mediterranen Köstlichkeiten unserer Spitzenköche. Jetzt müssen Sie sich nur noch für eine Destination entscheiden. Ob Donau oder Rhône – A-ROSA ist ganz nach Ihrem Geschmack.

aROSA

Lust auf Schiff

Katalog, Beratung und Buchung im Reisebüro oder unter Tel. 0180-30 276 72 (€ 0,09/Min.)
www.a-rosa.de

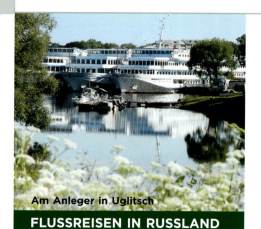

Am Anleger in Uglitsch

FLUSSREISEN IN RUSSLAND

„Die Wasserwege der Zaren" lautet das Motto der beschriebenen Reise. Viking Flusskreuzfahrten aus Köln bietet sie für deutschsprachige Reisende 2008 auf der **Viking Peterhof** an; die **Viking Lomonosov** und vier weitere Viking-Schiffe fahren 2008 für amerikanische Gäste. Die Reise dauert elf Tage ab Sankt Petersburg und zwölf, wenn sie in Moskau beginnt (Karte siehe Seite 295). Je nach Termin kostet sie inklusive Vollpension und Ausflugspaket zwischen 1.338 und 4.538 Euro pro Person in der Doppelkabine (Info: Tel. (0221) 258 62 09; www.vikingrivercruises.de).

Unter den rund 60 Passagierschiffen, die auf dieser Strecke im Sommer verkehren, nehmen die Viking-Schiffe insofern eine Premium-Position ein, als sie vom Veranstalter selbst gemanagt und von deutschsprachigem Personal geführt werden: Hotelmanager, Cruise Director und Chefkoch sind westeuropäisch; die übrige Crew ist russisch. Die anderen Anbieter, zurzeit **Nicko Tours**, **Phoenix Reisen** und **Transocean Tours**, chartern mit einer komplett russischen Crew.

Nach Landesstandards überdurchschnittlich ist deshalb die Gastronomie bei Viking; auch Reiseleitung und Service verdienen gute Noten. Abstriche muss man indes bei den Kabinen machen: In den 26 De-Luxe- und Superior-Kabinen sowie der Minisuite findet man zwar viel Platz und eine schöne Einrichtung vor – in den 86 Standardkabinen aber ist das Platzangebot gering; vor allem die Duschkabine ist winzig. Hiermit steht Viking jedoch nicht allein: Fast alle Flusskreuzer in Russland sind baugleich; sie wurden von der Boizenburger Werft in der DDR gebaut. Man darf daher auf den Komplettumbau der auf dem amerikanischen Markt angebotenen **Viking Surkov** gespannt sein, der unter Veranstalterregie im Winter 2007/08 erfolgen soll. Eventuell soll ein Umbau der für deutschsprachige Gäste fahrenden **Viking Peterhof** folgen.

sollen hier leben, doch mit ihren vielen Kirchen, den breiten Plätzen und den Boulevards wirkt es größer. Tatsächlich hat es bessere Zeiten gesehen: Iwan der Schreckliche erbaute hier einen Kreml, eine befestigte Residenz, und deshalb zählt Uglitsch zum „Goldenen Ring" der Städte rund um die eine, schon damals wie heute alles beherrschende Mutter der Städte: um Moskau.

Auf dem Moskau-Kanal fahren wir hin, steigen in den Bus zum Roten Platz – und der präsentiert sich in Galalaune: Die Zuckerbäckerkuppeln der Basiliuskathedrale strahlen in der Nachmittagssonne, Liebespaare flanieren vor dem Lenin-Mausoleum, und in den Cafés des Nobelkaufhauses GUM nippt die sonnenbebrillte Schickeria am Sektkelch. Sogar Putin, Lenin und Stalin sind da und posieren für Fotos mit Touristen. Erst als wir nähertreten, sehen wir, dass es Doubles sind.

Ob es am Kaiserwetter liegt, dass sich alle in der Gruppe gegenseitig versichern, sie hätten Russlands Hauptstadt so schön, so entspannt, so mondän nicht erwartet? Natürlich, man zeigt uns die Schokoladenseite. Führt uns am Abend in den Moskauer Staatszirkus aus, zeigt uns am nächsten (wieder strahlenden) Morgen die goldglänzenden Kirchen des Kremls, lädt uns zur Fahrt mit der pompösen Metro ein – und schenkt uns zum Abschied noch eine Lichterfahrt durch die nächtlich erleuchtete Metropole. 10,5 Millionen Menschen sollen hier leben – 3,5 Millionen Pendler und Touristen strömen tagsüber dazu. 150 von ihnen waren wir. ■

Liebe am Fluss – in Goritzy

Faszination Flussreisen

Donau • Rhein / Main / Mosel • Elbe • Oder • Russland • China • u.v.m.

Traumhafte Flusskreuzfahrten

mit der »SWISS CORONA« ✶✶✶✶+

und der »BELLEVUE« ✶✶✶✶

und 5 weiteren Flussfahrtschiffen

Inklusive:

- ■ Volle Bordverpflegung
- ■ Benutzung sämtlicher Schiffseinrichtungen
- ■ Deutsch sprechende
  Transocean Tours-Reiseleitung
- ■ u.v.m.

Mit Rembrandt
am Rhein

Wenn alte Meister dem Käpt'n die Show stehlen: Wir
fuhren mit der River Cloud durch Holland und Belgien –
und brachten statt Fotos volle Malblöcke mit

VON UWE BAHN

Antwerpener Wahrzeichen:
der „Handwerfer"

Eine Grande Dame auf Hollands Flüssen: die schneeweiße River Cloud

FOTOS: Belgisches Fremdenverkehrsamt (1). Seacloud Cruises (1). U. Bahn (1)

Die Kathedrale von Antwerpen gibt sich alle Mühe, die 457.000 Einwohner der belgischen Stadt aus den Betten zu bimmeln. Einer ist an diesem Sonntag schon seit ein paar Stunden wach: der Holländer Harold Ripson. Er ist der Kapitän der River Cloud und bereitet sein Schiff auf die Abreise vor. Von A nach A soll die Tour gehen, von Antwerpen nach Amsterdam.

Früher war das äußerst gefährlich: Dort an der Schelde, wo die River Cloud langsam die Leinen löst, lebte einst ein Riese. Grimmig und bösartig war er. Wollte ein Schiffer keinen Zoll entrichten, dann schnitt der Goliath dem Seemann die Hand ab und schleuderte sie in den Fluss. Bis ein mutiger Römer kam, der den Riesen tötete, ihm die Hand abhackte und sie ins Wasser der Schelde warf. Durch dieses „Hand werfen" soll der Name „Antwerpen" entstanden sein. Sagt jedenfalls die Sage.

Harold Ripson muss nicht um seine Hände fürchten, auch wenn er zum Steuern nur noch eine braucht: Der Joystick hat das alte Steuerrad

Der Käpt'n: Harry Ripson

ersetzt. So gleitet das Schiff die ersten Flussmeilen auf der Schelde entlang, die im Norden Frankreichs entspringt, dann durch Flandern fließt und schließlich als großer Trichter in die Nordsee mündet.

Selbst auf so einer viel befahrenen Wasserstraße fällt die River Cloud auf. 110 Meter ist sie lang, 11,40 Meter breit. Und sie ist schneeweiß und mit edlem Teakholz vertäfelt auf dem Oberdeck, dem Sonnendeck. Ein Deck darunter das Promenadendeck, eine Welt aus Messing und Mahagoni. Hier sind das Restaurant, die Lounge, die Bibliothek, die Boutique und die Rezeption untergebracht. Außerdem sechs Juniorsuiten, mit jeweils 19 Quadratmetern die größten Unterkünfte an Bord. Auf dem Kabinendeck darunter wohnen die meisten der 90 Gäste.

Auf dieser Reise sind 60 Passagiere an Bord. Und natürlich die Crew: 34 Frauen und Männer. Plus Käpt'n Harry. Mitte, Ende fünfzig wird er sein. Weißer als seine Haare sind nur noch seine Zähne, die er im Wechsel ▶

**Typisch Holland: die Tulpen vom Keuken-
hof – und Windmühlen, hier in Leiden**

mit seinen blauen Augen aufblitzen lässt. Die sind stets wach, auch wenn er jeden Stromkilometer schon zigfach durchfahren hat. Seit der Taufe des Schiffs im Jahr 1996 ist er an Bord. Zur Belohnung ziert ein Holzschild mit seinem Namen die River Cloud.

In dieser Woche allerdings stiehlt Käpt'n Ripson ein anderer die Show: Rembrandt. Die Tour ist als Themenreise „Kunst" ausgeschrieben: Sie folgt den Spuren der großen Meister – in Theorie in Praxis. Die Kunstkenner haben sich in der Lounge versammelt und gucken auf die Leinwand. Darauf hat der

Bordlektor das Rembrandt-Gemälde „Die Anatomie des Dr. Tulp" projiziert. Bildbetrachtung als Bildungsurlaub, Bingo will hier keiner spielen. Die Gästeschar weiß den Vortrag zu schätzen, genauso wie den praktischen Kunstunterricht: Eine diplomierte Künstlerin leitet den Malkursus. Der Pinselstrich fällt nicht schwer, die River Cloud gleitet mit schlappen 25 Kilometern pro Stunde über das Wasser. War es bei Kästner das fliegende, so ist es hier das schwimmende Klassenzimmer. „Ich habe einen Atommeiler gemalt", präsentiert ein 60-jähriger Schüler stolz sein erstes Werk. Nach dem Stopp in Gent geht es jetzt durch die Industrielandschaft in Richtung Rotterdam. Da sind die Motive nicht gerade lieblich.

Der nächste Halt ist Schiedam, direkt an der Mündung der Schie in die Maas. Bekannt wurde der Ort durch den Genever, Hollands Nationalschnaps. Um das Jahr 1700 begann man hier, den Getreidebranntwein zu brennen, der heute wie damals nach Wacholder schmeckt. Vier der einst 19 Getreidemühlen sind in Schiedam noch erhalten. Einige Passagiere wollen die Mühlen auf eigene Faust erkunden. Zu tief ins Genever-Glas wird

Das Original: Rembrandts Doktor Tulp

FOTOS: Netherlands Board of Tourism & Convention (4), Flandern-Tourismus (1), Laif/eyedea (1)

Fluss-Stationen: Antwerpens Yachthafen, Delfter Porzellan und die Cafés von Den Haag

keiner von ihnen schauen, denn Rembrandt wartet schon wieder. Der Landausflug führt in seine Geburtsstadt Leiden. Hier kam der Maler am 15. Juli 1606 als achtes von neun Kindern eines Müllerehepaars zu Welt. Heute bietet die Stadt am alten Rhein die perfekte Holland-Idylle: Giebelhäuser und Grachten, von denen die Rapenburg-Gracht die schönste in ganz Europa sein soll.

Zwei Stunden später wird die Welt weiß-blau. Die Passagiere der River Cloud besuchen Delft, das Epizentrum der Porzellanherstellung. Nur eine Manufaktur aus dem 17. Jahrhundert existiert noch. Dort ist sogar die Sanitärkeramik auf der Herrentoilette blau-weiß verziert. Und auch Rembrandt darf nicht fehlen. Hier hängt sie, seine berühmte „Nachtwache". Nicht als Original, sondern, wie sollte es anders sein, als Porzellankunstwerk. Das Gemälde ziert in Delfter Blau eine Kachelfläche von gut vier mal vier Metern.

Ein echter Rembrandt, „Die Anatomie des Dr. Tulp", hängt im Mauritshuis in Den Haag, der nächsten Station. Begeistert stehen die Passagiere vor dem Original, über das sie auf dem Schiff so viel gehört haben. Am nächsten Morgen um neun werden in der Lounge

schon wieder Farben gemischt und Pinsel gewaschen. Käpt'n Ripson konzentriert sich derweil auf seinen Joystick, denn der Schiffsverkehr ist in dieser Gegend so dicht wie nirgends sonst auf der Welt. „Hier wird deutlich aggressiver gefahren als auf der Donau", erzählt der Kapitän, den jeder auf der Brücke besuchen kann. Einen Hochsicherheitstrakt gibt es auf einem Flussschiff nicht.

Dann gleitet die River Cloud in Richtung Osten nach Nijmegen. Große Entfernungen werden hier nicht zurückgelegt. Radfahrer auf den Deichen haben durchaus eine reelle Chance, mit dem Flussschiff mitzuhalten. Der Liegeplatz in Nijmegen ist ideal. Angetaut liegt die River Cloud direkt an der Waal-Promenade, wo in den letzten Jahren zahlreiche Cafés, Restaurants und Bars entstanden sind. Obwohl Nijmegen die älteste Stadt der Niederlande ist, gibt es kaum noch historische Bauten. Während des Zweiten Weltkriegs wurde viel zerstört. Heute leben in der modernen, neu aufgebauten Universitätsstadt 150.000 Menschen. Einige Passagiere nutzen den Aufenthalt zu einem individuellen Landgang, andere leihen sich an Bord der River Cloud ein Fahrrad. ▶

Von A nach A: In Antwerpen begann die Reise – an Amsterdams Grachten endet sie

THEMENREISEN 2008

Von den Themenreisen mit der River Cloud 2008 sind drei „**Genussreisen**" besonders hervorzuheben. Ganz im Zeichen der Schokolade stehte die erste (17. bis 24.4.; von Köln über Nijmegen, Dordrecht, Gent und Antwerpen nach Amsterdam): Der Patissier Steffen Blunck und die Schokoladenexpertin Petra Claßen halten auf der Tour Vorträge, und die Passagiere lernen in der Praxis, wie man Pralinen herstellt – es darf genascht werden.

Stargast der zweiten Gourmet-Themenreise ist der Sternekoch Harald Wohlfahrt (12. bis 19.7.; von Köln nach Nürnberg); er wird an Bord ein Galamenü zubereiten. Bei der dritten Genussreise ist die Starköchin Sarah Wiener an Bord (27.10. bis 3.11., von Regensburg nach Budapest), und ein Gast-Sommelier begleitet eine Weinprobe in der Wachau.

Sämtliche Ausflüge auf den Themenreisen sind im Reisepreis enthalten. Info: **www.seacloudcruises.de**

Aber die Mehrheit kann den Verlockungen des Tulpen-Tourismus nicht widerstehen: Das Ausflugsziel heißt Keukenhof. Auf 32 Hektar blüht hier im Frühjahr alles, was aus einer Zwiebel wachsen kann – und Zwiebeln werden vor dem ersten Frost millionenfach verpflanzt. Die Tulpe bleibt der Blumen-Bestseller: Jährlich exportieren die Niederlande mehr als zwei Milliarden Tulpenzwiebeln. Auch die River-Cloud-Passagiere decken sich damit ein. Allerdings mit einer ganz besonderen Spezies: Die Tulpenzwiebel trägt den Namen Rembrandt ...

Auch der letzte Abend an Bord steht im Zeichen der Kunst: Der Malkurs stellt auf einer Vernissage seine Exponate vor. Der Keukenhof hat seine Wirkung nicht verfehlt, auf der Hälfte der Bilder sind Blumen zu sehen. Nur der 60-Jährige hat weitere Atommeiler gemalt. Am nächsten Morgen erreicht die River Cloud Amsterdam. Kapitän Harry wird sich genüsslich in ein Straßencafé setzen, während die Passagiere mit dem Bordlektor den Bus besteigen. Der letzte Landausflug führt in Amsterdams Rijksmuseum. Dort warten sieben Millionen Kunstwerke. Aber vor allem eines: die „Nachtwache" von Rembrandt. ■

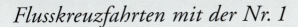

Auf eigenes
Kommando

Auf vielen Flüssen, Seen und Kanälen Europas darf
man auch ohne Führerschein ein Motorboot lenken –
ein Ferienabenteuer der besonderen Art

VON CLAUS-PETER HALLER (TEXT & FOTOS)

**Highlight in Frankreich:
der 325 Jahre alte und von 60.000
Platanen beschattete Canal du Midi**

Starterknopf zur Hälfte rausziehen, Dieselmotor zehn Sekunden vorglühen lassen, Starterknopf ganz herausziehen, der Motor springt an. Gashebel zur Hälfte nach vorn – halbe Kraft voraus. Hebel ganz nach vorn – volle Kraft voraus. Hebel nach hinten – Rückwärtsgang. So wird auf dem Wasser auch gebremst. Steuerrad nach links drehen – das Boot fährt nach links. Steuerrad nach rechts – das Boot fährt nach rechts. Theoretisch ist das alles ganz einfach.

Die Praxis sieht erfahrungsgemäß etwas anders aus. Ein Boot reagiert deutlich langsamer auf Steuerbewegungen als ein Auto. Das An- und Ablegen, das Ein- und Ausparken und besonders das Schleusen bedarf einer gewissen Übung. Wichtigste Regel an Bord: Nicht hektisch werden, immer die Ruhe bewahren. Dann klappt es auch. Man muss sich mit den Eigenschaften des Bootes vertraut machen. Es dauert ein wenig, bis man die echten Finessen herausgefunden hat, etwa wie auf engem Raum gewendet oder wie rückwärts eingeparkt wird. Es ist wirklich nicht so schwer. Deshalb gibt es bestimmte Reviere in Europa, in denen man auch ohne Bootsführerschein am Ruder stehen darf.

Der Urlaub als Kapitän von eigenen Gnaden beginnt im Ausgangshafen. Das Personal der Charterfirmen ist auf alle Fragen vorbereitet und erklärt ausführlich und anschaulich, wie Motor, Strom, Gas, Wasser, Heizung und die störungsanfälligen Toiletten funktionieren. Die wichtigsten Manöver werden gezeigt und auch geübt. Dann kann sie losgehen, die wilde Fahrt. ▶

Ein Hausboot vom Typ Pénichette in der Nähe von Cognac auf der Charente

Man sitzt hinter dem Steuerrad, der Motor tuckert gemächlich vor sich hin, das Boot gleitet mit fünf bis acht Stundenkilometern durchs Wasser. Hinter jeder Biegung bietet sich ein neuer Anblick. Man passiert Brücken, Wiesen und Weiden, kleine Orte, Herrenhäuser und Bauernhöfe. Die Besatzungen entgegenkommender Boote winken einem zu. An den Ufern stehen Angler, die entweder grüßen oder schimpfen, weil man ihren Leinen zu nahe gekommen ist. Eine Herde Kühe sucht sich ein schattiges Plätzchen in Ufernähe, ein Reiher pickt im seichten Wasser nach kleinen Fischen, ein Schwanenpaar macht mit seinen Jungen erste Schwimmübungen. Im Dickicht taucht ein Otter auf. Vielleicht war es auch eine große Ratte ...

Aus der reizvollen Wasserperspektive gibt es an Land ständig etwas zu entdecken. Der Fluss zieht den Reisenden sofort in seinen Bann, zwingt ihm unverzüglich sein ruhige-res Tempo auf. Das ist die Faszination dieser Art des Reisens. Auch ohne Unterhaltungsprogramm wird es nie langweilig. Man lässt einfach die schönsten Landschaften an sich vorüberziehen. Für Abwechslung sorgen die Schleusen. Dort ist die komplette Mannschaft gefordert, möglichst unaufgeregt ein elegantes Manöver hinzulegen.

Nach vier, fünf Stunden Fahrt pro Tag hält man am Nachmittag Ausschau nach einem kommoden Liegeplatz in einem Hafen oder macht einfach in geeigneter Lage am Ufer fest. Dann erkundet man zu Fuß oder per Fahrrad die Gegend. Zu jedem Fahrgebiet gibt es exakte Kartenbücher an Bord. In ihnen sind alle Untiefen, Bojen, Häfen, Schleusen mitsamt Öffnungszeiten, Restaurantempfehlungen, Einkaufsmöglichkeiten und Ausflugstipps verzeichnet.

Zwar gibt es Schnupperangebote für verlängerte Wochenenden, aber eine Woche sollte die Bootsreise schon dauern. Bei ►

REVIERE FÜR SELBSTFAHRER

Belgien

Brügge und Gent, Museen und Märkte, Shopping und Sightseeing – Belgien wird auch unter Bootsfahrern als echter Geheimtipp gehandelt.

Deutschland

Ohne Bootsführerschein darf man in Deutschland lediglich auf bestimmten Seen, Kanälen und Flüssen in Mecklenburg-Vorpommern und Brandenburg fahren. Auch wenn vielerorts noch DDR-Flair vorherrscht: Wer noch nie an der Müritz oder der Havel war, sollte sich diesen Teil Deutschlands unbedingt einmal anschauen – landschaftlich sind diese Regionen sensationell. Das Wasser ist sauber, Fauna und Flora sind artenreich und die Liegeplätze idyllisch. In der Hochsaison kann es leicht zu überfüllten Häfen und stundenlangen Wartezeiten an den Schleusen kommen.

Bootshäuser an Mecklenburgs Seen

Frankreich

La Grande Nation bietet mit Abstand die größte Auswahl an Flüssen und Kanälen, die ohne Sportbootführerschein befahren werden dürfen und entlang deren Ufern eine „Hausboot-Infrastruktur" gewachsen ist. Ob Bretagne, Burgund, Charente, Camargue, Loire, Elsass oder Picardie – jede Region hat ihren ganz eigenen Charme und ihren speziellen Reiz. Überall gibt es entzückende historische Städte und Dörfer, in denen man sich etwas anschauen oder gut essen gehen kann. Als Königsklasse der Reviere gilt der Canal du Midi, der das Mittelmeer mit dem Atlantik verbindet. Generell sind die französischen Kanäle, Ufer, Schleusen und Häfen außerordentlich gepflegt. Die Saison dauert von April bis Oktober. Je weiter südlich das Revier liegt, desto höher ist natürlich die Wahrscheinlichkeit, dass das Wetter gut ist. Wer keine schulpflichtigen Kinder hat, sollte den Canal du Midi allerdings in der Hochsaison meiden: Im Juli und August drohen überfüllte Häfen und lange Wartezeiten vor den Schleusen.

Auf Irlands Shannon

Irland

Der längste Fluss der grünen Insel ist der Shannon. Es gibt dort keine Berufsschifffahrt und – auf einer befahrbaren Länge von 220 Kilometern – nur sechs Schleusen. Eine landschaftlich absolut reizvolle und abwechslungsreiche Region mit charmanten Orten und idyllischen Binnenseen. Irland ist ein Eldorado für Angler – Beiboote und Angelausrüstung können mitgemietet werden. Wer allerdings Wert auf gutes Essen und garantiert schönes Wetter legt, sollte auf gelegentliche Enttäuschungen gefasst sein.

Italien

Venedig, Murano, Burano, Jesolo – die Lagune von Venedig darf ohne Führerschein befahren werden. Die vorgelagerten Inseln bilden einen natürlichen Schutz vor der Adria. Verschlafene Dörfer, historische Städte, Inseln und Inselchen – die Lagune ist ein überaus entdeckenswertes Revier.

Niederlande

Holland gilt als Paradies der Freizeitkapitäne. Das Wasserstraßennetz ist so dicht, dass es sehr schwer ist, seine genaue Länge zu bestimmen. Man kann mit dem Boot sogar bis in die Grachten von Amsterdam schippern. Überall in Holland finden sich „ship-ins", direkt am Kanal gelegene Restaurants und Cafés.

In den Grachten von Utrecht

FOTOS: C.-P. Haller (1), Locaboat (1), Crown Blue Line (1)

BOOTSVERMIETER

Clipper

Crown Blue Line

Mit über 700 Booten und 32 Abfahrtsorten in Frankreich, Irland, Deutschland, Holland, Belgien, England, Schottland und Italien ist Crown Blue Line der größte Anbieter von Hausbootreisen. 33 teilweise sehr schnittige Bootstypen für zwei bis zwölf Personen, Wochenpreise je nach Saison und Modell von 700 bis 3.800 Euro. Infos unter www. crownblueline.de, Kataloge unter (06101) 557 91 13.

Pénichette 1160FB

Locaboat Holidays

Seit über 30 Jahren baut Locaboat die Pénichettes: komfortable und leicht zu handhabende Boote, bewährt in der Vermietung. Besonders schön sind die Modelle mit einer „Flying Bridge", einer erhöhten Heckterrasse mit Außensteuerstand. Die Locaboat-Flotte zählt derzeit circa 400 Boote in Frankreich, Holland, Deutschland, Italien und Irland. Die kleinste Pénichette kostet in der Vorsaison 760 Euro, das 15 Meter lange Luxusmodell für bis zu zwölf Personen in der Hauptsaison 4.200 Euro pro Woche. Infos unter www.locaboat.de, Kataloge unter (0761) 20 73 70.

Kormoran 940

Kuhnle-Tours

Mit 130 Booten der größte Anbieter für Charterboote in Mecklenburg-Vorpommern und Brandenburg. Das Angebot beginnt bei kleinen Budget-Booten für 500 Euro pro Woche. Komfortable Primus-Kormoran-Boote (mit Stahlrumpf) für zwei bis zwölf Personen kosten je nach Saison und Modell zwischen 840 und 4.000 Euro je Woche. Empfehlenswert für Schnellentschlossene: die Last-Minute-Angebote auf der Homepage. Infos unter www. kuhnle-tours.de, Katalog unter (039823) 26 60.

FOTOS: Anbieter (3)

Auch Hunde fühlen sich an Bord pudelwohl

der Streckenwahl gibt es zwei Möglichkeiten: Einweg- oder Hin- und Rückfahrten. Bei Einwegfahrten übernimmt man das Boot in einem Hafen und gibt es eine Woche später und 200 Kilometer weiter flussabwärts in einem anderen Hafen wieder ab. Bei den Hin- und Zurück-Touren dreht man nach dreieinhalb Tagen um und fährt die gleiche Strecke wieder zurück. Natürlich sind Einwegfahrten spannender – sie haben einzig den kleinen Nachteil, dass man sein Auto vom Ausgangshafen holen beziehungsweise überführen lassen muss.

Ein Hausboot-Törn ist kein Billigurlaub. Ein schönes Schiff für vier Personen kostet in der Hauptsaison circa 2.400 bis 2.800 Euro pro Woche – pro Tag und Kopf also knapp hundert Euro. Dazu kommen die Nebenkosten für den Diesel, die Hafengebühren, den Fahrradverleih, einen bewachten Autoparkplatz, die Versicherung und so weiter. Inklusive Verpflegung kommt so am Ende ein Tagespreis heraus, der mit dem Preis von All-Inclusive-Flussfahrten auf Passagierschiffen durchaus vergleichbar ist.

Die neun bis 16 Meter langen Hausboote sind ausgestattet wie komfortable Ferien- ▶

**Boje auf der Müritz,
Cockpit und Frontalansicht
einer Kormoran 1100 S**

wohnungen: Es gibt eine Küche mit Gasherd, Ofen und Kühlschrank sowie fließend warmem und kaltem Wasser. Meistens hat jede Kabine ihr eigenes kleines Bad mit WC. Boote der neueren Generation haben zumeist zwei Steuerstände: Bei schlechtem Wetter kann man das Boot von innen lenken, bei gutem Wetter lässt es sich mit Panoramablick von der erhöhten Terrasse führen.

Die meisten Bootstypen sind inzwischen technisch optimiert, einfach zu handhaben und ganz auf einen unkomplizierten Charterurlaub ausgelegt. Der Neupreis ab Werft liegt je nach Größe und Ausstattung zwischen 150.000 und 300.000 Euro.

Offiziell verantwortlich für das Boot und die Sicherheit der Mannschaft ist der Schiffsführer, das heißt der Vertragspartner. Ans Steuer dürfen „geeignete Personen ab 16 Jahren". Wenn der Kapitän danebensteht, ist aber auch gegen noch jüngere Steuermänner und -frauen nichts einzuwenden.

Kindern macht das Leben an Bord und in den Häfen großen Spaß, wenn sie sich frei bewegen können. Mit kleineren Kindern, die noch nicht schwimmen können, ist ein Bootsurlaub allerdings weniger empfehlenswert. Hunde dürfen jederzeit mitgenommen werden. Die Tiere fühlen sich – wenn sie erst ihre Wege gefunden und Ängste vor steilen und feuchten Treppen bewältigt haben – auch recht wohl an Bord.

Bleibt noch die Frage nach dem richtigen Revier. Wo soll die Jungfernfahrt stattfinden? Preislich gibt es da keine großen Unterschiede. Die besten Chancen auf schönes Wetter bieten Frankreich und Italien. Die kurze Anreise spricht für Mecklenburg-Vorpommern, Holland und Belgien. Wer nur zu zweit reist und körperlich nicht mehr hundertprozentig fit ist, sollte Flüsse und Kanäle mit vielen manuellen Schleusen meiden. Aber ansonsten gilt: Von Irlands Shannon bis zur Lagune von Venedig, von der Müritz in Mecklenburg-Vorpommern bis zum Canal du Midi in Südwestfrankreich – alle Regionen haben ihre ganz besonderen, einzigartigen Reize. ■

Weltmeisterlich

**Die deutsche Flussreisenflotte ist die größte der Welt.
Wir stellen die Flaggschiffe der großen Veranstalter vor**

Auf der Wolga in Russland

Wie viele Flussschiffe es auf der Welt insgesamt gibt, kann niemand wirklich sagen. Sichert ist aber: In keinem Land werden alljährlich so viele Flussreisen gebucht wie in Deutschland. In dieser Disziplin sind wir also Weltmeister – auch was die Zahl der von deutschen Firmen betriebenen Schiffe betrifft: Laut den Zahlen des Deutschen Reiseverbands fuhren 2006 weltweit 140 Flussschiffe unter deutscher Regie – gegenüber „nur" 29 von deutschen Reedern betriebenen Hochseeschiffen.

Aus dieser stolzen Flotte stellen wir Ihnen auf den folgenden Seiten 20 Schiffe vor (plus ein einundzwanzigstes, die Victoria Anna der US-Reederei Victoria Cruises). Wie bei den Hochseeschiffen haben wir uns bemüht, die beliebtesten, besten und modernsten auszuwählen: Alle wichtigen Veranstalter sind auf diese Weise mindestens mit ihrem/n Flaggschiff/en vertreten. Ihre anderen sind unter dem Stichwort „Weitere Schiffe der Flotte" zumindest gelistet.

Ein wichtiger Unterschied zur Seereise: Bei Flussreisen steht das Ziel der Reise oft mehr im Vordergrund als das Schiff. Man möchte den Nil oder den Yangzi, die Donau oder die Wolga erleben – auf welchem Schiff, das ist zuerst einmal zweitrangig. Dennoch darf man nicht vergessen, dass man auch bei Flussreisen einen beträchtlichen Teil der Reise in seinem schwimmenden Hotel verbringt.

Und damit Sie wissen, wie das aussieht, möchten wir Ihnen auch bei den Flussschiffen eine Antwort auf die Frage geben: Welches Schiff passt am besten zu mir?

Deshalb bieten wir Ihnen auch hier bei unseren Schiffsporträts zur raschen Orientierung eine Profilbewertung mit jeweils bis zu fünf Ankern in fünf Kategorien. In puncto Gastronomie und Service gelten dabei im Prinzip die gleichen Kriterien wie bei Hochseeschiffen.

Info-/Entertainment

1 Anker einfache Unterhaltung; Musik, Spiele etc.

2 Anker Bordprogramme mit Künstlern und/oder Lektoren

3 Anker gehobene Bordprogramme mit Künstlern und/oder Lektoren

4 Anker professionelle Bordprogramme, Lektorate/ Vorträge; zusätzliche Angebote wie z. B. Diskothek, Kino o. Ä.

5 Anker hochklassige Bühnenshows in großen Bord- theatern; Lektorate/Vorträge; professionelles Equipment; viele Zusatzangebote

Sport & Wellness

1 Anker Sport und Gymnastik ohne spezielle Geräte

2 Anker einfache Sportgeräte vorhanden; kein Wellnessangebot

3 Anker Fitnessbereich und Wellnessangebot mit Betreuung; Pool(s) und Sauna vorhanden

4 Anker Fitnessbereich und Wellnessangebot mit pro- fessioneller Betreuung; Zusatzangebote wie z. B. Golfabschlag, Shuffleboard o. Ä.

5 Anker hochklassig geführter Fitness-, Spa- und Wellnessbereich; großzügiger Pool bzw. Pool- Landschaft; Zusatzangebote wie Fahrräder für Ausflüge, Personal Trainer o. Ä.

Gastronomie

1 Anker einfachstes Angebot ohne Ambiente

2 Anker solides Angebot ohne besonderen Anspruch

3 Anker gutes Angebot in gepflegtem Ambiente

4 Anker anspruchsvolles und vielfältiges Angebot in niveauvollem Ambiente

5 Anker herausragendes Angebot auf Sterne-Niveau in entsprechendem Ambiente

Typisch River Cloud: erlesene Gastronomie

Landausflüge

1 Anker Ausflugsangebote ohne Betreuung

2 Anker Ausflugsprogramm mit einfacher Betreuung durch örtliche Agenturen

3 Anker gutes Ausflugsprogramm unter der Regie der Bordreiseleitung

4 Anker anspruchsvolles Ausflugsprogramm unter der Regie der Bordreiseleitung/Lektoren

5 Anker herausragendes Ausflugsprogramm unter der Regie der Bordreiseleitung/Lektoren; zusätzliches Angebot wie individuelle Ausflüge, ausgefallene Vor- und Nachprogramme, Themenreisen o. Ä.

Service

1 Anker nur passive Gästebetreuung

2 Anker solider Service auf einfachem Niveau

3 Anker guter Service in Restaurants, Kabinen und allen anderen öffentlichen Bereichen

4 Anker freundlicher und professioneller Service; jederzeit aufmerksames und ansprechbereites Personal

5 Anker perfekter Service – der Gast ist König

Beim Entertainment sowie bei Sport und Wellness wird hingegen berücksichtigt, dass beides auf Flussreisen weniger groß ge- schrieben wird – nicht zuletzt, weil die Klien- tel (noch) im Durchschnitt älter ist als bei Hochseereisen. Deshalb auch gibt es (noch) keine Flussschiffe mit erkennbarem Kinder- programm, das heißt eigenen Clubs für Kin- der und Jugendliche. Darum haben wir uns dazu entschlossen, statt der Familienfreund- lickeit auf Flussschiffen die Landausflüge zu bewerten. Zumal sie, wie gesagt, auf dem Fluss einen höheren Stellenwert haben: „Er- holungstage" ohne Landgangsprogramm gibt es auf Flussreisen so gut wie nie – hier ist der Weg im wahrsten Wortsinne das Ziel.

Und damit Sie auch dazu zumindest die wichtigsten Informationen in diesem Buch finden, bildet ein Kapitel zu den schönsten Flussrevieren der Welt den Abschluss (ab Seite 286): Steigen Sie ein und erleben Sie den Rhein oder die Elbe, die Donau oder die Rhône. Oder sogar den Yangzi, den Nil oder den Ayeyarwady im exotischen Burma. ■

Zwei der vier baugleichen A-ROSA-Donauschiffe

A-ROSA Riva mit Mia, Donna, Bella

Auf der Donau fahren die Riva und ihre drei A-ROSA-Schwestern voraus – zumindest was Gesundheit und Fitness betrifft

Die A-ROSA Riva ist das neueste der vier A-ROSA-Donauschiffe, die allesamt auf der Rostocker Neptun Werft gebaut wurden. Eine Donaureise mit A-ROSA soll nicht nur für Sissi-Romantik und Apfelstrudel stehen. Speziell im Bereich Gesundheit und Fitness wird deshalb viel geboten: Das Wohlfühl- und Fitnessangebot ist das größte auf dem Fluss. Dampfsauna, finnische Panoramasauna, Fitnessbereich, Mountainbikes für Landausflüge – das alles findet der Donaureisende bei A-ROSA. Die kostenpflichtigen Anwendungen reichen von der Hot-Stone-Massage bis zur Salztherapie. Gespeist wird im Buffetrestaurant mit Showküche und einmal pro Woche in der Weinwirtschaft. Dann wird in einem abgetrennten

Große Kabinen mit französischen Balkonen

Bereich ein Fünf-Gänge-Menü serviert, inklusive Weinprobe mit dem kompetenten Bordsommelier. Die Riva und ihre Schwestern haben auch Restaurant-Außenplätze im Heck, dort stört allerdings zuweilen der Motorenqualm das Essvergnügen. A-ROSA will mit seinem Trendkonzept auch ein jüngeres Publikum auf den Fluss holen. Pionierarbeit, die auf manchen Reisen sogar gelingt. Für Behinderte ist die Riva nicht geeignet – es gibt keinen Lift. Das gilt auch für die drei anderen Donauschiffe: die **A-ROSA Mia** (Baujahr 2003), die **A-ROSA Bella** (2002) und die **A-ROSA Donna** (2001).

Fahrgebiete 2008

Die A-ROSA Riva bestreitet von März bis Dezember fünf-, sechs- und achttägige Reisen auf der Donau ab Passau oder Wien. An mehreren Terminen werden auch Themenreisen (Golf, Gourmet) und eine Musicalreise angeboten. Zum Jahresende folgen Advents-, Weihnachts- und Silvesterreisen.

Ausgewählte Reisen

Donau-Klassiker
Von Passau führt der Weg nach Wien, Bratislava und Budapest. Mit weiteren Stopps in Esztergom, Krems und Melk kombiniert die Reise Kulturschätze, unberührte Natur und Metropolen miteinander. Bike-Touren, Ausflüge und Anschlussaufenthalte in Passau, dem Zielort der Reise, runden das Programm ab. **8 Tage; ab € 899, ohne Ausflüge und An-/Abreise**

„Sterne auf der Donau"
Im Mai und September begleiten drei Sterneköche aus bekannten Hotels und ein Patissier die Kreuzfahrt und verwöhnen die Gäste auf höchstem Niveau. Spezielle Menüs, Wein-Workshops und kulinarische Ausflüge runden das Programm ab. **8 Tage; ab € 1.499 ab/bis Passau, inkl. Gourmetpaket, ohne Ausflüge**

Weitere Schiffe der Flotte
Außer auf der Donau verkehren A-ROSA-Schiffe auch auf der Rhône: siehe dazu die **A-ROSA Stella**.

DATEN & FAKTEN

BRZ	k. A.	**Bordsprache**	Deutsch
Länge	124,50 m	**Kabinen**	100 Außenkabi-
Breite	14,40 m	nen, davon 48 mit Balkon	
Tiefgang	1,50 m	**Passagierdecks**	3
Indienststellung	2004	**Restaurants**	2
Passagiere	max. 242	**Bars**	2
Crew-Mitglieder	50	**Geschwindigkeit**	24 km/h

Sport & Wellness	Fitnessbereich, Sauna/Dampfbad, Pool, Massage-/Beauty-Anwendungen, Beauty-Wanne, Trekking-Bikes für Ausflüge, Putting Green, Schach, Shuffleboard
Info-/Entertainment	Shows, lokale Künstlergruppen, Disco, Spiele und Wettbewerbe
Dresscode	sportlich-leger, kein Krawattenzwang
Info	A-ROSA, Tel. 01803 62 76 72 (€ 0,09/Min.), www.a-rosa.de
Preis pro Tag	€ 99 bis € 240 Durchschnitt € 195

PROFIL

Info-/Entertainment	⚓ ⚓ ⚓ ⚓
Sport & Wellness	⚓ ⚓ ⚓ ⚓ ⚓
Gastronomie	⚓ ⚓ ⚓ ⚓
Landausflüge	⚓ ⚓ ⚓ ⚓
Service	⚓ ⚓ ⚓ ⚓

Am Anleger auf der Rhône

A-ROSA Stella & Luna

Tour de France zwischen Burgund und Côte d'Azur: Auch auf den
Rhône-Schiffen von A-ROSA wird viel Sport und Wellness geboten

Die A-ROSA Stella und ihr baugleiches
Schwesterschiff **A-ROSA Luna** sind mit
zweieinhalb Decks etwas kleiner als die
Donauschiffe der Reederei, dafür aber baulich
sehr geschickt gestaltet. Der rechteckige Außenpool ist großzügiger, und die Weinwirtschaft dient als separate Restaurant-Alternati-
ve zum Buffet. Hier werden auch beste französische Weine verköstigt; es ist ratsam, sich
rechtzeitig anzumelden. Ansonsten setzt
A-ROSA auch auf den Rhône-Schiffen auf
den Wohlfühltrend. In der südfranzösischen
Hitze ist die Panoramasauna zwar sehr oft ver-
waist, aber es gibt genügend Alternativen: Auf
schiffseigenen Mountainbikes kann jeder Passagier mit einem Guide seine private Tour de

Viel Licht, viel Platz: die Außenkabinen

France radeln. Wem das zu anstrengend ist, der findet auf dem Sonnendeck sein Spiel: Shuffleboard, den Klassiker aller Schiffsreisen. Auf der Reiseroute lohnt es sich, die Städte Avignon und Arles auf eigene Faust zu erkunden; die A-ROSA-Schiffe haben dort jeweils einen zentralen Liegeplatz. Die Überraschung der Reise ist das idyllische Städtchen Chalon-sur-Saône. Den Höhepunkt der Landausflüge bildet eine Tour durch Frankreichs Grand Canyon, das spektakuläre Tal der Ardèche, mit einem Abstecher zu einer Lavendelfarm. In Port-St.-Louis erreichen die A-ROSA-Schiffe sogar das Mittelmeer.

Fahrgebiete 2008

Die A-ROSA Stella befährt von März bis November die Rhône und die Saône ab Lyon. Die Reisen starten wöchentlich und führen nach Norden ins Burgund oder nach Süden durch die Camargue und die Provence, im Sommer geht es südwärts bis zum Mittelmeer. An mehreren Terminen gibt es außerdem Themenreisen für Golfer und Gourmets.

Ausgewählte Reisen

Auf Rhône und Saône

Immer samstags fährt das Schiff von Lyon aus in Richtung Norden die Saône entlang (Stopps bei den Weinbergen und Schlössern des Burgund). Danach geht es zurück nach Süden (Stopps in Avignon, Arles und Viviers). **8 Tage; ab € 899, ohne Ausflüge und An-/Abreise**

„Route Gourmet"

An vier Terminen zwischen Mai und Oktober steht der Genuss im Mittelpunkt. Mitreisende Gastköche und Sommeliers bieten kulinarische Überraschungen, die Ausflüge führen zu berühmten Herstellern von Schokolade, Nougat, Senf oder Wein. Highlight: ein Menü bei Paul Bocuse. **8 Tage; ab € 1.399 inkl. Gourmetpaket, ohne Ausflüge und An/Abreise**

Weitere Schiffe der Flotte

Zur Donauflotte der Reederei siehe die **A-ROSA Riva**.

DATEN & FAKTEN

BRZ	k. A.	**Bordsprache**	Deutsch
Länge	125,80 m	**Kabinen**	86 Außenkabi-
Breite	11,40 m	nen, davon 57 mit Balkon	
Tiefgang	1,60 m	**Passagierdecks**	3
Indienststellung	2005	**Restaurants**	2
Passagiere	max. 172	**Bars**	2
Crew-Mitglieder	45	**Geschwindigkeit**	24 km/h

Sport & Wellness	Fitnessbereich mit Bike-Cross-trainer, Sauna und Dampfbad, Pool, Massagen, Trekking-Bikes für Ausflüge, Putting Green, Schach, Shuffleboard
Info-/Entertainment	Shows, lokale Künstlergruppen, Disco, Spiele und Wettbewerbe, Weinwirtschaftsabende
Dresscode	sportlich-leger
Info	A-ROSA, Tel. 01803 62 76 72 (€ 0,09/Min.), www.a-rosa.de
Preis pro Tag	€ 99 bis € 250 Durchschnitt € 198

PROFIL

Info-/Entertainment	⚓ ⚓ ⚓ ⚓
Sport & Wellness	⚓ ⚓ ⚓ ⚓ ⚓
Gastronomie	⚓ ⚓ ⚓ ⚓
Landausflüge	⚓ ⚓ ⚓ ⚓
Service	⚓ ⚓ ⚓ ⚓

Auf dem Rhein bei Rüdesheim

Aurelia

Das jüngste Schiff von Phoenix:
„all inclusive" auch bei Getränken

Das neueste Schiff des Flussreisenspezialis-
ten Phoenix Reisen – die Bonner haben
über 50 Schiffe im Programm – wurde in den
Niederlanden gebaut und im April 2007 in
einer feierlichen Zeremonie in Köln getauft.
Die Atmosphäre auf der für 158 Passagiere aus-
gelegten Aurelia ist komfortabel – auch wegen
des freundlich-hellen Designs und der großzügigen öffentlichen Räume. Die Kabinen, auf
drei Decks verteilt und allesamt Außenkabinen, sind neun bis 17 Quadratmeter groß. 24
von ihnen haben große Panoramafenster und
französische Balkone. Viel Licht auch in der
Panoramalounge und dem Restaurant (eine
Sitzung; rauchfrei): Dank großer Fensterfronten hat man jeweils eine Rundumaussicht. Fri-

Whirlpool auf dem Deck; das Restaurant

sche Luft tankt man auf dem großen Oberdeck, das mit einem Whirlpool, einem Sonnenschutz und bequemen Gartenmöbeln ausgestattet ist. Eine Besonderheit: Die Aurelia bietet All-inclusive-Verpflegung; neben der gewohnten Vollpension sind also auch Getränke wie Hausweine, Biere, Softdrinks, Mineralwasser, Säfte, Kaffee und Tee im Reisepreis enthalten.

Fahrgebiete 2008

Die Aurelia startet am 20. März in Köln zu einer ersten Reise in die Niederlande. Danach verkehrt sie bis Mitte Mai auf dem Rhein und der Mosel, bevor sie über den Main zur Donau zieht. Dort finden bis Ende Oktober Reisen nach Budapest und bis ins Donaudelta am Schwarzen Meer statt; Start- und Zielhafen ist jeweils Passau. Zum Jahresende stehen Advents- und Weihnachtsreisen auf Rhein, Mosel und Main an.

Ausgewählte Reisen

Große Donaureise

Vom 19.9. bis zum 15.10. bis ins Donaudelta, Start- und Zielhafen ist jeweils Passau. Besucht werden Städte in acht Ländern, darunter Bratislava, Budapest, Belgrad und Wien, aber auch weniger bekannte Orte wie Vidin/Bulgarien oder Vilkovo/Ukraine. **16 Tage; ab € 1.899 ab/bis Passau, inkl. aller Ausflüge**

Weihnachtsreise

Vom 23.12. bis zum 1.1.2009 Festtagsreise auf Rhein, Main und Neckar mit Stopps unter anderem in Basel, Heidelberg und Frankfurt. **9 Tage; ab € 899 ab/bis Köln, inkl. aller Ausflüge**

Weitere Schiffe der Flotte

Die Aurelia ist eines von über 50 Flussschiffen im Programm von Phoenix Reisen (vgl. **Swiss Gloria**, Seite 276). Sie verkehren unter anderem auf der Donau, der Elbe, der Oder, dem Rhein mitsamt Nebenflüssen, dem Amazonas, dem Nil (bis zu 18 Schiffe), dem Douro, dem Guadalquivir, dem Yangzi, der Wolga, dem Ayeyarwady, dem Mekong, der Rhône, der Saône und der Seine sowie dem Brahmaputra.

DATEN & FAKTEN

BRZ	k. A.	**Bordsprache**	Deutsch
Länge	110,00 m	**Kabinen** 78 Außenkabinen,	
Breite	11,40 m	davon 24 mit frz. Balkon	
Tiefgang	1,50 m	**Passagierdecks**	4
Indienststellung	2007	**Restaurants**	1
Passagiere	max. 158	**Bars**	2
Crew-Mitglieder	40	**Geschwindigkeit**	18 km/h

Sport & Wellness	Sonnendeck mit Whirlpool, Gymnastik
Info-/Entertainment	Themenabende, Tanzmusik, Livemusik, Bücher- und Leseecke, Karten- und Brettspiele, Folkloredarbietungen (je nach Reiseroute)
Dresscode	sportlich-leger, zu besonderen Anlässen elegant
Info	Phoenix Reisen GmbH, Bonn Tel. (0228) 92 60-200 www.phoenixreisen.com
Preis pro Tag	€ 70 bis € 199 Durchschnitt: k. A.

PROFIL

Info-/Entertainment	⚓ ⚓ ⚓
Sport & Wellness	⚓ ⚓
Gastronomie	⚓ ⚓ ⚓
Landausflüge	⚓ ⚓ ⚓ ⚓
Service	⚓ ⚓ ⚓ ⚓

Abends am Anleger

Bellevue

Neuer Twin-Cruiser: beste Aussichten dank großer Glasflächen

Nicht immer sind Namen nur Schall und Rauch. Im vorderen Teil der Bellevue, des zweiten Twin-Cruisers im deutschen Markt neben der **Flamenco** (Seite 264), sind die Lounge und das Restaurant zu Hause – und vor allem findet sich dort die gleiche großzügige Verglasung wie im Kabinentrakt achtern. Anders als beim ersten Twin-Cruiser bietet daher auch das Restaurant auf dem unteren Deck eine vorzügliche Flussaussicht. Auf dem oberen Deck hat die Bellevue noch ein Wiener Café mit vollem Service, dazu eine Kaffeestation und schließlich eine kleine Bibliothek mit Spieleecke. Ganz unten warten ein Fitnesscenter und eine Sauna mit Bullauge – selbst hier *belle vue!* – auf Trainingswillige. Die Kabinen sind

In der Sauna; eine Außenkabine

schmal; eines der Betten kann man bei Tage durch Hochklappen ganz verschwinden lassen, das andere wird zum Sofa – für das Mittagsschläfchen kann der Passagier den Umbau selbst vornehmen. Auf einem interaktiven Flachbildschirm werden TV-Programme gezeigt, und die Nasszelle ist mit fester Duschabtrennung, Handbrause, Spiegelschrank und Rasierspiegel bestens ausgestattet.

Fahrgebiete 2008

Die Bellevue kreuzt zum Saisonbeginn in den Niederlanden, danach auf der Donau. Von Juni bis September fährt sie von Passau bis Budapest; vier Reisen (elf bis 15 Tage) führen auch bis ins Donaudelta. Der Oktober wird dann in den Weingebieten an Rhein und Mosel verbracht.

Ausgewählte Reisen

Donau klassisch
An sechs Terminen zwischen Juni und September: ab Passau nach Wien (mit Stadtrundfahrt und Heurigenbesuch) und weiter über Esztergom nach Budapest (mit Ausflug in die Puszta). Danach wieder flussaufwärts über Bratislava und Melk in der Wachau nach Passau. **8 Tage; ab € 579 ab/bis Passau**

Ins Donaudelta
Von Passau am 5.8. oder 20.8. zuerst nach Bratislava; von dort über Belgrad in fünf Tagen nach Tulcea im Donaudelta. Auf dem Rückweg wird Olteniţa angelaufen, von wo aus Bukarest besucht wird. Weiter dann über Budapest, Wien und Dürnstein zurück nach Passau. **16 Tage; ab € 1.289 ab/bis Passau**

Weitere Schiffe der Flotte

Zur Transocean-Flotte auf Donau, Rhein, Elbe und Moldau gehören auch die **Swiss Corona** (Seite 274), die **Swiss Crown** (Bj. 2000; 150 Gäste), die **Swiss Coral** (Bj. 1998, renoviert 2004; 86 Gäste) und die **Moldavia** (Bj. 1979, renoviert 2003; 160 Gäste). In Russland fährt außerdem die **Griboedov** (260 Gäste), in China die **Yangtze Pearl** (154 Gäste).

DATEN & FAKTEN

BRZ	2.070	Bordsprache	Deutsch
Länge	135,00 m	Kabinen	97 Außenkabinen,
Breite	11,40 m	davon 92 mit franz. Balkon	
Tiefgang	1,50 m	Passagierdecks	3
Indienststellung	2006	Restaurants	2
Passagiere	max. 196	Bars	1
Crew-Mitglieder	48	Geschwindigkeit	22 km/h

Sport & Wellness	Fitnessraum, Frühsport an Deck, Sonnendeck mit Whirlpool, Shuffleboard, Sauna
Info-/Entertainment	Livemusik, Crew-Show, Vorträge
Dresscode	sportlich-leger, festlich zum Kapitänsempfang
Info	Transocean Tours Bremen Tel. (0421) 33 36–182 www.transocean.de
Preis pro Tag	€ 78 bis € 174 Durchschnitt € 168

PROFIL

Info-/Entertainment	⚓ ⚓ ⚓
Sport & Wellness	⚓ ⚓ ⚓
Gastronomie	⚓ ⚓ ⚓
Landausflüge	⚓ ⚓ ⚓ ⚓
Service	⚓ ⚓ ⚓ ⚓

Preisgekröntes Schiffsdesign

Flamenco

Europas erster „Twin-Cruiser"
fährt auf der Donau

Als erstes Flussschiff Europas präsentierte die Flamenco bei ihrer Premiere im Jahr 2005 das – im Jahr darauf mit dem „Ship Pax Award" ausgezeichnete – Twin-Cruiser-Konzept. Bei diesem neuartigen Schiffstyp (siehe auch **Bellevue**, Seite 262) sind die Antriebseinheit (hinten) und der Passagierbereich (vorn) so voneinander getrennt, dass in den Kabinen so gut wie keine Vibrationen mehr wahrzunehmen sind. Dank dieser Bauweise konnte man vorn ein über zwei Etagen reichendes, rundum verglastes Panoramadeck errichten. Zudem ist das Platzangebot spürbar größer – das gilt für das Restaurant und die Aussichtslounge ebenso wie für die 98 Außenkabinen. Letztere sind 13 Quadratmeter

Die Sauna; Blick in eine der Außenkabinen

groß, und bis auf zwei Bullaugenkabinen im Hauptdeck verfügen sie alle über bis zum Boden reichende Panoramafenster zum Öffnen (französischer Balkon). Viel Platz bietet auch das Sonnendeck, das sich fast über zwei Drittel der Schiffslänge erstreckt. Im Restaurant (wie alle Innenräume nur für Nichtraucher) wird in einer Sitzung gespeist.

Fahrgebiete 2008

Die Flamenco ist von März bis November auf der Donau unterwegs, auf der Route Passau–Budapest–Passau ebenso wie auf längeren Fahrten bis ans Schwarze Meer (15 Tage). Bustransfers von vielen deutschen Städten aus sind wie auch ein Haustür-Abholservice zubuchbar.

Ausgewählte Reisen

Donau-Klassiker

Abfahrt jeweils montags in Passau nach Melk, weiter nach Wien und Budapest. Auf der Rückreise Ausflug zum Donauknie bei Esztergom, Stadtrundfahrt im slowakischen Bratislava und verschiedene Ausflüge in der Wachau. **8 Tage; ab € 599 ab/bis Passau**

Zum Schwarzen Meer

Die lange Variante der Donaureise führt von Passau bis ans Schwarze Meer und zurück. Sie beinhaltet unter anderem Ausflüge in Wien, der Wachau und Bratislava, in Budapest, Pécs und Kalocsa in Ungarn, in Belgrad und Novi Sad in Serbien, in Veliko Tarnovo in Bulgarien sowie in Bukarest in Rumänien. Im Preis inbegriffen ist ein Ausflug ans Schwarze Meer. **15 Tage; ab € 999 ab/bis Passau**

Weitere Schiffe der Flotte

Zur Flussflotte von Nicko Tours zählen 2008 auf europäischen Flüssen u. a. die **Fidelio** (148 Gäste), die **Classica** (157 Gäste), die **Bellissima** (134 Gäste), die **Deutschland** (184 Gäste) und die **Olympia** (96 Gäste). In Russland verkehrt neben zwei weiteren Schiffen die **Fedin** (240 Gäste), auf dem Nil die **Crown Jewel** (156 Gäste) – und auf dem Yangzi in China der De-luxe-Neubau **Century Diamond**.

DATEN & FAKTEN

BRZ	k. A.	Bordsprache	Deutsch
Länge	135,00 m	Kabinen	98 Außenkabinen,
Breite	11,40 m		davon 96 mit frz. Balkon
Tiefgang	ca. 1,60	Passagierdecks	4
Indienststellung	2005	Restaurants	1
Passagiere	max. 200	Bars	1
Crew-Mitglieder	ca. 43	Geschwindigkeit	22 km/h

Sport & Wellness	Saunabereich mit Fitnessgeräten
Info-/Entertainment	Themenabende, Bingo, Quiz- und Tanzveranstaltungen, Livemusik, Bücher, Brett- und Kartenspiele
Dresscode	bequem und leger, zum Abendessen gepflegte Kleidung
Info	nicko tours GmbH Stuttgart Tel. (0711) 24 89 80-0 www.nicko-tours.de
Preis pro Tag	€ 89 bis € 185 Durchschnitt: k. A.

PROFIL

Info-/Entertainment	⚓ ⚓ ⚓
Sport & Wellness	⚓ ⚓ ⚓
Gastronomie	⚓ ⚓ ⚓
Landausflüge	⚓ ⚓ ⚓
Service	⚓ ⚓ ⚓ ⚓

Im Sommer auf dem Rhein

Heidelberg

Rheinfahrten im Grandhotel-Stil:
das jüngste Schiff von Deilmann

Gepflegte Kabinen, stilvoller Genuss

Sie ist das jüngste Flussschiff der Deilmann-Flotte, und wie die älteren Geschwister folgt sie dem klassischen Grandhotel-Anspruch des Hauses. Groß ist das Platzangebot auf dem Schiff: Es verfügt über 56 großzügig geschnittene, mit schönen Möbeln und edlen Stoffen ausgestattete Außenkabinen. Bis auf vier Kabinen im unteren der beiden Kabinendecks haben alle französische Balkone mit breiten Flügeltüren. Im Bug des „Neckar-Decks" befindet sich das Panoramarestaurant; alle 110 Gäste finden hier in einer Sitzung Platz. Im Oktober 2007 wurde das Restaurant übrigens durch besondere gastronomische Weihen geadelt: Wie das Hochseeschiff **Deutschland** und das Flussschiff **Mozart** ist jetzt auch die Heidelberg Mitglied

in der renommierten Chaîne des Rôtisseurs. Wer nach dem Schlemmen Entspannung sucht, geht zum Putten oder auf eine Runde Großfigurenschach aufs Sonnendeck – oder in den mit Sauna, Dampfsauna und Fitnessraum zeitgemäß ausgestatteten Wellnessbereich. Außerdem gibt es einen Friseursalon und einen Massage- und Kosmetikbereich. Auch für ärztliche Betreuung an Bord ist gesorgt.

Fahrgebiete 2008

Die Heidelberg befährt den Rhein und die Mosel zwischen Basel, Amsterdam und Trier, außerdem die Seitenarme des Rheindeltas in den Niederlanden sowie die Schelde und die Leie zwischen IJsselmeer, Rotterdam, Dordrecht, Gent und Antwerpen. Neben klassischen Sieben-Tages-Kreuzfahrten gibt es auch Themenreisen für Golf- und Gartenfreunde.

Ausgewählte Reisen

Rhein und Mosel

Von Basel (16.8.) geht es vorbei am Schwarzwald nach Straßburg. Über Karlsruhe dann weiter zum Mittelrhein (Reichsburg, Rüdesheim, Loreley) und schließlich zu den Moselschleifen mit den Rebgärten zwischen Cochem, Bernkastel und Trier. **7 Tage; ab € 1.540 ohne Ausflüge und An-/Abreise**

Niederlande und Flandern

Im Land der Windmühlen und Deiche besucht das Schiff ab dem 20.3. Amsterdam und Rotterdam, gefolgt von Dordrecht und Middelburg in der Provinz Seeland. In Flandern, der Heimat von Rubens, van Dyck und Breughel, locken Antwerpen, Gent und Brügge mit ihrem mittelalterlichen Charme. **7 Tage; ab € 990 ohne Ausflüge und An-/Abreise**

Weitere Schiffe der Flotte

Zur Deilmann-Flussflotte zählen auch die **Mozart** (Seite 268), die **Casanova**, die **Princesse de Provence**, die **Dresden**, die **Königstein**, die **Katharina von Bora**, die **Cézanne** und die **Frederic Chopin**. Sie verkehren auf insgesamt zehn europäischen Flüssen.

DATEN & FAKTEN

BRZ	2.055	Bordsprache	Dt., Englisch
Länge	110,00 m	Kabinen	56 Außenkabinen, davon 52 mit Balkon
Breite	11,40 m		
Tiefgang	1,60 m	Passagierdecks	4
Indienststellung	2004	Restaurants	1
Passagiere	max. 110	Bars	2
Crew-Mitglieder	44	Geschwindigkeit	21 km/h

Sport & Wellness	Wellness Spa: Kosmetik, Massage, Sauna, Dampfsauna, Ruheraum; Putting Green
Info-/Entertainment	Livemusik, abendliche Unterhaltungsprogramme, Bordbibliothek, Gesellschaftsspiele, TV und Video
Dresscode	sportlich-leger bis elegant
Info	Peter Deilmann Reederei Neustadt in Holstein Tel. (04561) 396-0 www.deilmann.de
Preis pro Tag	€ 195 bis € 310 Durchschnitt € 315

PROFIL

Info-/Entertainment	⚓ ⚓ ⚓
Sport & Wellness	⚓ ⚓ ⚓
Gastronomie	⚓ ⚓ ⚓ ⚓
Landausflüge	⚓ ⚓ ⚓ ⚓
Service	⚓ ⚓ ⚓ ⚓ ⚓

Am Anleger in Passau

Mozart

Mit der „Königin" im Dreiviertel-takt über die Donau schweben

Dunkle Holzvertäfelung, blank geputztes Messing und lederne Clubsessel – maritimer könnte es kaum sein. Und dieses schwimmende Fünf-Sterne-Hotel hält, was es verspricht. Nicht umsonst schmückt es sich mit dem Titel „Königin der Donau". Edles Ambiente auch in den rund 20 Quadratmeter großen Kabinen: Durch warme Farben, feine Stoffe, Blumen sowie stilvolle Bilder wirken sie wie gemütliche Wohnzimmer; zudem ist jeweils genügend Stauraum für zwei Personen vorhanden. In so einer Umgebung ist elegante Garderobe durchaus erwünscht, vor allem bei den opulenten Sechs-Gänge-Menüs zum Dinner. In Form bleibt, wer danach zum Tanzen in die Lounge geht oder die Sauna, das Schwimmbad, das Ruder-

Der Wellness-Bereich; Blick in eine Kabine

gerät oder das Trimmrad nutzt. Der Spa-Bereich liegt zwar im Schiffsbauch, Panoramascheiben gewähren jedoch freie Sicht auf die vorbeiziehende Landschaft. Auf dem Achterdeck sorgt eine Partie Schach mit Großfiguren oder eine Runde Shuffleboard für Abwechslung. Abends genießt das meist ältere Publikum Shows mit Operetten und Musicals sowie ungarischer Folklore. Es sind überwiegend deutschsprachige Passagiere und einige Amerikaner, die diese stilvolle Art des Reisens schätzen – und auch das nicht selbstverständliche Angebot in Sachen gesundheitliche Sicherheit: Die Ambulanz ist nicht nur auf Notfälle eingerichtet, sondern auf einigen Reisen auch mit einer Dialyse-Station ausgestattet.

Fahrgebiete 2008

Die Mozart fährt 2008 auf der Donau. 2.230 Stromkilometer gehören zu ihrem Fahrgebiet. Ihre Routen zwischen Passau und Schwarzem Meer führen durch neun Länder mit großer Geschichte und faszinierenden Städten. An diversen Terminen werden auch Rad-, Golf-, Wander- und Pferdekreuzfahrten angeboten.

Ausgewählte Reisen

Donau-Klassiker

In der Dreiflüssestadt Passau beginnt und endet diese Reise (28 Termine ab dem 20.3.). Sie führt durch die Wachau nach Melk und Dürnstein und dann weiter nach Wien sowie stromabwärts nach Bratislava, Ezstergom und Budapest. **7 Tage; ab € 1.100 ab/bis Passau**

Vom Schwarzen Meer nach Passau

Am 14.5. beginnt im Donaudelta die Reise durch die Dobrudscha und die Walachei zur „Eisernen Pforte". Weiter geht es nach Bukarest und über Turnu Severin, Belgrad und Budapest zum Donauknie. Es folgen Esztergom, Wien, die Wachau und zum Abschluss Passau. **11 Tage; ab € 2.930, plus Flug München-Tulcea € 400**

Weitere Schiffe der Flotte

Siehe **Heidelberg**, Seite 266.

DATEN & FAKTEN

BRZ	3.203	**Bordsprache**	Dt., Englisch
Länge	120,60 m	**Kabinen**	100 (97 außen,
Breite	22,85 m		3 innen) davon 2 Suiten
Tiefgang	1,60 m	**Passagierdecks**	4
Indienststellung	1993	**Restaurants**	1
Passagiere	max. 207	**Bars**	1
Crew-Mitglieder	71	**Geschwindigkeit**	20 km/h

Sport & Wellness	Wellness Spa mit Innenpool, Kosmetik, Friseur, Massage, Fitness, Whirlpool, Sauna, Ruheraum
Entertainment	Livemusik, abendliche Unterhaltungsprogramme, Bordbibliothek, Gesellschaftsspiele, TV/Video
Dresscode	sportlich-leger bis elegant
Info	Peter Deilmann Reederei Neustadt in Holstein Tel. (04561) 396-0 www.deilmann.de
Preis pro Tag	€ 170 bis € 480 Durchschnitt € 320

PROFIL

Entertainment & Info	⚓ ⚓ ⚓
Sport & Wellness	⚓ ⚓ ⚓ ⚓
Gastronomie	⚓ ⚓ ⚓ ⚓ ⚓
Landausflüge	⚓ ⚓ ⚓ ⚓
Service	⚓ ⚓ ⚓ ⚓ ⚓

Die River Cloud in Passau

River Cloud & River Cloud II

Noblesse oblige: Die River Cloud bietet vollendeten Luxus – das betrifft Service und Ausstattung, aber auch die ausgefallenen Landprogramme

Die River Cloud und die etwas kleinere River Cloud II sind die edelsten Schiffe auf dem Fluss. Wie bei den Hochseeschwestern **Sea Cloud** und **Sea Cloud II** wurden die besten Materialien verarbeitet. Luxus zwischen Mahagoni und Marmor: Eleganter kann man auf Europas Flüssen nicht reisen. Auch in kulinarischer Hinsicht lassen die Schiffe keine Wünsche offen: Auf engstem Raum wird auf Sterneniveau gekocht, mehrmals in der Saison sind Starköche an Bord zu Gast (im Juli Harald Wohlfahrt, im Oktober Sarah Wiener), und Mitte April gibt es die einzigartige „Schokoladenreise" zwischen Nimwegen, Antwerpen und Amsterdam. Der Service ist perfekt, der Kunde ist nicht König, sondern Kaiser. Das Unterhaltungsprogramm ist eher lautlos, man setzt auf Infotainment mit hochkompetenten Lektoren an Bord. Zu nautischen Fragen gibt der Kapitän gern Auskunft, die Brücke steht den Passagieren offen.

Fahrgebiete 2008

Für die **River Cloud** beginnt die Saison im April auf dem Rhein und auf Gewässern in den Beneluxländern, im Juli geht es Richtung Donau. Bis Anfang November ist das Schiff dort auf den klassischen Strecken zwischen Nürnberg und Budapest unterwegs; Anfang August erkundet es außerdem auf zwei Reisen die weniger bekannte Donauregion in Serbien.

Kabine der Kategorie A

Auf dem Sonnendeck

Die **River Cloud II** startet ebenfalls auf dem Rhein. Im April erreicht sie die Donau, Anfang Mai das Delta. Bis zum Hochsommer fährt sie im Schwarzmeergebiet (sechs Termine), ansonsten ebenfalls zwischen Nürnberg und Budapest.

Ausgewählte Reisen

River Cloud: Kulinarische Reise

Eine Menükreation der TV-Köchin Sarah Wiener und eine Exklusivführung durch das Weingut Holzapfel sind die Höhepunkte dieser Genussreise von Regensburg nach Budapest vom 27.10. bis zum 3.11. **8 Tage; ab € 1.495 ab/bis Hafen, inkl. Landausflügen**

River Cloud II: Ins Donaudelta

Diese Reise führt von Budapest (27.8.) durch das „Eiserne Tor", Europas größte Flussklippenlandschaft, zu weniger bekannten Kulturstädten an der Donau. Sie endet am 5.9. in Hârşova (Bukarest). Als Extra wird eine Bootstour in die Vogel- und Pflanzenwelt des Donaudeltas angeboten. **9 Tage; ab € 1.995 ab/bis Hafen**

DATEN & FAKTEN RIVER CLOUD

BRZ	1.714	**Bordsprache**	Deutsch, Engl.
Länge	110,00 m	**Kabinen**	45, davon
Breite	11,40 m		6 Junior-Suiten
Tiefgang	1,80 m	**Passagierdecks**	3
Indienststellung	1996	**Restaurants**	1
Passagiere	max. 90	**Bars**	2
Crew-Mitglieder	35	**Geschwindigkeit**	23 km/h

Sport & Wellness	Fitness, Sauna, Putting Green, Schachfeld, Shuffleboard
Info-/Entertainment	Pianomusik in der Lounge, Lektorenvorträge zu den Landausflügen
Dresscode	sportlich-elegant, festlich zu besonderen Anlässen
Info	Sea Cloud Cruises Hamburg Tel. (040) 30 95 92 50 www.seacloud.de
Preis pro Tag	**€ 142 bis € 499 Durchschnitt ca. € 300**

PROFIL

Info-/Entertainment	⚓ ⚓ ⚓ ⚓
Sport & Wellness	⚓ ⚓ ⚓
Gastronomie	⚓ ⚓ ⚓ ⚓ ⚓
Landausflüge	⚓ ⚓ ⚓ ⚓ ⚓
Service	⚓ ⚓ ⚓ ⚓ ⚓

Begegnung auf dem Ayeyarwady

Road To Mandalay

Vom Rhein auf den Ayeyarwady: Im Stil einer längst versunkenen
Epoche fährt dieses Schiff durch Myanmar, das alte Burma

Was für eine Karriere: Nach 30 Jahren als
Ausflugsdampfer der Köln-Düssel-
dorfer Rheinflotte und einem aufwendigen
Umbau fährt die Road To Mandalay seit 1996
auf einem der magischen Ströme Asiens durch
Myanmar, ein Land voller Kontraste und Probleme. Der Name des Schiffs ist einem Ge-
dicht von Rudyard Kipling entliehen, und die
Ausstattung sowie der Reisestil erinnern an die
Ära des British Empire, die Kipling besungen
hat. Die Passagiere sitzen in Korbstühlen auf
dem Aussichtsdeck, während Palmen und Pagoden, Alltag und Abenteuer vorbeigleiten.
Nirgendwo lassen sich die zeitlose Stille und
die große Kultur dieses faszinierenden Landes
so komfortabel miteinander verbinden.

Willkommene Abkühlung: der Pool an Deck

Die 56 nobel ausgestatteten Kabinen für insgesamt 108 Passagiere verteilen sich auf vier Decks. Das Schiff ist voll klimatisiert. Mit dem Bordangebot (Pool, Pianobar, Restaurant, Schönheitssalon, Lounge und kleine Bibliothek) wendet man sich an ein anspruchsvolles internationales Publikum, das es gewohnt ist, auf gut organisierten Gruppenreisen perfekt umsorgt zu werden.

Deshalb auch dieser Hinweis: Der Veranstalter Orient-Express betreibt keine weiteren Schiffe, dafür aber den **Eastern & Oriental Express** – eine Fahrt mit diesem nostalgischen Luxuszug ist die optimale Ergänzung zur Flussreise in Myanmar. Er verkehrt wöchentlich von Singapur nach Bangkok (und umgekehrt) über die malayische Halbinsel, mit Stopps unter anderem in Penang, Kuala Lumpur und am River Kwai.

Fahrgebiete 2008

Die Road To Mandalay folgt dem Ayeyarwady zwischen Bagan und Mandalay; auf drei Reisen pro Jahr fährt sie auch bis Bhamo nahe der Grenze zu China. Man kann Komplettpakete ab/bis Deutschland buchen oder nur die Kreuzfahrt, je nach Wunsch auch mit zwei Übernachtungen in Yangon und Flügen ab Bangkok.

Ausgewählte Reisen

Von Mandalay nach Bagan

Klassische Ayeyarwady-Reise mit umfassendem Ausflugsprogramm: Exkursionen in Mandalay und nach Sagaing, Bagan und Mingun, zum heiligen Ort Mount Popa sowie zur ehemaligen Königsstadt Ava. Start jeweils mittwochs in Mandalay. **4 Tage; ab € 1.385 ab/bis Hafen inkl. Ausflügen**

Mandalay–Bhamo–Bagan

Die Premium-Kreuzfahrt der Road To Mandalay: zwölftägige Fahrt von Mandalay ins fast an der chinesischen Grenze gelegene Bhamo und zurück nach Bagan. Termine im Juli, August und September 2008. **12 Tage; ab € 2.130 ab/bis Hafen inkl. Ausflügen**

DATEN & FAKTEN

BRZ	k. A.	**Bordsprache**	Englisch,
Länge	101,60 m	Deutsch, Franz., Span., Ital.	
Breite	11,60 m	**Kabinen** 56 Außenkabinen	
Tiefgang	1,40 m	**Passagierdecks**	4
Indienststellung	1995	**Restaurants**	1
Passagiere	max. 108	**Bars**	2
Crew-Mitglieder	80	**Geschwindigkeit**	20 km/h

Sport & Wellness	Swimmingpool, Fitnessbereich, Beauty Spa
Info-/Entertainment	Pianomusik in der Hauptbar, landestypische Darbietungen, z. B. burmesisches Marionettentheater, Tänze und Akrobatik, landeskundliche Vorträge, Bibliothek
Dresscode	leger bis sportlich-elegant
Info	Venice Simplon-Orient-Express Deutschland GmbH, Köln Tel. (0221) 338 03 00 www.orient-express.com
Preis pro Tag	**keine Angaben**

PROFIL

Info-/Entertainment	⚓ ⚓ ⚓
Sport & Wellness	⚓ ⚓
Gastronomie	⚓ ⚓ ⚓
Landausflüge	⚓ ⚓ ⚓ ⚓ ⚓
Service	⚓ ⚓ ⚓ ⚓ ⚓

Auf der Donau

Swiss Corona

Wie auf allen Transocean-Schiffen ist auch auf der Swiss Corona das große Plus der Service. Man kümmert sich gern um die Gäste

Die Swiss Corona ist ein schönes, klassisches Schiff, das vor allem auf Donau, Rhein, Main und Mosel fährt. Wer das Plätschern des Flusses hören möchte, sollte auf dem Diamant-Deck wohnen. Dort haben die Kabinen einen französischen Balkon – das heißt, die Türen lassen sich öffnen, und der Balkon selbst ist nicht begehbar. Außenplätze gibt es auf dem großzügigen Sonnendeck und auf der kleinen Lido-Terrasse mit Außenbar. Die Reisenden auf diesem Schiff sind vor allem ältere Urlauber, dementsprechend gestaltet sich auch das Unterhaltungsprogramm an Bord: Die Bingorunde darf ebenso wenig fehlen wie die traditionelle Vormittagsbouillon. Die Kleidung darf beim Kapitänsempfang

schon mal festlich sein, ansonsten reicht ein Polohemd. Wie auf allen Transocean-Schiffen ist das große Plus der Service; man kümmert sich gern um die Reisenden. Da die Swiss Corona einen Fahrstuhl hat, ist sie auch für behinderte Gäste geeignet. Erleichtert wird in der neuen Saison zudem die Anreise. Zahlreiche Reisen starten bei Transocean in Düsseldorf und – neuerdings – auch in Frankfurt.

Fahrgebiete 2008

Von April bis Anfang Juni fährt die Swiss Corona auf der Donau (Passau bis Budapest, 16-tägiger Abstecher ins Donaudelta ab 7. Mai). Rheinfahrten von Basel nach Holland schlie-

In der Lidobar

Whirlpool an Deck

BRZ	1.575	Bordsprache	Deutsch
Länge	110,00 m	Kabinen	75 Außenkabinen
Breite	11,40 m	(32 mit frz. Balkon, 6 Suiten)	
Tiefgang	1,35 m	Passagierdecks	3
Indienststellung	2004	Restaurants	1
Passagiere	max. 150	Bars	2
Crew-Mitglieder	31	Geschwindigkeit	23 km/h

Sport & Wellness	Sonnendeck mit Whirlpool, Wellnessbereich mit Lichtsauna, Dampfbad und Solarium
Info-/Entertainment	Livemusik, Crew-Show, Vorträge
Dresscode	sportlich-leger, festlich zum Kapitänsempfang
Info	Transocean Tours Bremen Tel. (0421) 33 36–182 www.transocean.de
Preis pro Tag	€ 87 bis € 209 Durchschnitt € 183

ßen sich an. Dort bleibt das Schiff im August; von September bis zur Weinlesezeit im Oktober ist es dann zwischen Trier und Würzburg auf Rhein, Main und Mosel unterwegs.

Ausgewählte Reisen

Rhein, Main und Mosel

Fünfmal zwischen dem 29.6. und dem 20.10. startet das Schiff in Trier. Auf dem Weg nach Würzburg werden Cochem, Rüdesheim, Koblenz, Aschaffenburg und Miltenberg angesteuert. **7 Tage, ab € 519 ohne An-/Abreise**

Rhein von Basel bis Amsterdam

Vier Länder in acht Tagen: Von Basel aus, dem Tor zur Schweiz (Abfahrt 8.6. oder 18.7.), geht es vorbei an den Weinbergen und Burgen zwischen Schwarzwald und Elsass bis nach Amsterdam. **8 Tage; ab € 659 ohne An-/Abreise**

Weitere Schiffe der Flotte

Siehe **Bellevue**, Seite 262.

Info-/Entertainment	⚓	⚓	⚓	
Sport & Wellness	⚓	⚓	⚓	
Gastronomie	⚓	⚓	⚓	
Landausflüge	⚓	⚓	⚓	⚓
Service	⚓	⚓	⚓	⚓

Auf dem Rhein

Swiss Gloria

Große Kabinen, gehobene Gastronomie, perfekte Organistion:
das Flaggschiff von Phoenix Reisen auf Rhein, Main und Donau

Das komfortable, in warmen Holztönen ausgestattete Flaggschiff des Bonner Veranstalters Phoenix Reisen ist ein klassischer Flusskreuzer der Baseler Traditionsreederei Scylla Tours, die neben elf weiteren Schiffen auch die **Swiss Corona** (S. 274) gebaut hat. Es zählt zur Premium-Klasse, wurde 2005 in Dienst gestellt und fährt unter Schweizer Flagge, die Bordsprache ist Deutsch. Die Kabinen (allesamt Außenkabinen) sind mit 14 bis 17 Quadratmetern großzügig bemessen und auf dem oberen Oriondeck mit französischen Balkonen ausgestattet. In den De-luxe-Kabinen stehen große Doppelbetten. Gepflegt präsentiert sich das Restaurant, in dem in einer Tischzeit gespeist sind. Die Gastronomie ist

Vorherrschender Stil: Art déco im Foyer

vielfältig und bietet gehobenes Niveau. Lieblingsplätze am Abend sind die Lido-Bar im Heck und die Panorama-Lounge im Bug. Viel Lob erhält – neben der freundlichen, überwiegend osteuropäischen Service-Crew – immer wieder die Reiseleitung: Gut organisierte Landausflüge sind eine Stärke von Phoenix. Wichtig für Behinderte: Die beiden oberen der drei Kabinendecks sind per Lift zu erreichen; leider reicht dieser jedoch nicht ganz bis zum Sonnendeck hinauf.

Fahrgebiete 2008

Ende März beginnt die Swiss Gloria die Saison in Köln und unternimmt Frühjahrsreisen nach Holland und Belgien. Ende Mai fährt sie über den Main zur Donau nach Passau. Bis Anfang Oktober werden von dort aus sechstägige Reisen nach Budapest und zurück sowie 15-tägige Fahrten bis ins Donaudelta und zurück angeboten. Im Spätherbst verkehrt das Schiff wieder ab Köln in Richtung Amsterdam. Zum Jahresausklang stehen zweitägige Adventsfahrten auf dem Rhein zwischen Köln und Koblenz auf dem Plan.

Ausgewählte Reisen

Donau-Glanzlichter

Von Passau (13.9.) über Bratislava nach Solt und Kalocsa in Ungarn, weiter durch Kroatien nach Novi Sad und Belgrad in Serbien sowie durchs „Eiserne Tor" nach Giurgiu und Oltenița in Rumänien. Nach Erreichen des Donaudeltas Rückkehr durch die Ebenen Rumäniens und Bulgariens und über Budapest und Wien zurück nach Passau. **15 Tage; ab € 1.599 ab/bis Passau ohne Ausflüge**

Donau-Klassiker

Von Passau am 28.9. nach Wien, Esztergom und Budapest. Von dort zurück über Bratislava und Dürnstein in der Wachau nach Passau. **6 Tage; ab € 599 ab/bis Passau ohne Ausflüge**

Weitere Schiffe der Flotte

Siehe unter **Aurelia**, Seite 260.

DATEN & FAKTEN

BRZ	k. A.	**Bordsprache**	Deutsch
Länge	110,00 m	**Kabinen**	76 Außenkabinen,
Breite	11,40 m		z. T. mit franz. Balkon
Tiefgang	1,40 m	**Passagierdecks**	4
Indienststellung	2005	**Restaurants**	1
Passagiere	max. 150	**Bars**	2
Crew-Mitglieder	35	**Geschwindigkeit**	18 km/h

Sport & Wellness	Wellnessbereich mit Sauna, Dampfbad, Whirlpool und Solarium, Sonnendeck mit Whirlpool
Info-/Entertainment	Themenabende, Tanzmusik, Livemusik, Bücherecke, Brettspiele, Folkloredarbietungen (je nach Reiseroute)
Dresscode	sportlich-elegant, zum Kapitäns-empfang/-dinner festlich-elegant
Info	Phoenix Reisen GmbH Tel. (0228) 92 60-200 www.PhoenixReisen.com
Preis pro Tag	ca. € 80 bis € 250 Durchschnitt ca. € 160

PROFIL

Info-/Entertainment	⚓ ⚓ ⚓
Sport & Wellness	⚓ ⚓ ⚓
Gastronomie	⚓ ⚓ ⚓
Landausflüge	⚓ ⚓ ⚓ ⚓
Service	⚓ ⚓ ⚓ ⚓

Bei Koblenz am „Deutschen Eck"

Swiss Tiara

Gediegener Komfort: die neue
Krone der plantours-Flotte

Als „schönstes deutsches Flussschiff" loben
es die einen, etwas hausbacken finden es
die anderen: Die Swiss Tiara, die vor allem auf
dem Rhein und der Donau verkehrt, wurde von
der Gattin des Reeders eigenhändig eingerichtet. Große Fenster in der Lounge lassen den
Sonnenschein auf brokatbezogene und lederne
Sofas und Sessel fallen, eine messingblitzende
Bar steht im Halbrund der Panoramafenster,
und leise Klaviermusik flutet durch das andert-
halb Decks hohe Foyer mit Marmorboden und
kristallenen Lüstern – vier Sterne plus, das ist
selten auf Flusskreuzern. Die Kabinen verfügen
über eine klassische Einrichtung mit Doppelbetten sowie über reichlich Platz; selbst das
(Dusch-) Bad ist großzügig bemessen. Nur der

Gläserne Heckbar; das Sonnendeck

Luftauslass der Klimaanlage direkt über dem Bett macht keine Freude. Umso mehr dafür das Restaurant mit seinen lauschigen Ecken, viel Glas, etwas Plüsch – und einer Speisekarte, die keine Wünsche offen lässt. Nach der ersten Saison sitzen nun auch die Deutschkenntnisse des osteuropäischen Personals, und nur die schon mittags gestellte Frage, was man abends essen möchte, stört. Eine originelle Idee des Schiffsarchitekten ist die halbrunde Heckbar. Die großen Panoramascheiben lassen sich beiseite schieben und geben den Blick auf das Kielwasser frei.

Fahrgebiete 2008

Das neue Flaggschiff von plantours & Partner bietet im Winter 2007/08 zunächst romantische Adventsreisen auf dem Rhein und dem Main. Im Frühjahr fährt es dann zur Donau; im Sommer ist es erneut auf Rhein, Main und Mosel unterwegs. Zur herbstlichen Weinlesezeit ist es wieder auf der Donau anzutreffen, auf klassischen Touren zwischen Passau und Budapest ebenso wie auf zweiwöchigen Fahrten bis ins Delta am Schwarzen Meer.

Ausgewählte Reisen

Klassische Rheinfahrt

Ab Amsterdam (19.7.) über Nijmegen, Düsseldorf, Koblenz, Rüdesheim, Worms und Speyer nach Strasbourg, wo die Reise am 26.7. endet.
8 Tage; ab € 990 ab/bis Hafen

Ins Donaudelta

An zwei Terminen (1.9., 16.9.) ab Passau über Bratislava, Mohács/Ungarn, Novi Sad, Belgrad und Olteniţa (Ausflug Bukarest) ins Delta bis nach Vilkovo in der Ukraine. Rückfahrt über Budapest, Wien und Dürnstein nach Passau.
16 Tage; ab € 2.190 ab/bis Passau

Weitere Schiffe der Flotte

Zur Flussflotte von plantours & Partner gehören auch die **Swiss Coral** (Baujahr 1998, 90 Passagiere) und die **Swiss Pearl** (1993, 123 Passagiere) sowie die in Russland verkehrende **Nikolay Bauman** (1998, 280 Passagiere).

DATEN & FAKTEN

BRZ	k. A.	Bordsprache	Deutsch
Länge	110,00 m	Kabinen	76 Außenkabinen,
Breite	11,40 m		davon 6 Suiten
Tiefgang	1,35 m	Passagierdecks	3
Indienststellung	2006	Restaurants	1
Passagiere	max. 146	Bars	2
Crew-Mitglieder	35	Geschwindigkeit	28 km/h

Sport & Wellness	Whirlpool, Sauna, Dampfbad, großes Sonnendeck
Info-/Entertainment	abendliche Unterhaltungsprogramme, Internetanschluss
Dresscode	sportlich-leger bis elegant
Info	plantours & Partner GmbH Bremen Tel. (0421) 173 69-0 www.plantours-partner.de
Preis pro Tag	€ 110 bis € 240 Durchschnitt € 175

PROFIL

Info-/Entertainment	⚓ ⚓ ⚓
Sport & Wellness	⚓ ⚓ ⚓
Gastronomie	⚓ ⚓ ⚓ ⚓
Landausflüge	⚓ ⚓ ⚓ ⚓
Service	⚓ ⚓ ⚓ ⚓

Auf dem Yangzi bei Chongqing

Victoria Anna

Neuer Luxus auf altem Gewässer: Das Flaggschiff von Victoria
Cruises befährt seit dem Frühjahr 2006 Chinas längsten Fluss

Puren Komfort bietet die Victoria Anna ihren bis zu 308 Fahrgästen seit dem Frühjahr 2006 auf dem Yangzi. Sie ist das größte und neueste Schiff von Victoria Cruises – und damit auch eines der größten und neuesten des gesamten Flusses. Jede Kabine verfügt über einen eigenen Außenbalkon, ein eigenes Bad mit Dusche und Badewanne, eine Klimaanlage sowie einen Fernseher mit englischsprachigen Programmen. Die Kommunikation mit der Heimat ermöglicht ein Internetzugang im bordeigenen Business-Center. Ferner befinden sich auf dem Schiff eine Bibliothek, ein kleiner Fitnessbereich, ein Souvenirladen sowie ein Schönheitssalon. Seit Mai 2007 fungiert der Starkoch Walter Staib als kulinarischer

Blick in eine der Juniorsuiten

Berater von Victoria Cruises, um die einheimischen Küchenchefs in „westlicher" Kochkunst zu schulen. Darüber hinaus bieten nun auch alle anderen sechs Schiffe der Victoria-Flotte den Service eines zusätzlichen À-la-carte-Angebots, wie es sich auf der Victoria Anna bereits von Beginn an bewährt hat.

Fahrgebiete 2008

Die Victoria Anna ist ausschließlich auf dem Yangzi im Einsatz. Sie befährt von Ende März bis November in beiden Richtungen den klassischen Abschnitt zwischen Yichang und Chongqing (vier oder fünf Tage) sowie auch die längere Strecke von/bis Shanghai (sieben Tage). Dank des steigenden Wasserspiegels können nun neue Landausflüge in früher schwer zugängliche Regionen angeboten werden. Alle Fahrten lassen sich mit Vor- und Nachprogrammen kombinieren.

Ausgewählte Reisen

Yangzi flussabwärts

Dienstags Abfahrt in Chongqing, mittwochs Ausflug nach Shibaozhai, donnerstags Fahrt durch die drei Yangzi-Schluchten mit Abstechern zu den Seitenarmen. Freitags Besichtigung des weltgrößten Staudamms, bevor das Schiff mittags Yichang erreicht. **4 Tage; ab US-$ 875, ohne Ausflüge und An-/Abreise**

Yangzi flussaufwärts

Freitags Abfahrt in Yichang, samstags Besichtigung des weltgrößten Staudamms; von dort weiter durch die Yangzi-Schluchten. Sonntags Exkursionen auf dem Shennong-Fluss, montags in die Tempelstadt Fengdu. Ausschiffung dienstags in Chongqing. **5 Tage; ab US-$ 875, ohne Ausflüge und An-/Abreise**

Weitere Schiffe der Flotte

Baugleich mit der Victoria Anna ist die **Victoria Katarina** (Bj. 2004; 266 Gäste). Zur Flotte gehören zudem die **Victoria Empress**, die **Victoria Prince**, die **Victoria Queen**, die **Victoria Star** und die **Victoria Rose**, die allesamt auf dem Yangzi verkehren.

DATEN & FAKTEN

BRZ	6.200	Bordsprache	Englisch
Länge	106,00 m	Kabinen	154 Außenkabinen
Breite	16,60 m	m. Balkon, davon 22 Suiten	
Tiefgang	2,60 m	Passagierdecks	5
Indienststellung	2006	Restaurants	2
Passagiere	max. 308	Bars	2
Crew-Mitglieder	138	Geschwindigkeit	28 km/h

Sport& Wellness	Fitnessraum, Massage
Info-/Entertainment	Vorträge über China, Show mit regionalen Trachten, Karaoke, Tanz
Dresscode	ungezwungen
Info	Victoria Cruises Inc., New York Tel. +1 212 818-16 80 www.victoriacruises.de
Buchung	Im Reisebüro oder über GeBeCo (www.gebeco.de), Ikarus Tours (www.ikarus.com), Studiosus (www.studiosus.com) u. v. a.
Preis pro Tag	€ 160 bis € 550 Durchschnitt € 230

PROFIL

Info-/Entertainment	⚓ ⚓ ⚓
Sport & Wellness	⚓ ⚓
Gastronomie	⚓ ⚓ ⚓ ⚓
Landausflüge	⚓ ⚓ ⚓ ⚓ ⚓
Service	⚓ ⚓ ⚓ ⚓

In den berühmten „Drei Schluchten"

Viking Century Sun

Gemeinsam mit der baugleichen **Viking Century Sky** belegt dieses
neue Schiff von Viking einen Spitzenplatz auf dem Yangzi-Fluss

Genussvoll erlebt man Chinas längsten Fluss auf der Viking Century Sun: Entweder blickt man vom Balkon der Kabine in aller Ruhe auf die Landschaft, die vorübergleitet. Oder man trifft sich an Deck zum Plausch mit den anderen Gästen, entspannt sich im Liegestuhl oder nimmt einen Drink im Aussichtssalon. Die Kabinen sind großzügig, das Schiff verströmt die gelassene, gediegene Atmosphäre eines Fünf-Sterne-Hotels. Vor allem die Mitarbeiterinnen des Restaurants sind teilweise von einer fast umwerfenden Freundlichkeit, so dass man gern am Tisch Platz nimmt. Serviert wird gute internationale Küche – das köstliche chinesische Essen, das an Bord gelegentlich angeboten wird, könnte durchaus öfter auf dem Plan stehen. Das Einzige, was das Wohlbefinden noch mindern kann, ist die Temperatur: Die Bar und das Restaurant sind stark klimatisiert und heruntergekühlt, weshalb der Rotwein nicht mehr so recht schmecken mag und man sich gern mal etwas überzieht. Wer mag, stimmt sich auf dem Oberdeck landestypisch mit Tai-Chi-Übungen auf den Tag ein; das Frühstücksbüfett schmeckt anschließend gleich noch mal so gut. Nach den vielfältigen Ausflügen und Besichtigungen können sich die Gäste die Anstrengungen aus den Muskeln kneten lassen. Sie haben dabei die Wahl zwischen verschiedenen Massagen – eine Wohltat, die man sich zu vergleichsweise moderaten Preisen gönnen kann.

Eine Superior-Kabine

Blick von der Picknick-Terrasse

DATEN & FAKTEN

BRZ	5.015	Bordsprache	Englisch
Länge	126,50 m	Kabinen	153 Außenkabinen
Breite	17,00 m		(2 Suiten, 4 Minisuiten)
Tiefgang	2,60 m	Passagierdecks	5
Indienststellung	2006	Restaurants	1
Passagiere	max. 306	Bars	3
Crew-Mitglieder	153	Geschwindigkeit	26 km/h

Sport & Wellness	Fitness- und Beauty-Bereich mit Sauna, Massage und Kosmetik-salon
Info-/Entertainment	Tai-Chi-Kurse, Vorträge, Tee-zeremonie, Chinesisch-Unterricht, täglich musikalische Unterhaltung und Abendshow
Dresscode	leger, kein Garderobenzwang
Info	Viking Flusskreuzfahrten, Köln Tel. (0221) 25 86-209 www.vikingrivercruises.de
Preis pro Tag	ab € 165 Durchschnitt: k. A.

PROFIL

Info-/Entertainment	⚓ ⚓ ⚓
Sport & Wellness	⚓ ⚓ ⚓
Gastronomie	⚓ ⚓ ⚓ ⚓
Landausflüge	⚓ ⚓ ⚓ ⚓ ⚓
Service	⚓ ⚓ ⚓ ⚓ ⚓

Fahrgebiete 2008

Die Viking Century Sun und die Century Sky fahren ausschließlich auf dem Yangzi (auf dem Abschnitt zwischen Nanjing und Chongqing). Die Reisen beinhalten ausführliche Vor- und Nachprogramme in Shanghai und Suzhou sowie in Xi'an und Peking.

Ausgewählte Reise

Juwele chinesischer Kultur

Große China-Rundreise mit Vorprogramm in Shanghai und Suzhou (drei Tage), danach Flusskreuzfahrt von Nanjing über Wuhan und den Drei-Schluchten-Damm nach Chongqing (neun Tage), anschließend Flug nach Xi'an (Besuch der Terrakotta-Armee) und weiter zum Nachprogramm nach Peking (zwei Tage; mit Großer Mauer). **16 Tage; ab € 2.649 ohne An-/Abreise, ab € 3.749 inkl. An-/Abreise**

Weitere Schiffe der Flotte

Siehe **Viking Helvetia**, Seite 284.

Das längste Passagierschiff auf dem Rhein

Viking Helvetia

Elegant im Bau, kultiviert im Auftritt und vor allem mit großzügigem Raumangebot: So viel Platz findet man auf Flussschiffen selten

Die Viking Helvetia überzeugt die an Bord Kommenden sofort mit ihrem größten Plus: dem Platzangebot. Ein Foyer über zwei Decks mit Freitreppe – für ein durch Brückenhöhen und Wassertiefen beschränktes Flussschiff ist das fast schon verschwenderisch. Helles skandinavisches Holz, Chrom und echte Teppiche unterstreichen den Eindruck von Eleganz und Großzügigkeit. Die rundum verglaste Lounge verfügt über eine kleine Bar und reichlich Sitzgelegenheiten, die Sessel und die Pastellfarben vermitteln einen Hauch von Retro-Schick der späten Fünfziger. Im Foyer davor lockt tagsüber eine Kaffee- und Teestation mit weiteren Sitzgelegenheiten; mittags wird sie zum Light-Lunch-Buffet erweitert. Das Dinner

99 Außenkabinen – mit großen Fenstern

gibt es im Restaurant in einer Sitzung. Das fünfgängige Menü ist oft von landestypischen Köstlichkeiten geprägt. Das Restaurant ist so groß, dass die Gespräche am Nebentisch nicht stören. Achtern liegt die Bibliothek mit genügend Lesestoff und Gesellschaftsspielen. Allerdings sind hier die Vibrationen während der Fahrt sehr stark. Die Kabinen sind kuschelig und mit Doppelbett, Satelliten-TV, französischem Balkon und Nasszelle gut ausgestattet; zudem bieten sie genügend Stauraum.

Fahrgebiete 2008

Das Schiff ist ausschließlich auf dem Rhein im Einsatz. Es fährt von März bis November zwischen Amsterdam und Basel und an ausgewählten Terminen zusätzlich auf der kürzeren Strecke zwischen Basel und Düsseldorf. Sämtliche Reisen lassen sich mit Vor- und Nachprogrammen (Amsterdam, Basel) kombinieren.

Ausgewählte Reisen

Von Basel nach Amsterdam
Von Basel über Straßburg nach Speyer (Ausflüge Heidelberg und Worms); dann zum Mittelrhein mit Rüdesheim, Kloster Eberbach und Braubach (Besuch der Marksburg); weiter über Köln, Düsseldorf und Arnheim nach Amsterdam. **8 Tage; ab € 999, ohne Ausflüge sowie An- und Abreise**

Von Düsseldorf nach Basel
Von Düsseldorf über Köln (mit originellem Stadtrundgang „Kölner Köpfe") zur abendlichen Weinprobe nach Koblenz; dann Panoramafahrt auf dem Mittelrhein über Mainz und Nierstein (Ausflüge Heidelberg, Speyer) nach Straßburg und zum Zielort Basel. **5 Tage; ab € 499, ohne Ausflüge sowie An-/Abreise**

Weitere Schiffe der Flotte
Zur europäischen Viking-Flotte gehören zehn Schiffe, die Platz für 124 (**Viking Fontane**) bis 306 Gäste bieten (**Viking Century Sun**, Seite 282). Auf dem Nil ist ab November 2007 der Neubau **Mövenpick M/S Royal Lily** unterwegs. Zu Schiffen in Russland siehe Seite 240.

DATEN & FAKTEN

BRZ	1.555	Bordsprache	Deutsch
Länge	131,80 m	Kabinen	99 Außenkabinen
Breite	11,40 m	Passagierdecks	4
Tiefgang	1,70 m	Restaurants	1
Indienststellung	2006	Bars	1
Passagiere	max. 198	Geschwindigkeit	22 km/h
Crew-Mitglieder	44		

Sport & Wellness	kein spezielles Sportangebot, stattdessen lockere Frühgymnastik
Info-/Entertainment	Vorträge über Land und Leute, tägliche musikalische Unterhaltung, verschiedenste abendliche Shows
Dresscode	leger, kein Garderobenzwang
Info	Viking Flusskreuzfahrten GmbH Köln, Tel. (0221) 25 86-209 www.vikingrivercruises.de
Preis pro Tag	€ 99 bis € 268 Durchschnitt ca. € 210

PROFIL

Info-/Entertainment	⚓ ⚓ ⚓
Sport & Wellness	⚓
Gastronomie	⚓ ⚓ ⚓ ⚓
Landausflüge	⚓ ⚓ ⚓ ⚓ ⚓
Service	⚓ ⚓ ⚓ ⚓

40°

Donau

DEUTSCHLAND

⭐ **PASSAU**

Inn

KREMS

DÜRNSTEIN ⭐

⭐ **WACHAU**

LINZ ●

MELK ⭐

Enns

ÖSTERREICH

0°

Quer durch Europa

Kein Fluss hat so viele Anrainerstaaten: Von ihrer Quelle im Schwarzwald bis ans Schwarze Meer durchquert die Donau zehn Länder

N ach der Wolga ist die Donau mit 2.888
Kilometern der zweitlängste Strom Europas. Anders als bei anderen Flüssen werden
die Stromkilometer hier von der Mündung
zur Quelle gezählt, also von „Null" im Delta
am Schwarzen Meer bis zu Kilometer 2.888
bei der Breg-Quelle im Schwarzwald. Durch
den Main-Donau-Kanal ist der Fluss seit
1992 auch mit dem Rhein verbunden, so dass
manche Schiffe die Reviere wechseln können.
Einige der derzeit 120 Donauschiffe fahren
bis ins Delta ans Schwarze Meer, die klassische Strecke aber ist der Abschnitt zwischen
Passau und Budapest. Ausgangspunkt ist meistens das bayerische Passau; wegen der guten
Fluganbindung wird aber auch Wien immer
öfter zum Startpunkt für Donaureisen. Die
übliche Reisezeit ist zwar von Mai bis Mitte
Oktober, stimmungsvoll sind jedoch auch
Advents- und Weihnachtsreisen. *Uwe Bahn*

In der Wachau

40°

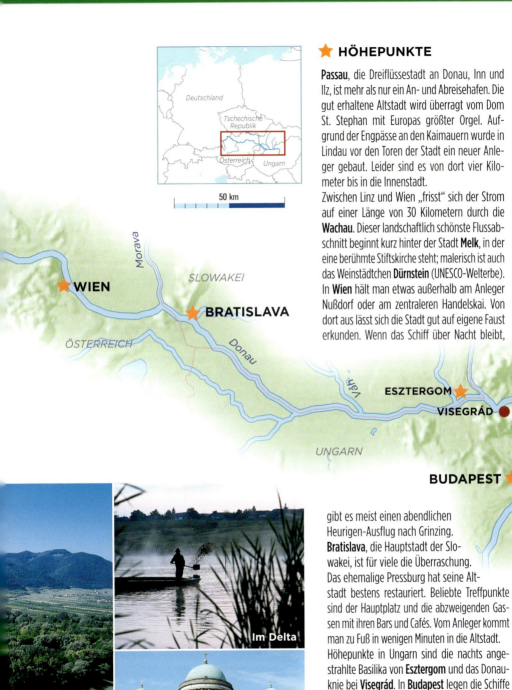

Deutschland

Tschechische Republik

Österreich

Ungarn

50 km

Morava

SLOWAKEI

⭐ **WIEN**

⭐ **BRATISLAVA**

ÖSTERREICH

Donau

Váh

ESZTERGOM ⭐

VISEGRÁD ●

UNGARN

BUDAPEST ⭐

Im Delta

Esztergom

⭐ **HÖHEPUNKTE**

Passau, die Dreiflüssestadt an Donau, Inn und Ilz, ist mehr als nur ein An- und Abreisehafen. Die gut erhaltene Altstadt wird überragt vom Dom St. Stephan mit Europas größter Orgel. Aufgrund der Engpässe an den Kaimauern wurde in Lindau vor den Toren der Stadt ein neuer Anleger gebaut. Leider sind es von dort vier Kilometer bis in die Innenstadt.

Zwischen Linz und Wien „frisst" sich der Strom auf einer Länge von 30 Kilometern durch die **Wachau**. Dieser landschaftlich schönste Flussabschnitt beginnt kurz hinter der Stadt **Melk**, in der eine berühmte Stiftskirche steht; malerisch ist auch das Weinstädtchen **Dürnstein** (UNESCO-Welterbe). In **Wien** hält man etwas außerhalb am Anleger Nußdorf oder am zentraleren Handelskai. Von dort aus lässt sich die Stadt gut auf eigene Faust erkunden. Wenn das Schiff über Nacht bleibt,

gibt es meist einen abendlichen Heurigen-Ausflug nach Grinzing. **Bratislava**, die Hauptstadt der Slowakei, ist für viele die Überraschung. Das ehemalige Pressburg hat seine Altstadt bestens restauriert. Beliebte Treffpunkte sind der Hauptplatz und die abzweigenden Gassen mit ihren Bars und Cafés. Vom Anleger kommt man zu Fuß in wenigen Minuten in die Altstadt. Höhepunkte in Ungarn sind die nachts angestrahlte Basilika von **Esztergom** und das Donauknie bei **Visegrád**. In **Budapest** legen die Schiffe auf der Pester Seite an. Von dort sind es nur wenige Minuten in die Fußgängerzone Váci Utca. Lohnend ist auch der Besuch im Gellert-Bad auf der anderen Seite der Donau. Stadtrundfahrten sind zu empfehlen, zumal vor allem der Stadtteil Buda sehr hügelig ist.

Rheinschleife bei Boppard

Vater Rhein

Die Loreley kämmt ihr goldenes Haar, und auf dem Flussgrund ruht der Nibelungenschatz: Der „deutscheste" aller Flüsse ist der Rhein

Mit einer Länge von 1.320 Kilometern ist der Rhein der größte deutsche Strom – auf keinem anderen Fluss in Europa herrscht so viel Verkehr. Alte Städte wie Basel, Strasbourg, Mainz und Köln säumen die Ufer, und an den Hängen, vor allem an denen der pittoresken

Burg Eltz nahe der Mosel

Nebenflüsse (Ahr, Nahe, Mosel), gedeiht der Wein, den der römische Soldatenkaiser Probus hier schon um 300 nach Christus heimisch gemacht hat. Dass man deshalb am besten im Herbst reist, zur Zeit der Weinfeste, versteht sich von selbst – auch wenn das romantische Bild an Orten wie der Rüdesheimer Drosselgasse dann ein wenig überstrapaziert wirken mag. Nicht nur deutsche Kreuzfahrtgäste, sondern auch Amerikaner, Engländer oder Japaner lieben genau diese Variante der „German Gemütlichkeit". Und nüchtern betrachtet muss man tatsächlich zugeben: Der Mittelrhein mit seinen steilen Ufern und die Mosel mit ihren dramatischen Schleifen sind Flusslandschaften, wie man sie auf der Welt sonst kaum findet. *Uta Buhr*

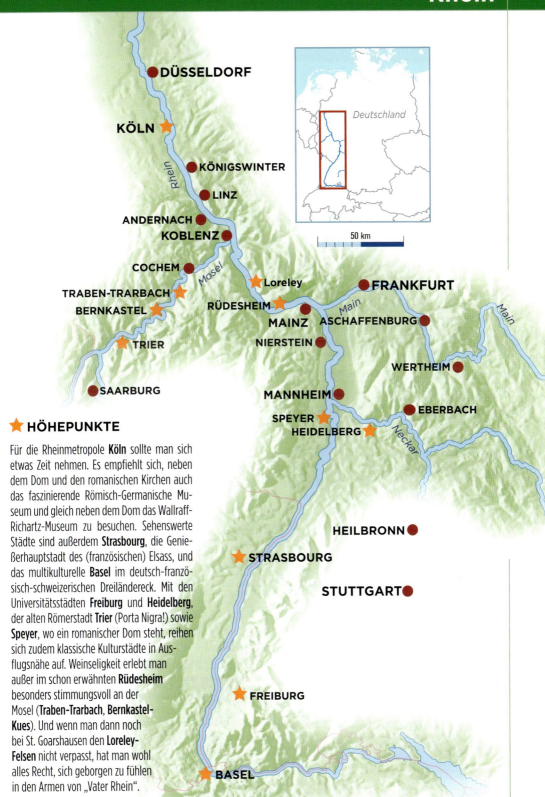

Deutschland

50 km

DÜSSELDORF

KÖLN

KÖNIGSWINTER

LINZ

ANDERNACH

KOBLENZ

Rhein

COCHEM

Mosel

Loreley

FRANKFURT

TRABEN-TRARBACH

RÜDESHEIM

BERNKASTEL

MAINZ

ASCHAFFENBURG

Main

Main

TRIER

NIERSTEIN

WERTHEIM

SAARBURG

MANNHEIM

EBERBACH

SPEYER

HEIDELBERG

Neckar

⭐ HÖHEPUNKTE

HEILBRONN

Für die Rheinmetropole **Köln** sollte man sich
etwas Zeit nehmen. Es empfiehlt sich, neben
dem Dom und den romanischen Kirchen auch
das faszinierende Römisch-Germanische Museum und gleich neben dem Dom das Wallraff-
Richartz-Museum zu besuchen. Sehenswerte
Städte sind außerdem **Strasbourg**, die Genie-
ßerhauptstadt des (französischen) Elsass, und
das multikulturelle **Basel** im deutsch-franzö-
sisch-schweizerischen Dreiländereck. Mit den
Universitätsstädten **Freiburg** und **Heidelberg**,
der alten Römerstadt **Trier** (Porta Nigra!) sowie
Speyer, wo ein romanischer Dom steht, reihen
sich zudem klassische Kulturstädte in Ausflugsnähe auf. Weinseligkeit erlebt man
außer im schon erwähnten **Rüdesheim**
besonders stimmungsvoll an der
Mosel (**Traben-Trarbach, Bernkastel-
Kues**). Und wenn man dann noch
bei St. Goarshausen den **Loreley-
Felsen** nicht verpasst, hat man wohl
alles Recht, sich geborgen zu fühlen
in den Armen von „Vater Rhein".

STRASBOURG

STUTTGART

FREIBURG

BASEL

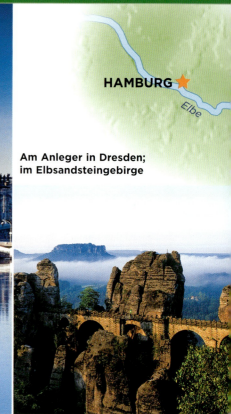

HAMBURG

Elbe

**Am Anleger in Dresden;
im Elbsandsteingebirge**

Auf Elbe, Moldau, Havel

Flussreisen im Herzen Europas: von der Hansestadt Hamburg bis ins
„goldene" Prag – oder über die Havel nach Potsdam und Berlin

Seit Jahrhunderten zählt die Elbe zu den wichtigen Verkehrsadern Mitteleuropas. Einzig in den Jahrzehnten der deutschen Teilung war es ruhiger um sie: Wo sie Grenzfluss war, erlaubte man es ihr, in die Auen überzufließen – so konnte zwischen Hitzacker und Bleckede der Naturpark Elbtalaue entstehen. Die Zeiten, in denen sich Ost und West gegenseitig die Schuld für die Verschmutzung des Flusses zuwiesen, scheinen vorbei zu sein. An manchen Stellen hat die Elbe heute fast Trinkwasserqualität. Früher tummelten sich in ihren Fluten sogar Lachse. Bald, so meinen Experten, kann man dort wieder welche aussetzen.

Der Fluss, der auf Tschechisch „Labe" heißt, entspringt im südlichen Riesengebirge. Er hat eine Länge von 1.165 Kilometern, 940 davon sind schiffbar. Passagierschiffe befahren vor allem den Abschnitt von Magdeburg über Wittenberg, Meißen und Dresden bis ins Elbsandsteingebirge; das letzte Stück bis Prag reisen sie auf der Moldau. Die „Goldene Stadt" ist neben Dresden, dem wieder zu altem Glanz gekommenen „Elbflorenz" Augusts des Starken, das sehenswerteste Etappenziel.

Wenig bekannt ist, dass man von der Elbe aus auch Berlin ansteuern kann, ohne ein einziges Mal den Fuß an Land zu setzen – Havel und Elbe-Havel-Kanal machen's möglich. Und jeder, der hier reist, wird Potsdam besuchen: Schloss Sanssouci und seine Parks sind Juwelen europäischer Kultur. *Uta Buhr/J. Bohmann*

Deutschland

50 km

BLECKEDE
Elbtalaue
DÖMITZ
HITZACKER

Wendland

HAVELBERG

TANGERMÜNDE

Havel

BERLIN
POTSDAM
BRANDENBURG

MAGDEBURG

WITTENBERG
DESSAU
Wörlitzer Park

Elbe

TORGAU

MEISSEN

DRESDEN

BAD SCHANDAU
Elbsandsteingebirge

DEUTSCHLAND

LITOMĚŘICE

Elbe

Moldau

TSCHECHIEN

PRAG

★ HÖHEPUNKTE

Hamburg, das „Tor zur Welt", hat viel zu bieten: Opern und Musicals, den Michel, den Hafen ... und die neue HafenCity direkt neben der historischen Speicherstadt. Viel neuen Glanz hat **Dresden** erhalten – mit der restaurierten Semperoper, der wiedererrichteten Frauenkirche und dem wiedereröffneten Grünen Gewölbe des Zwingers, in dem überwältigende Kunstschätze ausgestellt sind. In **Meißen**, der „Wiege Sachsens", sollte man neben dem Dom und der Albrechtsburg auch die Porzellanmanufaktur besuchen; die Exponate sind atemberaubend. Landschaftserlebnisse bieten das **Elbsandsteingebirge** und – in kultivierter Form – der **Wörlitzer Park** bei Wittenberg. Am Nebenfluss Moldau bildet **Prag** den krönenden Abschluss. Dort wandelt man auf den Spuren Franz Kafkas, Mozarts oder des braven Soldaten Schwejk; so wie man in **Postdam** an der Havel dem Geist der Preußenkönige nachspürt – und in **Berlin** den Metamorphosen einer neuen, alten Kapitale.

Die Saône in Lyon

Frankreichs Schönste

Auf der Donau fahren zehnmal so viele Schiffe. Dennoch sind die Rhône und die Saône schon lange kein Geheimtipp mehr

Die Rhône entspringt in der Schweiz am Fuß des St. Gotthard, fließt durch den Genfer See und erreicht bei Pougny Frankreich. Nach 812 Kilometern mündet sie in einem Delta südlich von Arles ins Mittelmeer. Flussschiffe befahren die Rhône in der Regel ab Lyon, Frankreichs drittgrößter Stadt, bei der auch die aus den Vogesen kommende Saône in die Rhône mündet. Beide Flüsse waren von der Antike bis zum 19. Jahr-

hundert viel befahrene Handelswege; von 1855 bis 1905 wurde die Rhône zwischen Lyon und dem Mittelmeer sogar künstlich begradigt. Die auf der Rhône und der Saône verkehrenden Passagierschiffe machen zahlenmäßig gerade einmal ein Zehntel der Flotte aus, die auf der Donau fährt. Sie passieren auf der Saône drei und auf der Rhône zwölf Schleusen; die mit 23 Metern höchste ist die Schleuse Bollène. Bekannt ist das Rhônetal als „Einflugschneise" für den Mistral. Bei blauem und wolkenlosem Himmel weht der „Schönwetterwind" von Norden durch das Flusstal – über die Provence bis zum Mittelmeer. Neben dem Frühjahr und dem Sommer ist der Herbst als Reisezeit zu empfehlen: die Zeit der Weinlese.   *Uwe Bahn*

Arles – und das Blau der Provence

⭐ HÖHEPUNKTE

In **Lyon,** Ausgangspunkt der meisten Reisen, lohnt sich besonders das Altstadtviertel Vieux-Lyon unterhalb des Fourvière-Hügels für Ausflüge auf eigene Faust – die aufwendig restaurierten Renaissance-Häuser gehören zum Weltkulturerbe der UNESCO. Eines der beliebtesten Ausflugsziele Frankreichs ist die ehemalige Papstresidenz in **Avignon.** Berühmt geworden durch die besungene St.-Bénézet-Brücke („Sur le pont d'Avignon ..."), versprüht die Stadt trotz der vielen Touristen mittelalterlichen Charme. Reste einer 4,3 Kilometer langen Mauer umgeben die Altstadt. Eine Entdeckung dürfte für viele Reisende **Arles** sein. Der kulturelle Mittelpunkt dort ist eine römische Arena, deren Ursprünge auf das Jahr 90 nach Christus zurückgehen und vor deren prächtiger Kulisse Stierkämpfe stattfinden – sowohl spanische als auch die „unblutigen" aus der Camargue, jener Naturlandschaft im Mündungsdelta, die für ihre wilden weißen Pferde berühmt ist. Der interessanteste Ort an der Saône ist das idyllische Städtchen **Chalon-sur-Saône.** Im Mittelalter war es ein bedeutender Handelsplatz, und noch heute herrscht dort ein besonderes Flair, speziell am Marktplatz, der Place St.-Vincent.

Wunder aus Holz: Insel Kishi

Russlands Seele

In Moskau schlägt Russlands Herz, in St. Petersburg lebt seine Seele.
Eine Reise auf Seen, Flüssen und Kanälen verbindet beides miteinander

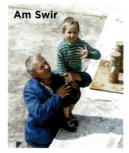

Am Swir

Schon Peter der Große träumte von einem Wasserweg zwischen Moskau und St. Petersburg. Doch erst im 20. Jahrhundert wurde die Passage von der Wolga zur Newa dank des Moskau-Wolga-Kanals und des Wolga-Baltik-Kanals möglich. Auf dieser Route, zu der auch die Fahrt über die beiden größten Binnengewässer Europas gehört (Ladogasee und Onegasee), verkehren heute etwa 60 Schiffe der mittleren bis gehobenen Kategorie. Sie werden von russischen Reedereien betrieben und unter anderem von deutschen Veranstaltern gechartert oder auch in Eigenregie geführt. Fast alle Schiffe sind mehr oder minder baugleich: Sie wurden in der Boizenburger Werft in der DDR gebaut.

Die Passage wird in beiden Richtungen angeboten, meist ergänzt durch ausführliche Vor- und Nachprogramme in den beiden Metropolen sowie mit zusätzlichen Ausflügen, etwa zum Kloster Zagorsk bei Moskau oder von St. Petersburg aus zur alten Hansestadt Nowgorod. Die beste Reisezeit beginnt Ende Mai: Bis Ende Juli strahlt dann St. Petersburg im unwirklichen Licht der „Weißen Nächte". Bei Wetterglück ist auch der Herbst schön. – Wichtig für Russland: Es gilt Visumspflicht. *J. Bohmann*

PETROSAWODSK

Insel Kishi

Onegasee

Karelien

MANDROGY

Wolga-Baltik-Kanal

Swir

Ladogasee

Weißer See

GORITZY

Sheksna

IRMA

Newa

Ostsee

ST. PETERSBURG

Ribynsker Stausee

KOSTROMA

JAROSLAWL

Wolga

NOWGOROD

Ilmensee

UGLITSCH

ROSTOV VELIKIJ

★HÖHEPUNKTE

Wolga

Kloster Zagorsk

Moskau-Wolga-Kanal

MOSKAU

Moskau, mit 10,5 Millionen Einwohnern Europas größte Stadt, ist eine Weltmetropole im Wandel und ein gewaltiges Museum zugleich. Der Rote Platz mit der Basiliuskathedrale, der Kreml, das Kaufhaus GUM und eine Fahrt mit der Metro gehören bei einem Besuch zum Mindestprogramm. Ein Highlight ist der Ausflug nach Sergijew Possad zum Dreifaltigkeitskloster **Zagorsk**, dem wichtigsten Kloster der russisch-orthodoxen Kirche. Zum „Goldenen Ring" altrussischer Städte um Moskau zählen **Uglitsch** und **Jaroslawl** an der Wolga; beide bieten prachtvolle Klosterbauten und schöne Altstadtbilder. Naturerlebnisse prägen die Reise durch die endlose Fluss- und Seenlandschaft Kareliens; längs der Ufer blickt man auf Wälder und hier und da auf Dörfer, die zum Teil nur im Sommer bewohnt sind. Auf keiner Passage fehlen sollte die Insel **Kishi**, das „Juwel im Onegasee": Dort befindet sich ein zum UNESCO-Welterbe zählendes Freilichtmuseum mit faszinierenden Schindelholzkirchen inmitten des Sees. – Zu **St. Petersburg** siehe Seite 201.

Basiliuskathedrale in Moskau

Felukas bei Assuan

40°—

0° —

Lebensader Afrikas

Fast das gesamte Leben in Ägypten spielt sich an den Ufern des Nils ab. Kaum ein Strom ist deshalb für Flussreisen besser geeignet

Mit 6.671 Kilometern ist er Afrikas längster Strom, und an seinen Ufern reihen sich die Zeugnisse einer fünf Jahrtausende alten Kultur. In entsprechender Stärke präsentiert sich die Flotte, die die Lebensader Afrikas befährt: Rund 250 Flussschiffe verkehren derzeit auf dem Nil. Nicht selten ist an den Anlegern so viel Betrieb, dass man sein eigenes Schiff nur erreicht, indem man die Decks mehrerer anderer überquert.

Seit Sommer 2006 kann der Nil auch zwischen Kairo und Luxor befahren werden, doch die klassische Route ist und bleibt die Strecke von Luxor bis

Assuan im Süden Ägyptens. In fünf bis sieben Tagen werden die Attraktionen dieses Flussabschnitts erkundet. Vorprogramme in Kairo (mit Gizeh, oft auch mit Sakkara und Memphis) sowie Ausflüge nach Abu Simbel (280 Kilometer südlich von Assuan) werden von den Veranstaltern ebenso angeboten wie anschließende Badeaufenthalte am Roten Meer. Ganz neu sind Flussreisen auf „Felukas" – traditionellen Nilseglern mit einem hohen, dreieckigen Segel. – Ägypten ist ganzjährig bereisbar, doch im Sommer sehr heiß. Angenehmer ist die Zeit von Oktober bis März.   *Johannes Bohmann*

40°—

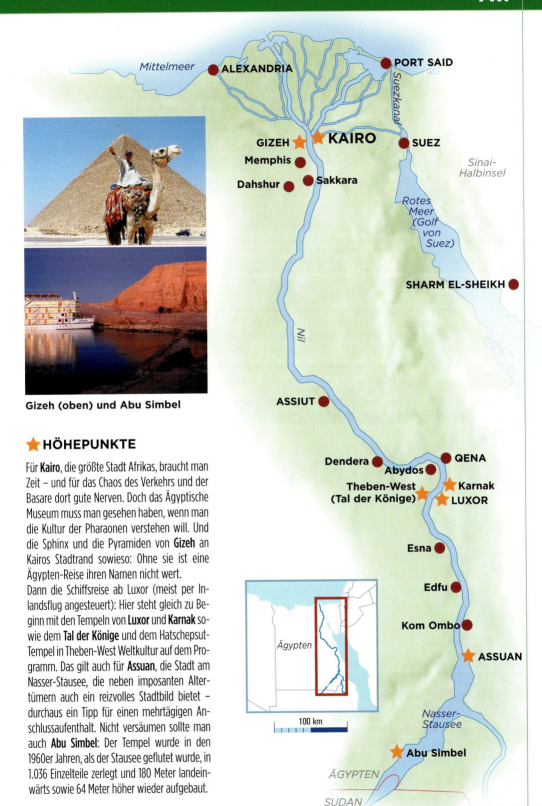

Gizeh (oben) und Abu Simbel

⭐ HÖHEPUNKTE

Für **Kairo**, die größte Stadt Afrikas, braucht man Zeit – und für das Chaos des Verkehrs und der Basare dort gute Nerven. Doch das Ägyptische Museum muss man gesehen haben, wenn man die Kultur der Pharaonen verstehen will. Und die Sphinx und die Pyramiden von **Gizeh** an Kairos Stadtrand sowieso: Ohne sie ist eine Ägypten-Reise ihren Namen nicht wert.

Dann die Schiffsreise ab Luxor (meist per Inlandsflug angesteuert): Hier steht gleich zu Beginn mit den Tempeln von **Luxor** und **Karnak** sowie dem **Tal der Könige** und dem Hatschepsut-Tempel in Theben-West Weltkultur auf dem Programm. Das gilt auch für **Assuan**, die Stadt am Nasser-Stausee, die neben imposanten Altertümern auch ein reizvolles Stadtbild bietet – durchaus ein Tipp für einen mehrtägigen Anschlussaufenthalt. Nicht versäumen sollte man auch **Abu Simbel**: Der Tempel wurde in den 1960er Jahren, als der Stausee geflutet wurde, in 1.036 Einzelteile zerlegt und 180 Meter landeinwärts sowie 64 Meter höher wieder aufgebaut.

Map labels

Mittelmeer
ALEXANDRIA
PORT SAID
Suezkanal
GIZEH ⭐ ⭐ KAIRO
Memphis
Dahshur Sakkara
SUEZ
Sinai-Halbinsel
Rotes Meer (Golf von Suez)
SHARM EL-SHEIKH
Nil
ASSIUT
Dendera QENA
Abydos
Theben-West (Tal der Könige) ⭐ Karnak
⭐ LUXOR
Esna
Edfu
Kom Ombo
⭐ ASSUAN
Nasser-Stausee
⭐ Abu Simbel
ÄGYPTEN
SUDAN

Ägypten
100 km

Über 2.000 Tempel und Pagoden: Bagan

Vom Zauber Asiens

Faszinierende Aussichten vom Flussdampfer: tausend und mehr
goldene Pagoden und archaisches Leben an beiden Ufern

Obwohl der Ayeyarwady (auch der alte Name Irrawaddy ist noch gebräuchlich) im ewigen Eis des Himalayas entspringt, wo viele Asiaten den Sitz der Götter vermuten, gehört er nicht zu den heiligen Strömen wie der Ganges oder der Brahmaputra. Dennoch wird er wie kein anderer Fluss der Welt von Tempeln, Klöstern und Pagoden gesäumt. Zu jeder Tageszeit, an vielen Orten sogar nachts, glitzern und leuchten deren goldene Kuppeln zu beiden Uferseiten. Neben diesen und anderen Kulturwundern, die seit Jahrhunderten die tiefe Gläubigkeit der vorwiegend buddhistischen Bevölkerung widerspiegeln, tragen auch vielfältige Wunder der Natur und nicht zuletzt das ungemein farbige Leben und Treiben am Ufer der Dörfer und Städte zur Faszination einer Reise auf dem Ayeyarwady bei. Im Norden zwängt sich der Strom durch mächtige Schluchten und dichten Urwald. Mit etwas Glück wird man die selten gewordenen Flussdelfine sehen. Im mittleren Verlauf speist der Ayeyarwady die großen Reisebenen. Nach 2.092 Kilometern mündet er in einem Delta, das sich etwa 40.000 Quadratkilometer weit auffächert. *Bernd Schiller*

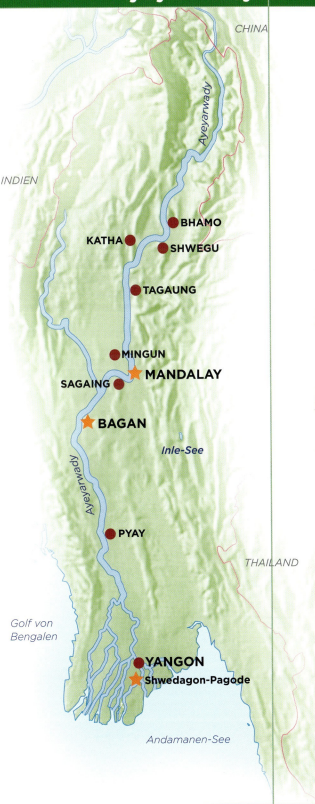

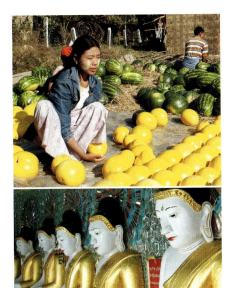

Markt in Yangon; Buddhas in Sagaing

⭐ HÖHEPUNKTE

Die Metropole **Yangon** mit der überwältigend schönen **Shwedagon-Pagode** wird das Highlight jeder Burma-Reise sein. Die meisten Ayeyarwady-Reisen aber starten weiter nördlich. Kein anderes Teilstück wird von Touristen so häufig befahren wie die relativ kurze Strecke zwischen Bagan und Mandalay. Dort ballen sich Sehenswürdigkeiten von Weltruf, allen voran das Areal der über 2.000 Tempel von **Bagan** – für viele Menschen ein Sehnsuchtsziel, das sie zumindest „einmal im Leben" besuchen möchten. Auch **Mandalay** mit den imposanten Resten des Königspalastes („Glaspalast") gehört zu den magischen Zielen am großen Strom, obwohl es heute eine weitgehend moderne Millionenstadt ist. In der Umgebung lohnen historische Orte den Landgang, etwa die alte Königsstadt **Sagaing** oder **Mingun** mit seinen Tempelruinen und der weltgrößten Glocke. Im Norden lassen neben Städten wie **Tagaung**, wo sich Ruinen aus vorbuddhistischer Zeit befinden, und **Katha**, wo George Orwell seine „Tage in Burma" schrieb (in seinem Buch nennt er den Ort Kyauktada), vor allem Landschaftsszenen die Passagiere staunen: Urwälder, Teakplantagen, Arbeitselefanten, dramatische Felsschluchten.

Tagesausflug auf dem Daning-Fluss

Schleusenmanöver

40°—

0°—

Der lange Fluss

Schluchten, Geisterstädte und Staudämme – entlang dem Yangzi-Fluss sind Attraktionen aus zwei Jahrtausenden zu bestaunen

Den Chang Jiang (Langer Fluss), wie die Chinesen den Yangzi üblicherweise nennen, besucht man am besten von Mitte März bis Juni oder von Anfang September bis Ende Oktober. Dann sind die Temperaturen und die Luftfeuchtigkeit entlang des 6.300 Kilometer langen Flusses am erträglichsten. Dies ist gerade bei den Ausflügen nach Fengdu oder an den Drei-Schluchten-Staudamm ein wichtiger Punkt. Mehr als 30 Kreuzfahrt-schiffe befahren derzeit den Yangzi.

Angeboten werden in der Regel zwei Routen; die kurze führt von Yichang nach Chongqing (oder umgekehrt) und die längere von Chong-qing nach Shanghai (oder umgekehrt). Wichtig bei China-Reisen: Ausländer benötigen ein Visum! *Sven Heinen*

40°—

Eingang zur Hexenschlucht

In der Wu-Schlucht

★ HÖHEPUNKTE

In Deutschland ist **Chongqing** kaum bekannt, in China gehört die 800 Jahre alte Bergstadt mit ihrem Einzugsgebiet von über 30 Millionen Menschen zu den größten des Landes. Weniger quirlig, dafür aber mystisch ist die Geisterstadt **Fengdu** mit dem 1.600 Jahre alten Tempel des Höllenkönigs. Als Perle des Yangzi gilt die in den Fels gebaute zwölfstöckige Holzpagode von **Shibaozhai**, der „Edelsteinfestung" am Südufer. Mit über 2.300 Metern Länge und 185 Metern Höhe ist der **Drei-Schluchten-Staudamm** das größte Wasserkraftwerk der Welt. Rund 1,3 Millionen Menschen mussten im Zuge seines Baus umgesiedelt werden, über 30 Milliarden Euro soll das Projekt gekostet haben.

China

100 km

● NANTONG

★ **NANJING**

SHANGHAI ★

★ **SUZHOU**

Yangzi

● GUICHI

★ *Huangshan-Berge*

● **WUHAN**

Yangzi

Atemberaubend und außerdem Chinas erstes Naturschutzgebiet: die bis zu 1.800 Meter hohen **Huangshan-Berge**. Weiter flussabwärts wartet die Ex-Reichshauptstadt **Nanjing**, eine der schönsten Städte Chinas, ausgestattet mit der weltgrößten Stadtmauer – diese windet sich über 33 Kilometer um die Innenstadt. Zum Pflichtprogramm zählt **Suzhou**, eine aufstrebende High-Tech-Metropole im Westen von Shanghai, deren Gartenparadiese zum Weltkulturerbe der UNESCO gehören.

Ein absolutes Muss am Ende (oder zu Beginn) der Reise ist **Shanghai** selbst – das einstige „Paris des Ostens". Die 13 Millionen Einwohner zählende Stadt am Meer ist eine Welt für sich.

Adressen

Reiseveranstalter mit Kreuzfahrtprogrammen

Airtours International
Otto-Lilienthal-Str. 17, 28199 Bremen
Tel. 01805 98 82 88
www.airtours.de

Biblische Reisen
Silberburgstr. 121, 70176 Stuttgart
Tel. (0711) 619 25 39
www.biblische-reisen.de

DER Reisebüro
Emil-von-Behring-Str. 6
60439 Frankfurt
Tel. 01803 58 57 10
www.der.de

Gebeco Reisen
Holzkoppelweg 19, 24118 Kiel
Tel. (0431) 54 46-0
www.gebeco.de

Kuoni Reisen
Neue Hard 7, CH-8010 Zürich
Tel. +41 (0)44 277 41 00
www.kuoni.ch

Studiosus Reisen
Riesstr. 25, 80992 München
Tel. (089) 500 60-0
www.studiosus.com

Thomas Cook
Zimmersmühlenweg 55
61440 Oberursel
Tel. 01803 60 70 90
www.thomascook.de

Windrose
Fasanenstr. 33, 10719 Berlin
Tel. (030) 20 17 21-0
www.windrose.de

Spezialisierte Veranstalter und Reisebüros

Air-Maritime
Friedenstr. 32, 81671 München
Tel. 01805 38 42 20
www.air-maritime.de

Atlantic Seereisediesnt
Philosophenweg 6–8, 47051 Duisburg
Tel. (0203) 30980-16

Cosulich Schifffahrtsagentur
Stampfenbachstr. 151, 8042 Zürich
Tel. +41 (0)44 363 52 55
www.cosulich.ch

Gobal Kreuzfahrten Service
Schwachhauser Heerstr. 183, 28211 Bremen
Tel. (0421) 430 80 60
www.global-kreuzfahrten.de

Hanseat Reisebüro
Langenstr. 16, 28195 Bremen
Tel. (0421) 16 06 06

Horner Reisebüro
Horner Landstr. 148, 22111 Hamburg
Tel. (040) 650 06 74
www.horner-reisebuero.de

Insidian Touristik
Keplerstr. 32 a, 60318 Frankfurt
Tel. (069) 74 74 96-0
www.insidian.de

Lipsia Tours
Grimmaische Str. 21, 04109 Leipzig
Tel. (03431) 211 09 99
www.lipsia-tours.de

Mare Reisen
Schlachte 32, 28195 Bremen
Tel. (0421) 16 21 62, www.mare-reisen.de

ReiseArt Lufthansa City Center
Harsewinkelgasse 1–4, 48143 Münster
Tel. (0251) 414 48-0
www.see.reiseart24.de

Reisebüro Koch Übersee
Georgsplatz 1, 20099 Hamburg
Tel. (040) 300 55-0
www.koch-uebersee.de

Reisebüro Nees
Hauptstraße 101 a, 63829 Krombach
Tel. (06024) 67 18-0, www.nees.de

sabtours Touristik
Kaiser-Josef-Platz 5, A-4600 Wels
Tel. +43 (0)7242 635-0
www.reise.at

SeaTravel HAM
Bergstedter Chaussee 104, 22395 Hamburg
Tel. (040) 37 41 23 55
www.seatravel.de

Smaragd Seereisen
Schwanthaler Str. 26, 80336 München
Tel. (089) 548 20 00
www.smaragd-seereisen.de

tbs Reisestudio
Taunusstr. 45, 80807 München
Tel. (089) 35 65 19 78
www.tbs-reisen.de

Internet

www.kreuzfahrtguide.com
Die neue Homepage zum Buch.
Mit Routenfinder sowie vielen weiteren
Reportagen, News und Reisetipps

www.holidaycheck.de
Passagier-Bewertungen von
Kreuzfahrtschiffen. In Kooperation
mit www.kreuzfahrtguide.com

Bücherkiste

Bildbände, Reiseführer – und ein brillant erzähltes Tagebuch zur See: unsere Empfehlungen für Kreuzfahrten im Lehnstuhl

Geschichten von Menschen auf See: Kreuzfahrt-Logbuch eines Malers

Nützliche Begleiter: Flussreiseführer von Merian

Fiktiv – aber wahrscheinlich

29.000 Meilen auf einem Luxusdampfer: In diesem wunderbaren Reisebuch erzählt **Peter Haff**, Schriftsteller und Maler, von einer Kreuzfahrt um die halbe Welt. Die Personen, sagt er, „sind Kunstfiguren; ihr Verhalten ist auf jedem Kreuzfahrtschiff denkbar." Lesen Sie es nach – vielleicht erkennen Sie sich wieder. **Luchterhand, München 2006, 205 Seiten, € 18,00**

Wissenswertes zu Donau und Nil

Michel Rauch ist einer der besten Kenner Ägyptens, und so oft wie **Guido Pinkau** hat kaum jemand über Österreich geschrieben. Als Autoren der ersten Flussreiseführer in der Reihe MERIAN live! sind sie also geeignet. Wer auf dem Nil oder der Donau reist, sollte ihre Büchlein dabeihaben. **Travel House Media, München 2006 (Donau), € 8,95; 2007 (Nil), € 12,50**

Tolle Fotos und praktische Tipps für das Abenteuer Antarktis

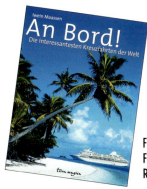

Futter für neues Fernweh: Schiffe, Routen, Häfen, Flüsse

Am kalten Rande der Welt

Blaues Eis, magisches Licht, majestätische Berge: Das Antarktisbuch von **Cornelia & Raimund Hawemann** stellt den sechsten Kontinent in prachtvollen Bildern und kurzen Texten vor. Im Anhang: praktische Steckbriefe aller Schiffe, die in die Antarktis fahren. **Delius Klasing, Bielefeld 2007, 145 Seiten, € 22,90**

Bilder zum Träumen

Ein opulenter Band zur Einstimmung auf die nächste Reise: Fotos und Reportagen aus der Welt der See- und Flusskreuzfahrten, zusammengetragen von dem holländischen Journalisten und Fotografen **Iwein Massen**. Vor allem optisch sehr gelungen. **Terra Magica, München 2007, 256 Seiten, € 39,90**

Register

Impressum

BELLEVUE AND MORE

Uwe Bahn, Johannes Bohmann
Kreuzfahrt-Guide 2008
© 2007 BELLEVUE AND MORE GmbH,
Hamburg

Autoren Uwe Bahn, Dr. Johannes
Bohmann (Hauptautoren), Gerrit Aust,
Uta Buhr, Alfred Diebold, Fred Friedrich,
Bettina Gerhards, Claus-Peter Haller, Sven
Heinen, Dörte Kiehnlein, Kpt. Rudolf
Knönagel, Claudia List, Andreas Otto,
Christine von Pahlen, Heiko Reuter, Bernd
Schiller, Oliver Schmidt, Sigrid Schmidt,
Anja Schmutte, Kurt Ulrich, Stefan
Weißenborn

Chefredaktion Claus-Peter Haller
Redaktion Dr. Johannes Bohmann
Grafik Susanne Huber (Konzept),
Anne-Katrin Piepenbrink, Claudia Spring
Litho Profi Repro Andreas Bentfeld/
Guido Zbinden
Bildredaktion Christian Oldendorf
Schlussredaktion Oliver Holzweißig,
Jan Möller (frei)
Karten Axel Kock, www.AxelKock.de

Verlag
BELLEVUE AND MORE GmbH
Alsterufer 1, 20354 Hamburg
Tel. +49 (0)40 44 11-76 41
Fax +49 (0)40 44 11-79 50
E-Mail info@bellevue.de
Internet www.kreuzfahrtguide.com

Geschäftsführung Andrea Wasmuth
Anzeigenleitung Sebastian Schurz
Anzeigendisposition Andreas Schröder

Herstellung Thomas Freese (frei)
Druck Crossmedia GmbH, Berlin

Vertrieb
GEO CENTER Touristik +
Medienservice GmbH
Schockenriedstr. 44
70565 Stuttgart
Tel. +49 (0)711 78 19 46 10

DPV Network GmbH
Postfach 57 04 12,
22773 Hamburg
Tel. +49 (0)40 378 45 0

Fotonachweis
Wir bedanken uns für die freundliche
Genehmigung zum Abdruck der Fotos aus
den Archiven der Reedereien, Veranstalter
und Fremdenverkehrsämter. Von ihnen oder
aus dem Archiv des Verlags stammen, so-
weit nicht anders vermerkt, sämtliche Fotos
in diesem Band außer den folgenden:
S. 92 kl. Foto: F. Friedrich; S. 132 gr. Foto:
A. Diebold; S. 112/113: K. Ulrich; S. 146 kl.
Foto Mitte u. S. 147: O. Schmidt; S. 226 o.
l.: Laif/Heeb; S. 228 o. l., o. r.: B. Schiller; S.
229 o. M.: Getty Images/joSon; S. 278 o. u.
S. 279 o.: O. Schmidt; S. 288 o.: Superbild;
S. 290 gr. Foto: F1 Online/Voigt; S. 292 gr.
Foto: Schapowalow/R. Harding, kl. Foto:
Stock Food/M. Urban; S. 296: Huber/R.
Schmid; S. 297 o.: Huber/Simeone; S. 297
Mitte: U. Bahn; S. 299: B. Schiller; S. 300 l.:
Getty Images/W. Bibikow

1. Auflage 2007
ISBN 978-3-9810991-3-3
Pressecode 73486